U0960075

权威·前沿·原创

皮书系列为

“十二五”“十三五”国家重点图书出版规划项目

核能发展蓝皮书

BLUE BOOK OF NUCLEAR ENERGY

中国核能发展报告（2019）

THE REPORT ON THE DEVELOPMENT OF CHINA'S NUCLEAR ENERGY (2019)

中国核能行业协会
中智科学技术评价研究中心
中国核科技信息与经济研究院
主　　编／张廷克　李闽榕　潘启龙
首席专家／张华祝
副 主 编／俞培根　高立刚　魏　锁
　　　　　王文宗　郑玉辉　白云生

社会科学文献出版社
SOCIAL SCIENCES ACADEMIC PRESS (CHINA)

图书在版编目(CIP)数据

中国核能发展报告. 2019 / 张廷克，李闽榕，潘启龙主编. -- 北京：社会科学文献出版社，2019.9（2020.1重印）
（核能发展蓝皮书）
ISBN 978-7-5201-5312-6

Ⅰ. ①中… Ⅱ. ①张… ②李… ③潘… Ⅲ. ①核电工业－工业发展－研究报告－中国－2019 Ⅳ. ①F426.23

中国版本图书馆CIP数据核字（2019）第201727号

核能发展蓝皮书
中国核能发展报告（2019）

主　　编 / 张廷克　李闽榕　潘启龙

出 版 人 / 谢寿光
责任编辑 / 赵慧英

出　　版 / 社会科学文献出版社・社会政法分社（010）59367156
地址：北京市北三环中路甲29号院华龙大厦　邮编：100029
网址：www.ssap.com.cn
发　　行 / 市场营销中心（010）59367081　59367083
印　　装 / 三河市东方印刷有限公司

规　　格 / 开　本：787mm×1092mm　1/16
印　张：20.75　字　数：311千字
版　　次 / 2019年9月第1版　2020年1月第2次印刷
书　　号 / ISBN 978-7-5201-5312-6
定　　价 / 198.00元

本书如有印装质量问题，请与读者服务中心（010-59367028）联系

核能发展蓝皮书编委会

主编及首席专家简介

张廷克　男，1956年8月生，高级工程师。现任中国核能行业协会副理事长兼秘书长。曾任中国华能集团公司副总经理。长期从事能源、电力行业投资与项目建设运营的管理工作。目前主要从事核能行业的发展战略、规划、管理和政策等研究。

李闽榕　男，1955年6月生，经济学博士。现任中智科学技术评价研究中心理事长、主任，福建师范大学兼职教授、博士生导师，中国区域经济学会副理事长，中国科学院海西研究院产业发展咨询委员会副主任。主要从事宏观经济学、区域经济竞争力、现代物流等问题研究。

潘启龙　男，1965年2月生，研究馆员。现任中国核工业集团有限公司副总经济师，中国核科技信息与经济研究院院长。主要从事核能政策、核能战略与规划、核工业管理体制、核科技信息、核能经济等问题研究。

张华祝　男，1945年3月生，研究员级高级工程师。现任中国核能行业协会专家委员会特邀顾问。曾任国防科工委副主任、党组副书记、国家原子能机构主任、国家国防科技工业局科技委副主任、中国核能行业协会理事长；中国共产党第十五届、十六届中央委员会候补委员；第十届、第十一届全国政协委员。长期从事核工业的行业管理与政策研究工作。

编写说明

在各集团充分提供资料的基础上，编写组人员采取集体讨论和审议、分工执笔和审稿的方式完成了第一篇总报告。第二篇专题报告是在向行业有关专家约稿的基础上、经编写组审查通过后收录的。附录《2018 年我国核能发展大事记》由郑玉辉汇总编制，张华祝审核。蓝皮书专家委员会以会议方式对总报告、专题报告进行了内容审查。

全书由蓝皮书首席专家张华祝总审稿。刘玮、张明承担了统稿及总协调工作。

《中国核能发展报告（2019）》总报告，共分为三个部分，第一部分《2018 年世界核能发展》具体执笔工作由王茜、李言瑞、石磊负责，主审工作由白云生负责；第二部分《2018 年我国核能发展》具体执笔工作由李言瑞、闫丽蓉、张红林、苏明星、周超然、何昉负责，主审工作由陈荣、胡守印、李勇、李光亚、唐伟宝、唐洪驹、高威、郑玉辉、周刚负责；第三部分《形势与展望》具体执笔工作由郑玉辉、陈荣、刘玮、陆浩然负责，主审工作由张华祝、白云生负责。

现将《中国核能发展报告（2019）》蓝皮书总报告和分报告的主要编制人员信息简介如下。

郑玉辉　男，1942 年 5 月生，研究员级高级工程师，现任中国核能行业协会专家委员会委员。曾任核工业部教育司司长、中国核工业经济研究中心主任。长期从事核工业发展战略、规划、政策、法规、经济、管理等研究工作。

白云生　男，1965 年 11 月生，研究员级高级工程师。现任中国核科技信息与经济研究院副院长。主要从事核能技术及产业发展战略与规划、核工业管理政策法规、体制改革、核能经济等问题研究。

陈　荣　女，1969 年 3 月生，研究员级高级工程师。现任中国核能行业协会战略研究部主任。主要从事核能行业发展战略规划与政策研究、行业发展趋势分析、核能立法研究等。

李光亚　男，1964 年 5 月生，研究员级高级工程师。现任中国核工业集团有限公司战略规划部主任。主要从事核工业政策、发展战略、规划和管理体制研究。

李　勇　男，1974 年 4 月生。现任中国广核集团有限公司研究中心主任。长期致力于核能 / 能源产业政策、体制机制，以及企业发展战略、经营管理与改革等方面的研究。

周　刚　男，1969 年 9 月生，高级工程师。现任国家电力投资集团有限公司核能安全与发展部副主任。主要从事核能的发展规划、体系建设、标准化、安全与质量监督管理等。

唐伟宝　男，1959 年 9 月生，教授级高级工程师。现任上海电气核电集团总工程师。主要从事核电设备制造的总体技术、科研和发展规划、科技信息、标准化工作等。

高　威　男，1978 年 11 月生，现任哈尔滨电气集团公司核电事业部产品管理部总经理。主要从事哈电集团核电产品管理、产业规划制定、核电政策分析以及核电装备市场开发工作。

唐洪驹　男，1963 年 5 月生，教授级高级工程师。现任东方电气股份有限公司核电事业部副总经理。主要从事核能装备设计制造技术研究及产业发展管理。

胡守印　男，1966 年 2 月生，研究员。现任中国华能集团有限公司核电事业部副主任、华能核电开发有限公司副总经理。主要从事核电项目前期开发、核电站建设、运行相关问题的研究和管理。

前　言

党的十九大把能源纳入生态文明建设的重要内容，提出要推进绿色发展，壮大清洁能源产业，推进能源生产和消费革命，构建“清洁低碳、安全高效”的能源体系。在习近平生态文明建设思想的指引下，近年来我国清洁能源产业快速发展。2018 年，我国大陆全口径发电装机容量 19 亿千瓦，其中非化石能源发电装机容量 7.7 亿千瓦，占总装机容量的比重为 40.8%，比 2017 年提高 2 个百分点。在各类能源装机中，风电装机同比增长 12.4%，光伏装机同比增长 33.9%，核电装机同比增长 24.7%。2018 年全国新增发电装机容量 1.2 亿千瓦，其中新增非化石能源发电装机占新增总装机的 73%。我国已经成为全球能源清洁化、低碳化转型的最大贡献者。

核电是世界上唯一没有空气污染的基荷电源，是清洁低碳能源的重要组成部分。自世界上第一座核电站运行到现在 60 多年的时间里，核能为保障人类能源供应安全、减少温室气体排放、促进经济社会发展做出了重要贡献。目前，在全球范围内核能产生了近 1/3 的低碳电力。2011 年日本福岛核事故以来，各国政府和全球核电界采取了强有力的应对措施，确保在极端事故情况下也不会发生放射性大规模释放，大大提高了核电站缓解和消除严重事故的能力。在各国政府和核电界的共同努力下，公众对核电安全的信心逐步得到恢复，2012 年以来全球核电发电量呈逐年上升的趋势。2018 年，全球有 9 台机组实现并网，3 台机组永久停堆，4 台机组开工建设。截至 2018 年年底，全球在运机组 454 台，总装机容量 4 亿千瓦，分布在 30 个国家或地区；世界在建核电机组 54 台，总装机容量 5501.3 万千瓦，分布在 17 个国家或地区。全球核电正在缓慢复苏。

我国的核电起步于 20 世纪 80 年代，经过 30 多年的努力，取得了世人瞩目的成就，已经使我国跻身世界核电大国行列。截至 2018 年 12 月，我国大陆在运核电机组 44 台，装机容量 4465.516 万千瓦，由位列世界第四提高到世界第三。2018 年，我国首批三代核电机组浙江三门 1、2 号机组，山东海阳 1、2 号机组，广东台山 1 号机组陆续建成并投入商业运行，其中三门核电 1 号机组、台山核电 1 号机组分别是 AP1000 全球首堆和 EPR 全球首堆。我国核电始终保持了良好的运行记录，从未发生国际核事件分级（INES）二级及以上的运行事件，与世界核电运营者协会（WANO）规定的性能指标对照，我国运行机组 80% 的指标优于中值水平，70% 达到先进值，整体安全水平逐年提升。与此同时，我国还有 13 台核电机组正在建设中，装机容量 1403.058 万千瓦，已经多年保持全球领先。其中，采用我国自主三代核电技术华龙一号建设的 4 台机组进展顺利。

经过 30 余年不间断发展，我国已成为全球少数几个拥有自主三代核电技术和全产业链的国家。在核燃料供应方面，我国核燃料产能已跻身世界第一阵营，可以满足国内核电和核电“走出去”对各种型号燃料的需求。在核电装备制造方面，形成了每年 8~10 台套核电主设备制造能力，百万千瓦级三代核电机组关键设备和材料的国产化率已达 85% 以上。在核电工程建设方面，全面掌握了压水堆、重水堆、高温气冷堆、快堆等多种堆型，30 万千瓦、60 万千瓦、100 万千瓦、170 万千瓦等不同功率的核电建造技术，具备同时开工 30 台以上核电机组的建设能力。

我国的核电发展取得了很大成绩，但还存在发展不充分、不平衡的问题。从总量上看，目前在运核电装机仅占全国总装机的 2.3%，核电发电量仅占全国总发电量的 4.22%，远低于核电发电量占比 10.3% 的世界平均水平。从布局上看，东南沿海地区福建、海南、广东、浙江和辽宁等省核电发电占比已超过世界平均水平，但还有多数省份没有核电。从公众认知上看，核能发展的公众宣传与沟通工作相对薄弱，部分非科学、非理性的反对核电的言论，对社会公众的核电认知度与接受度以及政府的涉核决策产生了不良影响。

核能作为安全、清洁、高效，可大规模替代煤电的能源，是中国清洁能源体系中的重要一员，对优化能源结构、减少温室气体排放、实现绿色发展具有重要作用，对中国政治、经济、社会、生态文明建设具有重要的战略价值。据国内有关研究机构预测，中国电力需求仍有较大增长空间。到2035年、2050年有望分别达到35亿千瓦、50亿千瓦左右，其中，风电和光伏发电将逐步成为主力电源，2050年两者装机容量占比之和有望超过电源装机容量的一半，煤电装机可能将在2030年前达到峰值。为实现国家碳减排目标承诺，满足大气污染防治要求，解决新能源大规模发展带来的电力系统稳定问题，电源结构调整任务艰巨，需要各类电源协调发展，在今后相当长一段时间内，核电与气电、水电等清洁低碳电源仍将保持增长态势。预计到2035年，中国核电装机容量可能达到1.5亿~1.8亿千瓦，但核电发电量在全国发电量中的占比将仍低于目前的世界平均水平，中国核电仍有较大的发展空间。

从现在起到2035年，是我国核能发展的重要战略机遇期。为了能客观、及时地反映我国核能行业发展最新面貌，提升中国核能产业的影响力，中国核能行业协会、中国核科技信息与经济研究院、中智科学技术评价中心三家联合发起，组织核能行业的企业和机构力量，继成功编制《中国核能发展报告（2018）》蓝皮书后，又编制了《中国核能发展报告（2019）》蓝皮书。本蓝皮书分为两部分。第一部分为主报告，主要介绍了2018年世界核能发展情况、我国核能发展情况，分析了当前我国核能行业面临的形势，并对未来发展前景进行了展望。第二部分为专题报告，为了纪念我国改革开放四十周年，特别邀请了国内核能行业的知名专家对改革开放四十年来我国核能行业各领域的发展进行了历史回顾。最后的附录中列出了2018年我国核能发展大事记，以供读者参考。

蓝皮书在编制过程中，得到了国家能源局、国家国防科技工业局和国家核安全局等有关部门的关心和支持，有关领导和专家给予了指导和帮助，在此表示衷心的感谢。由于经验不足和水平有限，报告中难免有疏漏和不当之处，恳请读者批评指正。

中国核能行业协会副理事长兼秘书长

2019 年 4 月

摘　要

作为人类20世纪最伟大的科技成就之一，核能为保障全球能源安全做出了重要贡献。2012年以来，全球核电发电量保持持续增长，2017年核电总发电量2503TWh，全球电力结构中核电发电量占比为10.3%。截至2018年年底，全球在运机组454台，总装机容量超过4亿千瓦；全球在建核电机组54台，总装机容量5501.3万千瓦；在运、在建反应堆大部分为压水堆。2018年，全球有4台机组新开工建设，1台机组重启建设。尽管全球核电开工机组增长幅度不大，各国核电发展政策不一，但是核电发展区域不断增加，白罗斯、阿联酋、孟加拉国、土耳其都成为新的核电成员国。世界主要核电国家对第三代核电技术、小型模块化反应堆、先进核能堆型、聚变堆等方面的研发持续投入。2018年，世界核燃料循环产业各环节供应保障能力充裕，但市场总体仍较为低迷。世界主要能源/核电机构的预测表明，核电作为可以大规模替代化石能源的清洁高效低碳能源，将来对优化世界一次能源消费结构、改善环境的作用将愈加凸显，全球核电未来将持续增长，但受制于当前政策、资金、经济等多种因素，一些机构对核电增长规模目标的预期有所调低。

中国已经成为全球核电发展最快的国家，核能产业进入了一个新的发展时期。2018年我国三代核电建设取得了突破性进展，全球AP1000首堆、EPR首堆相继在我国建成并投入商运，自主三代核电技术“华龙一号”示范工程建设进展顺利。2018年，我国核电机组继续保持安全稳定运行，没有发生1级及以上运行事件，全年核能发电量为2865.01亿千瓦时，约占全国累计发电量的

4.22%。截至2018年年底，我国在运核电机组44台，装机容量4464.516万千瓦，在运核电装机规模位列全球第三；在建核电机组13台，总装机容量1403.058万千瓦，继续保持全球第一。我国一直注重核能科技研发工作，2018年，大型先进压水堆及高温气冷堆核电重大专项在试验验证和设备制造方面取得重要成果，“华龙一号”在设备研制、工程创新方面取得重要进展，小型反应堆的研发和应用积极推进，第四代核能系统的研发与落地正在加紧布局，聚变堆研发取得一定突破。2018年，我国核燃料循环体系建设进一步加强，市场化、国际化步伐进一步加大，核电装备的自主化和国产化能力不断提升，一批具有自主知识产权的关键设备成功完成制造及验收，有效支撑了核电可持续发展。2018年，我国核能行业管理、核安全监管、核应急、核安保等相关能力进一步提升和完善，核政策法规体系不断完善，《核安全法》自1月1日起正式实施，核领域发展的顶层法律《原子能法》9月已向全国各单位和各界人士公开征求意见。在核能国际合作方面，我国坚持开放、互利的基本原则，2018年在核能产业链合作、核科技创新、铀资源贸易开发、核安全等领域取得了新的突破。

报告就未来我国核能发展形势进行了分析与展望，认为：我国清洁能源产业稳步壮大，核能在能源转型中的作用不断提高；我国电力需求仍将不断增长，核电仍有很大发展空间；核电消纳有待继续保障，进一步开放竞争的电力市场对核电提出了新的要求；三代核电的批量化、规模化建设，将推动核电经济性持续提升；自主掌握核心技术对我国更为关键，核能发展仍需大力投入和协同创新；核能全产业链稳步发展，但部分环节亟须加快推进；核能与地方经济融合发展成为核能发展新常态，公众沟通与核科普宣传尤为重要。

2018年也是我国改革开放四十周年，核电发展是我国改革开放的一项重要成果。本年度核能发展报告专设改革开放四十周年专题，邀请了多位行业资深专家，分别从核电起步、核能政策、核电基地建设、国际合作、装备自主化、核电科技重大专项、核安全等方面进行了全面回顾与总结。

关键词： 核能产业　清洁能源　核电基地　核电科技　核安全

目　录

Ⅰ 总报告

Ⅱ 专题报告

Ⅲ 附 录

皮书数据库阅读**使用指南**

CONTENTS

I General Report

II Expert Reports

Ⅲ Appendix

总 报 告

General Report

B.1 中国核能发展报告（2019）*

摘　要：在全球范围内，核能产生了世界上近 1/3 的低碳电力，为世界提供了清洁、安全、可靠的能源供应。核能也是我国清洁低碳、安全高效的现代能源体系的重要组成部分，是积极应对气候变化、兑现减排承诺和绿色低碳发展的重要选择，是带动科技进步与产业升级、促进经济发展的重要动能，是落实“一带一路”倡议、拓展国际产能合作的重要抓手。《中国核能发展报告（2019）》系统阐述了 2018 年国际核能发展的基本情况与趋势；从核电生产运行、核电工程建设、核能科技研发、核燃料循环产业、核电装备制造、核能行业管理与安全保障、核能国际合作等方面总结了 2018 年我国核能发展主要成果；并就我国核能发展形势进行了分析与展望。

关键词：核能发展　核电生产运行　核电工程建设

* 本报告作者信息详见文前“编写说明”。

一　2018 年世界核能发展

（一）核电生产运行

核电作为一种安全、低碳、可大规模利用的能源，对于优化能源结构、保障能源安全、减排、促进经济可持续发展的作用受到广泛认可。截至 2018 年年底，全球在运机组 454 台，总装机容量超过 4 亿千瓦，分布在 30 个国家（见表 1）。2018 年，全球有 9 台机组新并网发电，包括中国 5 台（海阳核电厂 1、2 号，三门核电厂 1、2 号，台山核电厂 1 号，田湾核电厂 4 号，阳江核电厂 5 号）和俄罗斯 2 台（ROSTOV 核电站 4 号，LENINGRAD 核电站二期 1 号）。其中，中国三门核电厂 1 号机组于 2018 年 9 月 21 日顺利完成 168 小时满功率连续运行考核，成为全球首个具备商业运行条件的 AP1000 机组。中国台山核电厂 1 号机组于 12 月 13 日投入商业运营，成为全球首个投运的 EPR 反应堆。

截至 2018 年底，全球核电机组共有 17856（堆・年）的运行经验，在运反应堆中，压水堆、沸水堆和重水堆是三种主要的堆型，数量分别占总数的 65.86%、16.52% 和 10.79%。世界在运反应堆分布情况见图 1。

表 1　世界各国和地区在运核电机组情况

国家	反应堆数量	净装机容量（MWe）	2017 年核发电量（TWh）
亚美尼亚	1	375	2.4
伊朗	1	915	6.4
荷兰	1	482	3.3
斯洛文尼亚	1	688	6.0
巴西	2	1884	15.7
保加利亚	2	1926	15.5
墨西哥	2	1552	10.6
罗马尼亚	2	1300	10.6
南非	2	1860	15.1
阿根廷	3	1633	6.2

续表

国家	反应堆数量	净装机容量（MWe）	2017 年核发电量（TWh）
芬兰	4	2769	21.6
匈牙利	4	1889	15.2
斯洛伐克	4	1814	14.0
巴基斯坦	5	1318	7.9
瑞士	5	3333	19.5
捷克	6	3930	26.8
比利时	7	5918	40.0
西班牙	7	7121	55.6
德国	7	9515	72.2
瑞典	8	8612	63.1
乌克兰	15	13107	85.6
英国	15	8918	63.9
加拿大	19	13554	96.1
印度	22	6255	34.9
韩国	24	22494	141.1
俄罗斯	37	28264	187.5
中国	46	42800	247.5
日本	42	39752	29.1
法国	58	63130	379.1
美国	98	99333	805.0
总计	454	400285	2497.5

注：反应堆数量和净装机容量，统计截至 2018 年年底，核发电量为 2017 年数据。中国数据指我国大陆情况，由于衡定标准不同，与国内统计数字略有差别；全球总量数据中包括我国台湾的数据（4 台机组，装机容量总计 3844MWe）。

资料来源：IAEA（国际原子能机构）。

全球已具有核发电能力的国家中，美国、法国、中国、日本、俄罗斯和韩国在运反应堆规模居世界前 6 位，反应堆数量占全球总量的 67.2%，装机容量占全球总量的 73.9%。2017 年，全球电力结构中核电发电量占比为 10.3%。世界各国电力结构中，核电占比超过 10% 的有 20 个国家，超过 25% 的有 13 个国家，超过 50% 的有 4 个国家。各国电力结构中核电占比情况如图 2 所示。

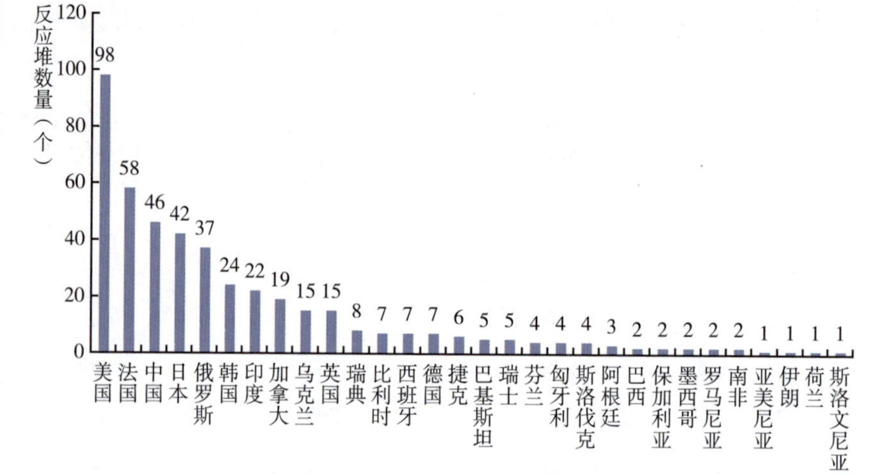

图 1　世界在运反应堆分布情况

注：数据来自 IAEA，统计截至 2018 年年底，其中中国数据指我国大陆情况，由于衡定标准不同，与国内统计数字略有差别。

资料来源：IAEA。

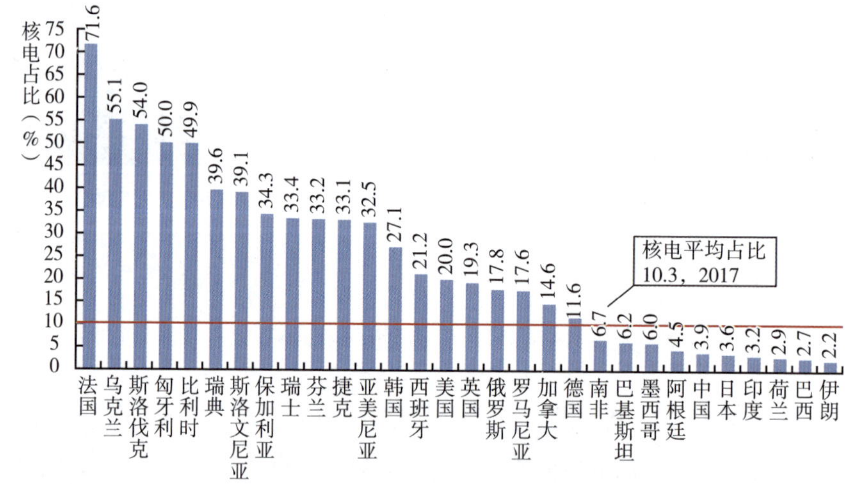

图 2　各国电力结构中核电占比情况

注：数据来自 IAEA，统计数据为 2017 年情况，福岛核事故后，日本核电站停运数量较多，所以核电占比较低。

自 2012 年以来，全球核电装机容量和发电量逐年增加，但是，在全球电力结构中，核电占比呈下降趋势。全球核电占比在 1996 年达到 17.5% 的最大值，之后一直下降到 2017 年的 10.3%。

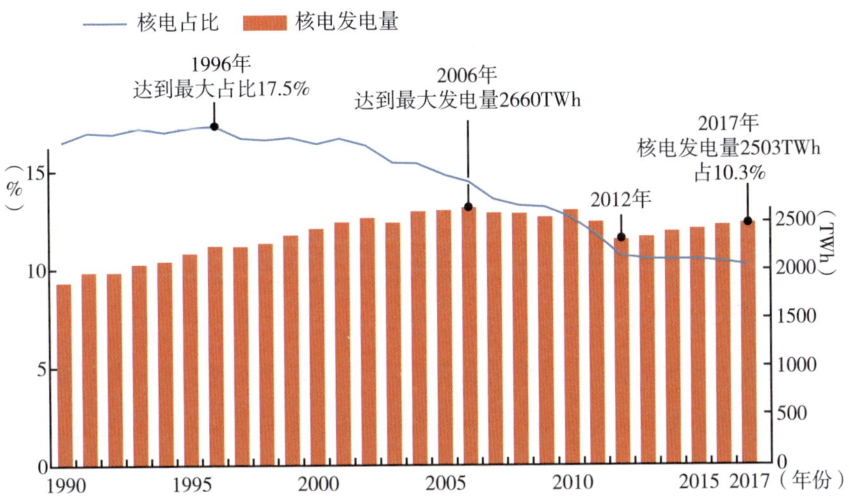

图 3　1990~2017 年核电发电量及占比情况

机组老龄化是在运机组面临的重要问题，尤其是在发达国家，许多机组即将面临延寿或退役的选择。目前，全球在运的核电机组多数是二代技术，通常设计寿命为 40 年，运行年龄超过 30 年、35 年、40 年和 45 年的机组分别有 298 台、175 台、95 台和 34 台，分别占在运机组的 65.64%、38.55%、20.93% 和 7.49%（如表 2 所示）。为了降低费用、保障电力安全，美国、法国、俄罗斯、加拿大等多个国家正在制定机组延寿计划，将二代机组延寿至 50 年，甚至 60 年乃至更长。

（二）核电工程建设

截至 2018 年底，世界在建核电机组 54 台，总装机容量 5501.3 万千瓦，

表 2　机组的年龄、数量及占比情况

机组年龄	数量	占比
≥ 30 年	298	65.64%
≥ 35 年	175	38.55%
≥ 40 年	95	20.93%
≥ 45 年	34	7.49%

分布在 17 个国家或地区（见表 3）。世界各国在建核电净装机容量（Mwe）情况如图 4 所示。在建反应堆大部分为压水堆，数量占到 81.5%。世界各堆型在建装机容量（Mwe）如图 5 所示，各堆型数量占比情况见图 6。

近年来全球核电开工机组增长幅度不大，但是核电发展区域不断增加，机组延寿延缓了装机容量的快速下降。2018 年，全球有 4 台机组新开工建设，分别是土耳其的 AKKUYU 核电站 1 号、英国的欣克利角 C 电站、俄罗斯的 KURSK 核电站二期 1 号、孟加拉国的 ROOPPUR 核电站 2 号，1 台机组重启建设（韩国的新古里 6 号机组）。

在建机组中，芬兰的 Olkiluoto 3 号是全球第一台开工建设的 EPR 机组，目前已经完成了热试，并准备装载燃料。法国电力公司 EDF 从 2007 年动工兴建弗拉芒维尔（Flamanville）3 号机组，该机组采用 EPR 三代核电技术，预计投资 30 亿欧元，原计划 2013 年投运。然而在建设过程中遇到各种技术问题，其安全性受到法国原子能安全委员会（ASN）的审查。目前 EDF 透露将于 2019 年 2 月启动热态功能调试，并计划在 2019 年底装料。英国萨默塞特郡欣克利角 C 项目的两个 EPR 机组也在建设中。

采用 AP1000 技术建造的美国 Vogtle 项目 3 号机组目前第一台主泵已经安装就位,4 号机组正在安装蒸汽发生器和稳压器，两台机组计划 2021 年 9 月、2022 年 11 月建成投运。

表 3　世界各国和地区在建核电机组情况

国家	机组数量	净装机容量（MWe）
中国	11	10982
韩国	5	6700
阿联酋	4	5380
印度	7	4824
俄罗斯	6	4573
日本	2	2653
美国	2	2234
白俄罗斯	2	2220
孟加拉国	2	2160
乌克兰	2	2070
巴基斯坦	2	2028
法国	1	1630
芬兰	1	1600
巴西	1	1340
土耳其	1	1114
斯洛伐克	2	880
阿根廷	1	25
总计	54	55013

注：数据来自 IAEA，统计截至 2018 年年底，其中中国数据指我国大陆情况，由于衡定标准不同，与国内统计数字略有差别；全球总量数据中包括我国台湾在建 2 台，总装机容量 2600MWe。

目前，全球 17 个国家或地区正在建设核电站，其中白俄罗斯、阿联酋、孟加拉国、土耳其属于新的核电成员。中东、中亚等地区已经成为新的核电建设主要区域。未来全球核电建设的重点在发展中国家，尤其是中国和印度，以及一些新兴经济体国家，如非洲、南美、中东、中亚等地区的一些国家；发达国家趋于维持现有核电水平，替代老旧核电机组，或增加新的核电机组（英国）。

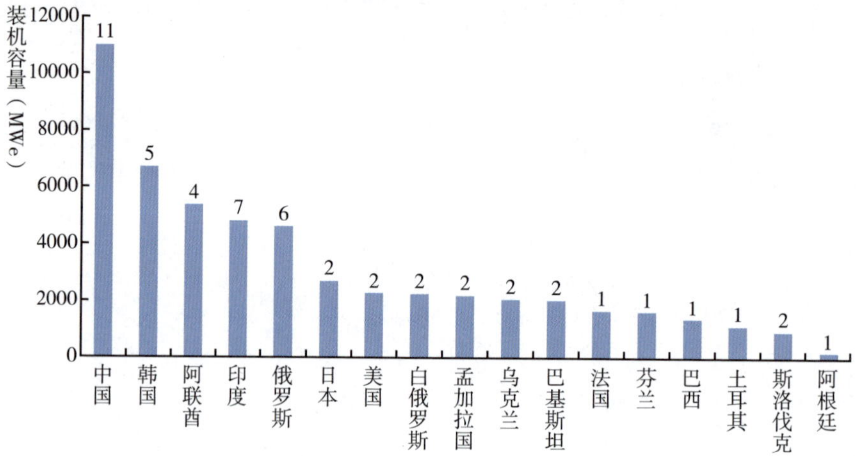

图 4　世界各国在建核电净装机容量与数量情况

注：数据来自 IAEA，统计截至 2018 年年底。

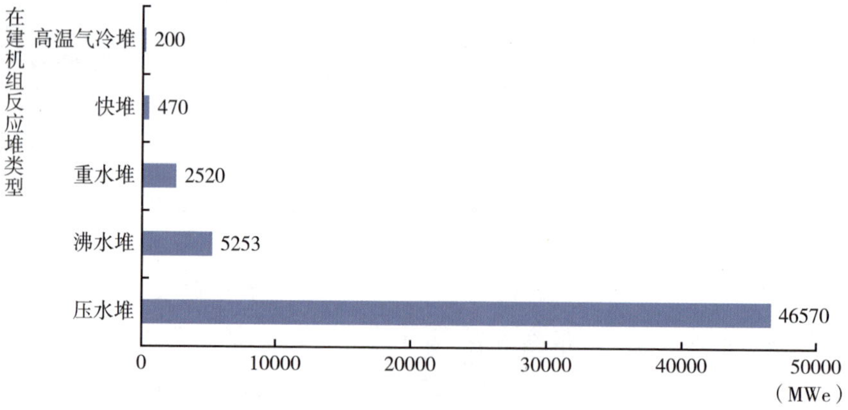

图 5　世界各堆型在建装机容量（MWe）情况

注：数据来自 IAEA，统计截至 2018 年年底。

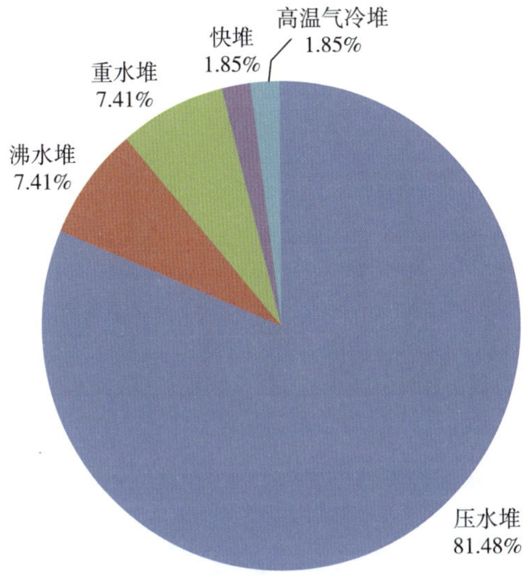

图 6　世界在建机组各堆型数量占比情况

注：数据来自 IAEA，统计截至 2018 年年底。

（三）各国发展政策

统计显示自 2011 年福岛核事故后，全球新开工机组为 45 台，新并网机组 52 台，永久停堆 42 台。2008~2018 年，每年新开工、并网和永久停堆机组数量如图 7 所示。2018 年世界主要核电国家发展政策概述如下。

1. 美国

美国的核电机组数、核电装机量和发电量均居世界第一。截至 2018 年年底，美国现有 98 台核电机组运行，2 台机组在建（沃格特勒 3、4 号），35 台永久关停等待退役。2018 年核发电量 807078GWh，国内核发电占比为 19.3%（约占 60% 的低碳电力输出）。

美国新总统特朗普当选后，实施以复兴化石能源与核能为核心的国内能源产业政策。特朗普 2017 年 6 月发表演讲，提出“要开始重振和扩大核能行业”，在确保技术和经济优势下继续发展核能并向海外推销，为实现“美国的

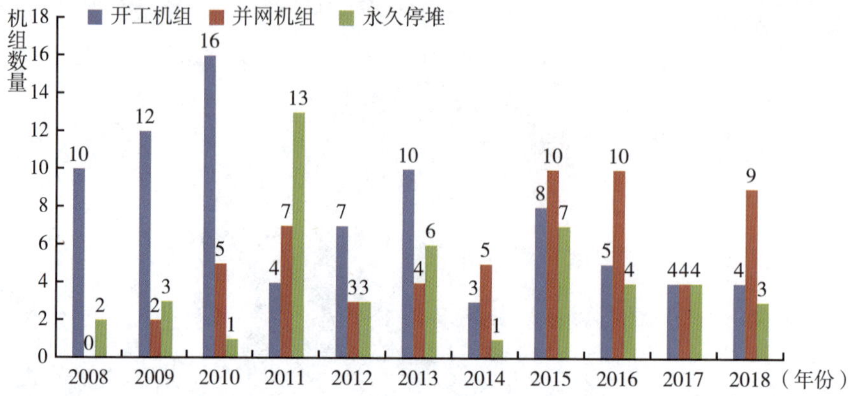

图 7　2008 年以来世界开工、并网和永久停堆机组情况

注：数据来自 IAEA，统计截至 2018 年年底。

能源统治地位”铺路并将对目前的政策进行“全面审查”，以确定复苏该行业的方式。2017 年 12 月，白宫发布《国家安全战略报告》，确立了核能成为可靠并可获取的能源。报告指出：“美国将寻求确保普遍获得经济、可靠的能源，包括高效能的化石燃料、核能和可再生能源，以帮助减少贫困、促进经济增长和繁荣。美国将提高在能源领域的技术优势，包括核技术、新一代核反应堆、性能更好的电池、先进计算技术、碳捕集技术等。”

为了支持 Vogtle 核电站 AP1000 项目继续建设，2018 年 2 月特朗普总统签署法案，准许 2020 年 12 月 31 日之后投运的最多 6000MWe 核电装机容量在投运第一个 8 年内享受 1.8 美分 / 千瓦时的税收抵免。

美国核管会一直在对在运机组进行延寿与二次延寿。迄今核管会已为总计 93 台核电机组换发许可证，使这些机组能够将运行寿期延长至 60 年（其中 4 台机组已提前关闭）。核管会目前还在对 1 台机组的换发许可证申请进行评审。另外核管会正对 6 台核电机组的二次延寿申请进行评审，如果二次延寿获准，这些机组将能运行 80 年。

美国重视革新型核能技术开发与推广，以期抢占未来科技制高点。2017

年 1 月能源部发布的《先进堆开发与部署愿景和战略》，提出了“2050 年发展愿景”和“2030 年中期目标”，以及加快先进堆开发和部署的六大具体战略部署。其中指出，到 21 世纪 30 年代初，至少有两种非水冷却先进堆概念设计要达到技术成熟，具有经过验证的安全性并具有经济效益，通过美国核管会的许可评估，被允许进行建设。到 2050 年前后，凭借在改进安全性、成本、性能、可持续性，以及减少核扩散风险等方面的优势，先进堆将成为国内和全球核能结构中重要且不断增长的组成部分。美国能源部（DOE）以成本共担方式支持 Nuscale 等公司开发小型模块堆，计划 2026 年实现商业化，以适应未来分布式发电市场的需求。能源部支持泰拉能源公司开展熔盐堆开发，计划 2030 年开发出 1100MW 原型堆。

美国国内市场层面，项目业主受制于当前内外部因素（燃气发电价格、新能源成本下降、自身成本），对核电新项目建设态度不一，总体上市场比较低迷。有的业主表示将继续推进在建项目（Vogtle 核电项目），有些考虑新建成本高，监管越来越严，表示目前不会新建（Exelon 公司）；有些机组在开展延寿或申请二次延寿（佛电公司），有些老旧机组由于维护成本较高被提前关停；部分在建项目中止，一些新建项目与计划被放弃或暂缓（Summer 核电项目等）。

2. 法国

截至 2018 年年底，法国 58 台核电机组在运，1 台在建，12 台永久关停等待退役。2018 年核发电量 3930 亿千瓦时，核发电比例为 71.6%（见图 8）。其他发电品种中，水电占 12.4%、火电占 7.1%、风电占 5.1%、太阳能占 1.8%、生物质能占 1.8% 等（各品种发电数据统计来自法国国家电网 RTE，见图 9）。法国是世界最大的电力净出口国，每年电力出口收益超过 30 亿欧元。

2015 年 8 月 17 日法国政府通过的《绿色增长能源转型法案》提出，要实现能源结构多样化，进一步限制化石燃料使用，使发电多元化，增加可再生能源的份额。法案制定的能源和气候目标包括：温室气体（GHG）的排放量到 2030 年减少 40%，到 2050 年下降到 1/4（与 1990 年相比）。

图 8　法国核电比重变化情况

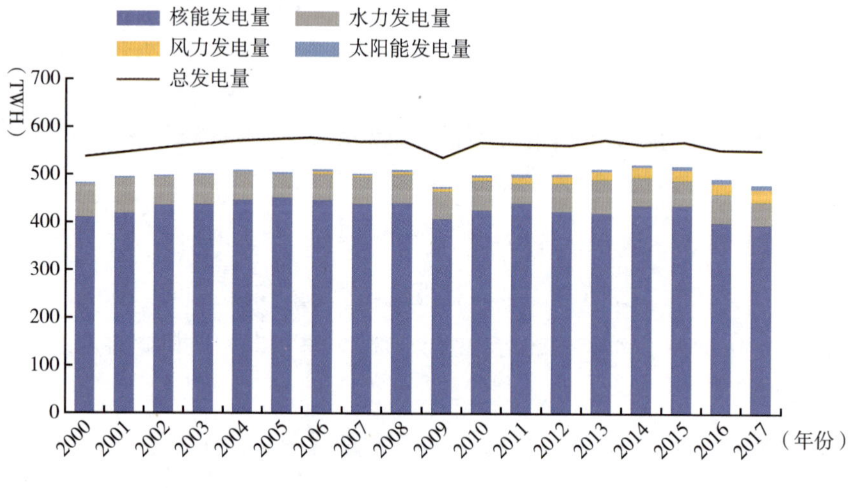

图 9　法国 2000~2017 年各能源品种的发电量（按太瓦时计算）

最终能耗到2030年下降20%，到2050年下降50%（与2012年相比）。到2030年可再生能源占最终总能耗的32%，占总发电量的40%。到2025年，核能在电力结构中的份额降至50%，限定核电装机容量在当前63.2GW的水平（要新建反应堆，就需要关闭旧堆）。《绿色增长能源转型法》强化了国家核安全管理局的职责，提高了存储核废料的标准和核安全信息对公众的透明度。

鉴于可再生能源目前比例非常小，核能是法国未来几年内避免任何重大能源短缺的唯一选择，核电仍是法国作为能源独立国家和欧洲最大净电力出口国的最有效保障。法国2017年11月宣布延迟减核时程；12月，法国总统表示“核能与可再生能源，是最无碳的发电方式”。2018年9月，法国总理表示2035年可能是核电50%目标的达成日期，仓促减核会造成碳排放增长、电力供应安全问题以及带来失业风险。

法国总统马克龙2018年11月表示，到2035年，法国目前运行的58座核反应堆中将有14座被关闭，其中4~6座将在2030年前关闭。同时强调，减小核电比重，并非放弃核电。任何现有核电站都不会完全关闭，关闭时间取决于法国能源结构的过渡状况，包括增加可再生能源和扩大同邻国电网互联能力的实施状况等。法国无法确定2035年后替代现有反应堆的最具竞争力的发电形式，希望保留未来对可能的新反应堆的选择权。

法国在建的Flamanville核电站的EPR反应堆热态功能调试从2019年2月开始，2019年底装料。

3. 日本

截至2018年12月底，日本42台核电机组在运（其中只有9台处于运行状态），2台在建，18台永久关停等待退役。2018年核发电量49199GWh，年度核发电比例为6.2%。

日本通过制定国家能源战略规划来确立本国一定时期的能源政策方向并推进相关工作。2018年7月3日，日本政府公布了最新制定的《第5个能源战略规划》（*The 5th Strategic Energy Plan*），这是一份面向2030年以及2050年的日本能源中长期发展规划的政策指南和行动纲领，以构建多维、多元、柔性的能源供需体系为目标，强调从“低碳化”迈向“脱碳化”对于实现能源转型的重要性，积极争夺能源技术的主导权。规划强调核电作为“重要的基荷电源”是实现脱碳化目标的重要选择，将继续推进核电重启，持续改进安全性，以到 2030 年实现零排放电力占 44% 的目标（其中核电占 20%~22%）。规划将地热、常规水电、核能、煤电定位为“基荷电源”（base-load power source），可以全天候低成本稳定运行。

2030 年前日本将推进核能相关技术开发：（1）改进现有轻水堆的安全性、可靠性和效率，以及严重事故应对措施；（2）与其他国家联合开展高温气冷堆的技术研发，改进并提升安全性；（3）推进开发能从根本上提升安全性、可靠性和效率的新核电技术。同时，保持战略灵活性，针对欧美国家和地区开展的小型模块堆及熔盐堆等新技术开发，国家提出长远发展愿景，私营部门发挥创造性参与国际竞争。

日本到 2050 年的发展愿景是：核能是实现脱碳化的现实选择，要推进利用更高安全性、经济性和机动性的核反应堆，开发燃料循环后端技术，解决反应堆退役和废物处理处置问题，恢复社会信任。

日本企业海外出口不顺。2018 年 11 月，东芝宣布放弃英国 NuGen 项目；12 月，三菱重工决定放弃土耳其锡诺普核电站项目；日立集团已决策退出英国地平线核电项目。

日本政府鉴于福岛事故后国内强烈反核舆论的压力，一方面，提出要减少对核电的依存度，另一方面，考虑能源独立与供应安全、保持电源与电价稳定性、实现脱碳目标等多种因素，政府坚持继续发展核电，强调将核电作为“重要的基荷电源”，继续推进安全前提下的核电重启，以到 2030 年实现零排放电力占 44% 的目标。同时为实现由低碳化向脱碳化转型，核电是 2050 年能源转型的比较现实的选择。目前日本在运核电机组只有 9 台，要实现 2030 年的占比目标，新建或替换老机组不可避免，同时日本今后将开发部署具有安全性、经济性和运行效率的堆型技术，包括小型模块化堆（SMR）、高温堆在内的先进堆型。同时将继续推进核燃料循环技术路线的方针，确保对放射性废物的有效管理，消除公众质疑。

4. 俄罗斯

俄罗斯目前共有37座正在运营的反应堆，总装机容量2826万千瓦，在建机组6台，装机457.3万千瓦。2017年核发电量187499GWh，核发电比例为17.79%。2000年普京执政后，俄罗斯实施能源强国战略，充分利用能源资源大国优势，将其转化为经济发展的动力和国际影响力。2003年，俄罗斯就出台了《2020年能源战略》，形成了涵盖能源发展目标、科技创新、投资以及对外合作等的完整体系。2008年则进一步强化多元出口战略。2009年出台《2030年能源战略草案》，强调提高能源效率，加大对核能、太阳能以及风能的开发利用力度。2014年出台《俄罗斯2035年前能源战略》，强调从监管体系、基础设施建设、投资创新等综合环节入手，加强能源改革，推进国内能源市场化竞争，深化能源公司管理。《俄罗斯2035年前能源战略》提出对能源生产结构做出调整，降低石油产量，提高天然气、煤炭、电能产量，优化热能供应。将核发电比重从16%增到22%~23%。根据Rosatom 2015年公布的数据，俄罗斯计划在2035年前建造不少于25台总计2683万千瓦的新机组。但由于近几年其国内经济和用电增长不如预期，俄罗斯核能发展计划将有所延迟或缩小规模。

俄罗斯积极研发核电技术。研发的VVER、BN核电技术品牌已形成多种系列型号，采用最新VVER-TOI技术的核电站已经开工建设，BN-800钠冷快堆已经投运，还计划建设BN-1200机组，还在不断研发改进更高性能的包括铅冷快堆、高温气冷堆、聚变堆和混合堆等在内的核电技术。

俄罗斯核电出口全球领先，大力发展核电出口也是其核电政策的主要目标之一。2018年10月5日俄罗斯和印度两国就在印度新建6座俄罗斯设计的核电站机组的项目签署了协议。俄印双方有意在印度新址建设6座由俄方设计的核电站机组，扩大在第三国的合作，并增进俄印在原子能领域除核电站建设外的协作。根据Rosatom公司初步统计，公司2018年的10年期海外订单额约为1300亿美元，如果将国内订单包括在内，则2018年总订单额约为2000亿美元。Rosatom公司正在50多个国家开展项目合作。2017年Rosatom公司净收益为9674亿卢布（142亿美元），同比增加10.2%。其中民用部门

2017年净收益为8620亿卢布。净收益增加主要是因为俄国内市场电力销售额增加、核燃料循环前段业务的销售额增加以及海外核电建设项目收入上升。

俄罗斯还积极进行核电技术应用创新，包括浮动核电站、核动力破冰船、空间堆等。俄罗斯正在研制全球首座浮动核电站，旨在为偏远的国家和地区供电。该国首座浮动核电站“罗蒙诺索夫院士”号已经完成反应堆装料和临界，计划试运行。俄罗斯拥有世界上独一无二的核动力破冰船队。

5. 韩国

韩国共有24台正在运营的反应堆，总装机容量为2249万千瓦；正在建设5台，容量为670万千瓦；1台永久关停等待退役。2017年核发电量为141098.00 GWh，发电比例为27.1%。韩国总统文在寅上任后，计划降低韩国对煤炭和核电的依赖，强调有必要向可再生能源转型。目标是到2030年，将可再生能源占比从目前的1.1%增至20%。2017年6月，文在寅在出席永久关闭古里核电站1号机组仪式时宣布，韩国将废除以核电站为主的发电政策，走向“零核电”时代。为此，韩国全面终止了所有新建核电计划，不再延长核电站的设计寿命。正在建设的新古里核电站5、6号机组已投入1.6万亿韩元，工程率达29.5%。于是，政府做出暂时停工的决定，通过舆论调查决定是否持续进行工程建设。2017年10月20日，韩国新古里核电站5、6号机组公论化委员会发表舆论调查结果，决定将重启建设。新古里核电站6号机组于2018年9月重新恢复建设。

近年来，韩国积极推进海外核电市场开发，2009年，韩国与阿联酋签订价值200亿美元的核电站建设合同，建造4座核电反应堆。此后，韩国陆续开拓了土耳其、约旦、罗马尼亚、乌克兰、埃及、沙特阿拉伯等国市场。除计划出口反应堆外，韩国还计划进入国际核电运营、维护和检修市场。

6. 英国

英国目前共有15座在运机组，装机容量为891.8万千瓦，1台在建机组（欣克利角C），30台永久关停。2017年核能发电量63887.00 GWh，核发电占比19.27%。

英国将可再生和核能领域视为能源改革的方向。为实现到2050年温室气体排放量在1990年的基础上减少80%这一目标，2015年11月，英国表示到2023年英国将严格限制境内所有燃煤电厂运行，2025年关停全部燃煤电厂，建立新的燃气发电厂，依赖核能和海上风力发电以扭转过度依赖煤炭的局面。2008年政府发布《面临能源挑战》白皮书，确认了英国走低碳经济体的发展路线，并确立了以核能作为低碳能源结构重要组成部分的战略。英国政府表示，在保证经济性和安全性的前提下，将采用政策手段来支持新核电站的建设。随后出台和落实各项规（计）划，简化核电站审批流程、加速规划实施、对现有技术进行评估等，确保了新建核电站项目的顺利启动。由此，英国一度停摆的核电项目得到了重新启动。

政府认为到2025年需要60 Gwe的净新增发电装机容量，其中35 Gwe来自可再生能源。《国家核电政策声明草案》指出，尽管政府尚未确定核容量的固定目标，但预计剩余25Gwe中“很大一部分”将来自核能。根据政府官员表态，到2025年，英国将在五个厂址新建成总装机16Gwe的核电机组，但目标日期可能最终推迟到2030年。

2017年12月，英国商务、能源与产业战略部（BEIS）公布《政府支持下一代核技术发展》报告，表示将大力挖掘本国核工业潜力，支持未来核电技术开发，抓住技术带来的机遇并发挥其优势，让英国成为下一代核技术的领军国。

2018年6月，英国政府在其官网上发布了一份“工业战略之核领域协议”。作为现代工业战略的一部分，核领域协议将以政府与工业界之间的历史性合作伙伴关系为基础，推动清洁电力增长，并确保民用核能仍然是未来英国能源的重要组成部分。该协议提出了英国工业战略以及核领域协议在创新、人才、基础设施、商业环境和地区发展方面的举措。11月，政府批复中国广核集团的华龙一号在英国的通用设计审查（GDA）正式进入第三阶段。

政府支持先小堆开发，计划2018~2020年共出资5600万英镑，用于评估先进小型反应堆模块的性能并加快研发进度，帮助解决英国在将来可能会出现的能源紧缺问题。这一项目分两阶段实施。第一阶段包括使用最多400万英镑开展可行性研究，以及使用最多700万英镑进一步推进核监管机构加强评估先进核技术所需的能力建设。第二阶段将为先进模块堆研发项目提供最多4000万英镑的资助，并为监管机构进一步提供500万英镑资助。政府还组建融资专家组，为英国小堆建设项目筹集私营投资提供建议。

此外，政府分阶段启动了核创新计划，为先进核材料和制造研发、反应堆设计和工程工作、先进燃料方面的现代化安全和安保方法论的研究等提供资助。产业战略部宣布将为聚变研究提供资助，用于在卡勒姆（Culham）聚变能研究中心建立一个国家级聚变技术平台。该平台将把供应链企业汇集在一起，支持英国企业获得核聚变领域的重大科学和工程合同。

7. 其他国家

印度政府向议会通报，已对再建12台核电机组做出行政和财政批准。在这12台机组中，10台将是印度自主品牌的700 MWe加压重水堆，包括中央邦Chutka的2台、卡纳塔卡邦盖加的2台、哈里亚纳邦戈勒克布尔的2台以及拉贾斯坦邦Mahi Banswara的4台。这10台机组将在2031年前全部建成。另外2台将是拟建于泰米尔纳德邦库坦库拉姆的俄罗斯VVER-1000轻水堆，即库坦库拉姆5号和6号机组。

巴基斯坦原子能委员会（PAEC）卡拉奇核电2、3号机组，设备已采购结束，项目正在进行主体施工工作。巴基斯坦原子能委员会与中核集团签署了恰希玛核电5号机组（简称C-5项目）商务合同。按照约定，中核集团将以华龙一号技术在巴基斯坦恰希玛建造1台百万千瓦级核电机组。

阿联酋由韩国承建的4台机组进展顺利，首堆于2012年开工建设，目前已基本完工，正在等待监管当局的许可，预计2019年装料、调试，2020年运行。4台机组（单机容量135万千瓦）建成投运后，将占全国电力供应的25%；未来计划还要建4~8台百万千瓦的核电机组。

沙特近年来正在寻求能源多元化发展以减少对石油的依赖，计划到2032年实现17.6GW的核电装机。2017年政府正式启动其首批两座核电站的核反应堆建设招标计划。目前共收到来自美国、俄罗斯、法国、韩国和中国的公司提供的报价。沙特政府希望从2019年开始启动首个核电站建设的相关工作，总设计装机容量为2.8GW，2027年实现商运。

印尼2014年通过的政府法令中，规划到2025年将包括核电在内的新能源和可再生能源占比提高到23%，届时核电装机为2GW；2050年占比将达到31%，核电装机为8GW。值得一提的是，近年来，印尼公众对核电的支持率上升，由2011年（福岛核事故后）的49%上升到2017年的77%。印尼国家原子能机构2018年3月宣布已启动印尼实验动力堆详细工程设计路线图。这一小型模块堆已在2018年年底之前完成最终设计。

阿根廷核监管机构已批准为拉丁美洲首台核电机组——阿图查1号机组（362 MWe的加压重水堆）——换发运行许可证。该机组现代化改造项目筹备工作已经开始，改造完成后，将进入长期运行阶段。

肯尼亚正在开展核反应堆的立项可行性研究，并希望韩国提供技术援助，协助制定引进核反应堆具体计划。2018年其与韩国原子能研究院（KAERI）在肯尼亚举办了一次核能研讨会，以推动肯尼亚引进核反应堆，建立该国首座核电站。

亚美尼亚能源部表示，梅察莫尔2号核电机组延寿申请已获欧盟批准，将延寿至2026年。亚美尼亚政府已计划建设一台核电机组，以替代已经老化的2号机组。但由于融资困难，新建项目迟迟未能启动。因此，政府决定将2号机组延寿至2026年。这一计划获得俄罗斯的支持，俄将提供2.7亿美元贷款和3000万美元的资助。

乌兹别克斯坦已经制定了《2019-2029年国家原子能发展规划》，目前在俄罗斯国家原子能公司支持下，正在开展本国首座核电站的建设，按照计划将于2030年前建成发电。根据政府预测，该核电站可使乌兹别克斯坦每年节省37亿立方米的天然气。

约旦一次能源短缺，约96%的能源依赖进口。因此，其“2007~2020国家能源战略”以及升级版“2015~2025能源战略”中，核能都被列入国家能源战略的重要选项，包括发展百万千瓦的大型商用堆和中小反应堆（MSR）。目前，约旦原子能委员会与美国X-energy公司签署了一份谅解备忘录，将研究

X-energy 公司的氙 -100 高温气冷球床模块化反应堆在约旦的潜在部署。

白俄罗斯首台机组于 2013 年开工建设，计划 2019 年 6 月开始调试工作，属于内陆核电站。2021 年两台机组并网后，可占全国电力供应的 38%。中、日、韩、俄参与了竞标，最后俄罗斯原子能公司中标。

孟加拉国全国电力装机 1768 万千瓦，主要为天然气发电，占比为 53%；缺少本土能源资源，核电已被作为国家基荷能源来发展，总理亲自参与领导，2017 年、2018 年已先后开工两台俄罗斯原子能公司承建的 AES-2006（2×1200MW），计划分别于 2023 年、2024 年开始调试工作；未来 20 年拟陆续再建 4 台百万千瓦的核电机组。

土耳其全国能源 72% 依赖进口，近年来能源需求上升快，需要发展核电；计划 2030 年布局 3 个核电基地共 12 台机组，核电占比达到 15%。与俄罗斯合作的 Akkuyu 核电站计划建设两台 VVER V-509 机组，首台机组已于 2018 年 4 月开工；与日本合作的第二个核电站 Sinop 的相关工作正在推进中；第三个核电站正在选址过程中。

在埃及，进入 21 世纪后，随着能源需求的增加，核电再次被列入议事日程：2007 年通过原子能法，2017 年升版，明确了发展核电的国家政策；2016 年与俄罗斯原子能公司签订了工程总承包合同（EPC），并于次年生效，计划在 El Dabaa 电站建设 4 台 VVER-1200 机组。俄罗斯将负责为该电厂提供核燃料，建造乏核燃料容器和储存设施，进行人才培养，提供前 10 年核电厂运营和维护支持，以及支持其核电本土化工作等。

“波兰核电规划（PNPP）”2013 年获经济部批准，2014 年经内阁会议审查通过，2018 年升版后的规划被纳入波兰国家能源规划。该国计划 2030 年核电占比为 6%，2040 年达到 18%，目前正考虑将波兰北部的两个地点 Lubiatowo-Kopalino 和 Zarnowiec 作为第一批反应堆的厂址，希望其第一座核电站于 2030 年后开始运营。波兰能源部已经制定了核能计划修正案，将于 2019 年年底之前提交内阁。澳大利亚 Worley Parsons 公司正在为波兰首座核电站提供选址评价和取证许可服务。

越南原计划 2020 年建成首堆，日本福岛核事故后，公众更加关注核安全，加之国际国内经济形势的影响，越南推迟了其核电计划。2016 年经过修订的国家电力发展计划得到总理批准，计划到 2030 年建成 4 台百万千瓦机组，届时核电占比将达到 10.1%。一期项目为俄罗斯原子能公司承建的 Ninh Thuan1 号两台机组，首堆计划 2028 年建成；二期项目计划为日本公司承建的 Ninh Thuan2 号两台机组。

尼日利亚 2015 年初步计划首台百万千瓦机组于 2025 年建成，另外还计划在 2030 年建成 3 台机组。2018 年以来正在对 2015 年的计划进行修订和完善。

苏丹 2016 年通过水利电力部部长法令，计划在 2031 年建设 2 台 600 MW 机组的首座核电站。

马来西亚 2008 年计划引入核电，2011 年 1 月成立马来西亚核电公司，作为推进其核电计划的责任单位。福岛事故后，核电计划推进无实质性进展，主要原因是公众接受问题和政府对核电的态度不明朗。

（四）核能科技研发

1．三代核电已经成为全球核电产业发展的技术主流。从 20 世纪 90 年代起，美国、俄罗斯、中国、欧洲、韩国、日本等主要核电国家或地区发展了三代核电技术，如 AP1000、VVER-1200、VVER-Toi、HPR1000（华龙一号）、CAP1400、EPR、APR1400、ABWR、ESBWR 等。目前已实现部署的三代核电技术型号有 7 种，已经建成的三代核电机组有 12 台（见表 4），在建 34 台（见表 5），约占全球在建机组数的 2/3。采用 AP1000 技术建造的 Vogtle 项目 3、4 号机组 2013 年开工，目前 3 号机组第一台主泵安装就位，4 号机组正在安装蒸汽发生器和稳压器，两台机组计划分别于 2021 年 9 月、2022 年 11 月建成投运。法国 2007 年开工建设的 Flamanville 核电站一拖再拖，原定 2018 年年底开展的热试试验推迟到 2019 年 2 月进行，2019 年底完成装料。

同时，核电经济性和高融资是当前制约三代技术商业化推广的主要原因，由于三代机组较二代机组考虑了更多安全性改进，许多采用三代技术的示范首堆建设一拖再拖，建造成本明显增加（如法国 EPR 的单位造价高达 6000 美元 / 千瓦以上），甚至中止建造计划（美国 Summer 项目两台机组）。提高第三代核电的经济竞争力将是未来核电界广为研究的重点，全球核工业界在吸取首堆建设经验教训后认为，后续机组经济性能仍需进一步改善。其中延长设计寿命是一个重要手段，目前相关机构正在研究将第三代核电技术的寿命由 60 年提高至 80 年，美国甚至正在研究将第三代核电技术的寿命提高至 100 年。另外更大功率的三代机型如 VVER-1500 也在概念研究中。

表 4　三代核电技术在运情况

状态	型号	设计商	核电站或机组名称
在运 12 台	VVER-1200（2 台）	俄原公司	新沃罗涅日 2-1 号，列宁格勒 2-1 号
	APR1400（1 台）	韩国水利核电公司	新古里 3 号
	AP1000（4 台）	西屋公司	三门 1 号、2 号，海阳 1 号、2 号
	EPR（1 台）	阿海珐	台山 1 号
	ABWR（4 台）	通用 - 日立，东芝	柏崎刈羽 6 号、7 号，志贺 2 号，滨冈 5 号

注：海阳 2# 机组为 2019 年 1 月具备商运条件。

表 5　三代核电技术在建情况

状态	型号	设计商	核电站或机组名称
在建 34 台	VVER-1200（8 台）	俄原公司	列宁格勒 2-2 号，新沃罗涅日 2-2 号，波罗的海 1 号，白罗斯 1 号、2 号，卢普尔 1 号、2 号，阿库尤 1 号
	VVER-Toi（1 台）	俄原公司	库尔斯克 2-1 号
	APR1400（9 台）	韩国水利核电公司	新古里 4 号、5 号、6 号，新蔚珍 1 号、2 号，巴拉卡 1 号、2 号、3 号、4 号
	ABWR（4 台）	通用 - 日立，东芝	岛根 3 号，大间町 1 号，龙门 1 号、2 号。
	AP1000（2 台）	西屋	沃格特勒 3 号、4 号
	EPR（4 台）	阿海珐	台山 2 号，奥尔基洛托 3 号，弗拉芒维尔 3 号、欣克利角 C 1 号
	华龙一号（6 台）	中核及中广核	福清 5 号、6 号，防城港 3 号、4 号，卡拉奇 2 号、3 号

2. 小型模块化反应堆（以下简称“小堆”）发展势头良好，其多用途利用被寄予厚望。小堆由于其多用途、模块化、灵活、投资成本低等特点，近年引起全球广泛关注。全球多个国家正在加快推广应用小堆技术，并将其列入本国核能发展战略。美国将小型反应堆作为其占领核能技术制高点的重要

选择，并加大资金支持，计划到2025年前后实现小堆部署。俄罗斯“罗蒙诺索夫院士”号浮动核电站装载2台KLT-40S小堆，已经完成装料，其中1台小堆已经在测试；各装载2台RITM-200小堆的22220型破冰船有3艘，分别处于交付、下水和建造阶段。俄罗斯还计划将RITM-200小堆用于“风暴”号航母。此外，俄罗斯未来的破冰船计划使用更高性能的RITM-400型小堆。我国的HTR-PM高温堆示范电站预计2019年投运。韩国SMART小堆、阿根廷CAREM小型堆等也都由概念设计阶段步入发展实践阶段。据统计，全球有近50种小堆概念设计，技术成熟度不同（参见图10），其中以小型压水堆最为成熟。已开展工程建设的小堆技术有俄罗斯的KLT-40S、RITM-200、BREST-OD-300，阿根廷的CAREM和中国的HTR-PM。

3. 多种先进堆型在研发推进，旨在改善未来可部署反应堆的性能。俄罗斯已经起草了BN-1200快堆的开发路线图，最快可以在2027年启动快堆。西屋电气公司已经与意大利国家新技术、能源和可持续经济发展机构（ENEA）及安萨尔多核能公司签署了一项关于铅冷却快堆技术开发的合作协议，寻求合作开发基于铅冷快堆技术的下一代核电站。美国泰拉能源（TerraPower）公司在能源部资助下，与美国能源供应商“南方公司”达成合作，计划在2019年开设一个新的实验室，希望到2030年开发出熔融氯化物反应堆原型，同时该实验室将被用于测试核反应堆新材料。TerraPower的液氯设计将铀燃料和冷却剂放入同一熔盐中，当混合物流过反应堆堆芯时，裂变可以直接加热盐，然后混合物通过热交换器产生热量或电力。使用熔融氯化物，TerraPower设计的新型核反应堆可以在远比以前更高的温度下运行。同时，熔融氯化物反应器几乎不产生残余废物，理论上可以运行多年而无须添加燃料或排除废物。法国由于资金问题，正在调整用于工业示范的先进钠技术反应堆项目（ASTRID）的研究计划，考虑将反应堆的电功率从最初计划的600 MW削减到100MW~200MW。荷兰的核服务公司NRG与瑞典LeadCold公司在合作开发铅冷反应堆，对瑞典先进铅冷反应堆——SEALER——进行安全分析。这是一种小型模块化铅冷快堆，由LeadCold公司设计，使用铀-235丰度为19.9%的氧化铀燃料，采用能够实现临界的最小可能堆芯。电输出功率为3~10MWe；

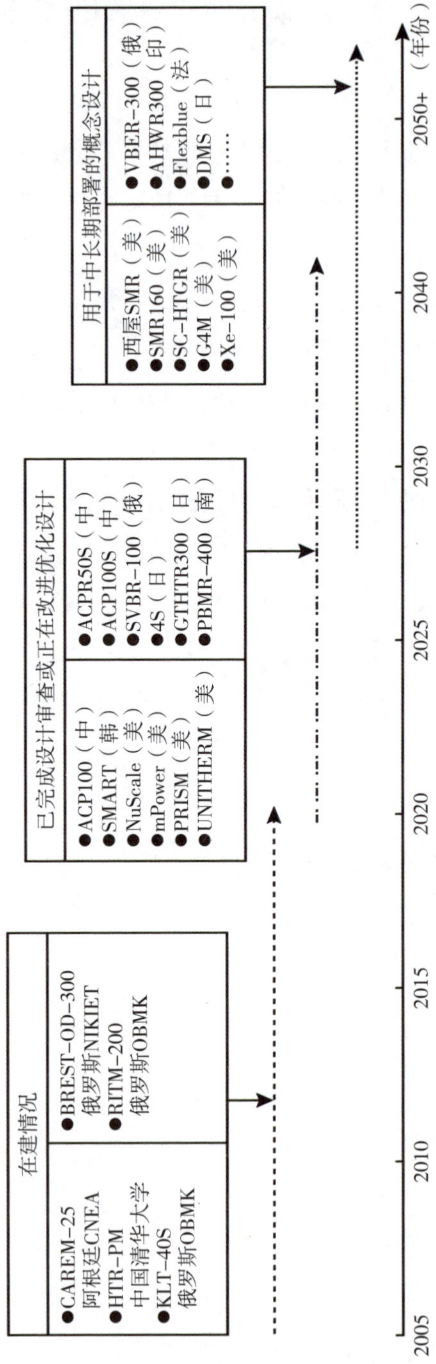

图 10 在建和列入工程计划或规划的小堆技术情况

如果满功率（90% 容量因子）运行，其堆芯寿期可达 10~30 年。在 SEALER 中，铅冷却剂的最高温度将保持在低于 450℃的水平，以使燃料包壳和结构材料的腐蚀甚至在几十年的寿期里成为一种可控现象。

4. 有关聚变堆的研究仍在探索实验中。国际热核聚变实验堆（ITER）计划是目前全球规模最大、影响最深远的国际核聚变科研合作项目。ITER 计划由欧盟、中国、韩国、俄罗斯、日本、印度和美国七个成员合作承担。ITER 计划于 1985 年提出，并于 1988 年开始实验堆的研究设计工作，经过十几年努力，在集成世界聚变研究主要成果的基础上，于 2001 年完成 ITER 工程设计。此后经过五年谈判，ITER 计划七方 2006 年正式签署联合实施协定，启动实施 ITER 计划。ITER 计划将历时 35 年，其中建造阶段 10 年、运行和开发利用阶段 20 年、去活化阶段 5 年。根据 ITER 组织 2016 年制订的修订计划，实验堆 2025 年将产生首束等离子体,2035 年开始氘—氚聚变实验。2017 年 11 月，ITER 组织宣布完成总施工进度（实现产生首束等离子体目标）的 50%。

5. 先进燃料元件的研发不断取得阶段性突破。2018 年 3 月，美国哈奇 1 号机组在装入耐事故核燃料先导组件之后重启运行，成为首台装入这种燃料的商业核电机组。该燃料组件是全球核燃料公司（GNF）研发的耐事故燃料先导试验组件。这批先导组件分为两类：一类使用被称为 IronClad 的铁—铬—铝燃料包壳，另一类使用带有 ARMOR 涂层的锆燃料包壳。IronClad 材料在各种工况下均具有良好的抗氧化性和“优异的材料性能”，其在高温下的低氧化速率能够提高反应堆的安全裕量。此次装入哈奇 1 号机组的 IronClad 组件有两种：一种采用燃料棒形式，但未装载燃料；另一种采用实心棒段的方式。IronClad 先导试验组件是在美国能源部（DOE）耐事故燃料计划的资助下研发的。

俄罗斯 Rosatom 首批新改良的 TVSA-T Ⅱ型核燃料组件已经在 TVEL 燃料公司下属的机械制造工厂制造，这批核燃料组件是为捷克共和国的 VVER-1000 反应堆制造的。与目前提供给捷克泰梅林核电站的 TVSA-T 型燃料组件相比，由于燃料棒的包覆层更薄以及改良后的铀芯块结构，新改良的燃料组件具有更高的铀容量，将使核电厂的运行更经济有效。燃料组件的结构现在还包括 3 种混合网格，这些网格使反应堆内部冷却剂温度的分布更均匀。另外，俄罗斯燃料公司 TVEL 正在开发用于轻水堆的耐事故燃料（ATF），研发新的燃料棒包层和新的燃料基体，并计划于 2019 年底开始测试。耐高温铬涂层应用可以防止锆与主回路中的冷却剂接触，从而减少在发生严重事故时可能产生的氢气量。俄罗斯国立核能研究大学——莫斯科工程物理学院——正在与中国清华大学合作，研究使用同位素改性钼替代锆合金制造核反应堆燃料元件的可能性，并证明了这种方式能提高核反应堆的安全性。

（五）核燃料循环产业

全球天然铀资源储量丰富，铀产量稳定，未来 10~20 年不会成为制约核电发展的因素。铀转化、铀浓缩，及核燃料制造领域未来数年仍将保持供应充分的状态。2018 年核燃料循环产业各环节供应保障能力充分，市场总体仍较低迷。

据 UxC 数据统计，2018 年 8 月核燃料整体价格约为 1615 美元 /kgU。天然铀在各环节的价格占比最高，为 48%，燃料元件制造为 23%，铀浓缩为 18%，铀转化服务在燃料产品中占比最小，仅为 9%（见图 11）。

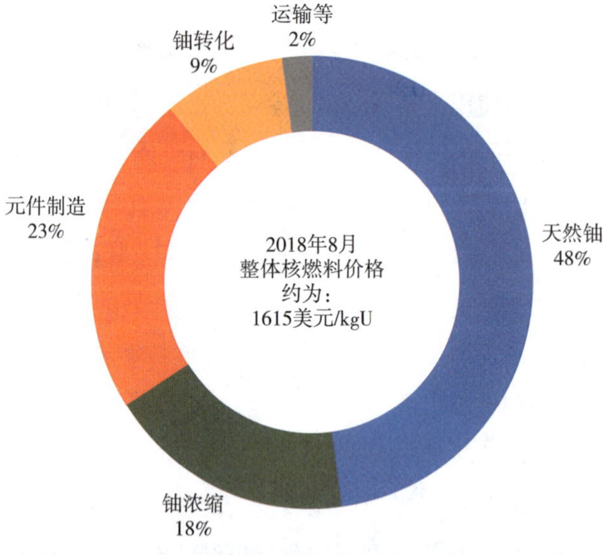

图 11　2018 年核燃料产品在全球市场的价格占比

1. 天然铀

根据2018年底经合组织核能署（NEA）和国际原子能机构（IAEA）共同发布的《铀矿资源：产量和需求》（*Uranium Resources: Production and Demand*）（即2018版红皮书），截至2017年1月，世界已探明开发成本小于130美元/千克的铀资源量大约为614万吨，这比2016年红皮书所报告的总量增长了7.4%。目前世界天然铀资源充足，无论核能在电力需求中的未来地位如何，也无论全球气候变化怎样，都完全能够满足可以预见的未来需要。红皮书同时指出，为确保铀矿资源能够得到维护并及时投产，必须加大资金投入及专业能力建设。

2016年，北美地区铀产量为15018吨，占世界总产量的24%。巴西产量持续下降，2014年为55吨，2015年为44吨，2016年没有产量。2016年，欧盟天然铀产量为190吨，主要来自捷克，法国、德国和匈牙利有少量生产。欧洲非欧盟国家2016年铀产量为3813吨，尽管俄罗斯产量增加14吨，但其他国家产量下降，其中乌克兰产量下降146吨。2016年，俄罗斯铀产量为3005吨，其中1873吨采用常规地下开采法生产，另外1132吨采用原地淋滤法生产。非洲三个主要产铀国，包括纳米比亚、尼日尔和南非，合计产量从2014年的8238吨降至2016年的7560吨。虽然博茨瓦纳、坦桑尼亚和赞比亚未来可能生产铀，但这取决于市场条件和安全情况。NEA指出，这至少要等到2030年以后。2016年，中东、中亚和南亚的铀产量增至29177吨，主要是因为哈萨克斯坦产量增长，该国2014年、2015年和2016年产量分别为22781吨、23806吨和24689吨。目前，哈萨克斯坦是世界最大产铀国，2016年产量占世界的40%。澳大利亚是大洋洲地区唯一产铀国，2014年、2015年和2016年产量分别为5000吨、5636吨和6313吨。

2016年世界铀需求量为62825吨，其中经合组织（OECD）需求量为45340吨。2018版红皮书在基于未来核电发展规模预测调低（相比于2016版红皮书）的假设情景下，认为从长期看，未来铀需求仍将保持增长趋势。

2. 铀转化

全球铀转化市场在未来数年仍将保持供应充分的状态。二次供应对全球市场的影响在逐渐减少，但2035年前仍将发挥重要作用。

一次供应方面，2017年[1]全球主要铀转化供应商六氟化铀产能为5.81万吨铀（UF_6）/年，实际估算总产量为3.41万吨铀（UF_6）/年（见表6）。

表6 2017年全球主要铀转化供应商 UF_6 额定产能与实际产量

铀转化厂商	2017年生产能力（吨铀/年）	2017年实际产量（吨铀/年）	利用率
加拿大 Cameco	12500	5000	40%
俄罗斯 TVEL	11500	11000	96%
法国 ORANO	15000	7000	47%
美国 Converdyn	7000	5500	79%
中国 CNNC	12000	5500	46%
巴西 IPEN	100	100	100%
总量	58100	34100	

资料来源：UxC2018年铀转化市场报告。

法国欧安诺集团科莫海克斯（Comurhex）一期铀转化厂2017年的额定产能为1.15万吨铀（UF_6）/年，当年的实际产量约为7000吨铀（UF_6）。加拿大矿业能源公司（以下简称加矿）可为轻水堆生产UF_6，并为重水堆生产UO_2。2017年UF_6的额定产能为1.25万吨铀/年，实际产量为5000吨铀。鉴于全球六氟化铀需求低迷且严重供过于求，美国梅特罗波利厂2017年的额定产能降低为7000吨铀（UF_6）/年，实际产量为5500吨铀（UF_6）。2017年底，梅特罗波利厂宣布停产。俄罗斯国家原子能集团公司（以下简称俄原）的铀转化业务由俄核燃料产供集团（TVEL）实施，市场营销由俄技术装备出口公司（Tenex）负责。额定产能为1.15万吨铀（UF_6）/年，2017年实际产量为1.1万吨铀（UF_6）。

二次供应方面，铀转化二次供应的来源包括美国能源部（DOE）铀库存、俄罗斯与美国之前武器级高浓铀的稀释、核电机组等商业储备、铀浓缩厂低尾料丰度运行和尾料再浓缩、铀钚循环等。2017年，铀转化二次供

① 2018年数据未见相关统计报道。

应量占全球市场的比重为35%~50%。近些年，铀浓缩厂通过低尾料丰度运行生产销售的铀转化产品占全球市场的份额越来越大，UxC预测，在中情景下，2018年，西方铀浓缩厂的铀转化产品全球市场供应量约为4100吨（见表7）。

表7　中情景下2018年全球铀转化二次供应量与预测（吨铀/年）

二次供应源	2018年	2025年	2030年	2035年
俄罗斯政府及商业库存、铀浓缩厂	6200	5300	3200	2400
西方铀浓缩厂	4100	1800	1100	1300
核电机组商业库存	3100	3500	2300	1500
其他商业库存	16500			
美国政府储备	1400	500	500	1300
MOX与铀钚再循环	3700	2300	1800	1400
总量	35000	13300	8900	8000

资料来源：UxC2018年铀转化市场报告。

根据UxC中发展情景的预测，2018年二次供应量约为3.5万吨铀，之后将逐年减少，2035年全球市场的铀转化二次供应量将约为8000吨铀。

据UxC预测，到2035年，全球铀转化产能将约为8万吨铀/年。在中发展情境下，铀转化市场将维持供需平稳。在低发展情景下，将出现产能过剩的局面。而在高发展情景下，铀转化市场将出现供不应求的局面。未来几年，中国的铀转化市场份额将逐渐增加，并逐渐超过其余四大铀转化供应商。铀转化二次供应的占比则将逐年减少。

同样，经合组织核能署（OECD-NEA）出版的*Nuclear Energy Data 2016*提供了到2035年全球市场的铀转化供需预测，具体信息见表8和表9。

表8　全球铀转化额定产能（吨铀/年）

国别	转化为	2014年	2015年	2016年	2020年	2025年	2030年	2035年
俄罗斯	UF_6	15000	15000	N/A	N/A	N/A	N/A	N/A
美国	UF_6	15000	15000	18000	23000	23000	23000	23000

续表

国别	转化为	2014 年	2015 年	2016 年	2020 年	2025 年	2030 年	2035 年
法国	UF_6	14000	14000	14000	14000	14000	14000	14000
英国	UF_6	6000	6000	6000	6000	6000	6000	6000
加拿大	UF_6	8500	9700	12500	12500	12500	12500	12500
	UO_2			2800	2800	2800	2800	2800
	金属 U	0	0	2000	2000	2000	2000	2000

资料来源：*Nuclear Energy Data* 2016。

表 9　全球铀转化需求（吨铀 / 年）

国别	转化为	2014 年	2015 年	2016 年	2020 年	2025 年	2030 年	2035 年
俄罗斯	UF_6	W	W	W	W	W	W	W
美国	UF_6	20137	21403	17077	19570	17974	18907	17921
法国	UF_6	8600	8600	8600	8600	8600	8600	8600
英国	UF_6	1514	1075	1570	1230	910	340	0
加拿大	UO_2	1870	1875	1870	1400	1220	1340	1380

资料来源：*Nuclear Energy Data* 2016。

W: 不对外公开数据。

3. 铀浓缩

铀浓缩供应包括一次供应与二次供应。一次供应是商业铀浓缩供应商提供的分离功服务。二次供应包括铀浓缩产品库存（EUP Inventory）与后处理铀（RepU）。

一次供应方面，2017 年全球分离功总需求约为 5 万吨 SWU，然而全球铀浓缩厂分离功总产能达 6 万多吨 SWU（见表 10），全球市场分离功供大于求的局面没有改变。俄罗斯 Rosatom 占据全球市场分离功一次供应第一大份额，为 45%，其次是 URENCO，占据 32.3%，法国 ORANO 占据 12.7%，中国 CNNC 占据 9.8%。另外还有日本、阿根廷及巴西的铀浓缩供应商，2017 年总产能为 188 吨 SWU，约占市场的 0.3%。

表 10　2017 年全球市场主要铀浓缩供应商产能		
运营方	2017 年（吨 SWU）	市场占有率（%）
法国 ORANO	7500	12.7
URENCO	18758	32.3
俄罗斯 Rosatom	28416	45
中国 CNNC	5210	9.8
其他（日本、阿根廷、巴西）	188	0.3
总计	60072	100

资料来源：WNA，The Nuclear Fuel Report 2017。

根据 UxC 的预测，2018 年全球分离功产能约为 6.16 万吨 SWU（见表 11）。URENCO 与 Rosatom 的铀浓缩服务继续占据主导地位，共占全球市场份额的 76%。OREANO 维持中等水平。巴西、日本、阿根廷分离功产能共约 600 吨 SWU。

表 11　2018~2035 年全球主要铀浓缩供应商产能现状及中发展情景产能预测（吨 SWU）					
运营方	2018 年	2020 年	2025 年	2030 年	2035 年
法国 ORANO	7500	7500	7500	7500	7500
欧洲 URENCO	13800	13400	13000	12000	10500
美国 URENCO	4800	4800	4800	4800	4800
俄罗斯 Rosatom	28100	27300	25100	24100	22100
中国 CNNC	6800	7700	12500	18000	25000
其他（日本、阿根廷、巴西）	600	600	700	700	700
总计	61600	61300	63600	67100	70600

资料来源：UxC Enrichment Market Outlook Q2 2018。

二次供应方面，相比于铀转化，分离功的二次供应量占全球市场的比重并不大。目前二次供应来源主要是因 2011 年福岛核事故以及成本原因而提前关停的核电机组持有的商业库存。另一部分来源是美国高浓铀（HEU）稀释后的低浓铀产品（LEU），后处理回收铀（RepU）与混合氧化物（MOX）燃料。

全球市场中铀浓缩二次供应的主要来源是美国能源部（DOE）库存，包括贫铀（DU）、天然铀（NU）、低浓铀（LEU）与高浓铀（HEU）等铀产品，其中占主要部分的是美国能源部一直在缓慢稀释的 HEU。另一个铀浓缩二次供应的主要来源是以核电机组为主的商业库存。铀浓缩供应商同样也会拥有一定的铀浓缩商业库存。除此之外，铀浓缩一部分二次供应来自 MOX 燃料与后处理回收铀（RepU）。IAEA 致力于面向全球采购低浓铀产品（LEU），通过运输并存储在其位于哈萨克斯坦乌尔巴冶金厂的铀银行，为燃料元件制造安全供应浓缩 UF_6 产品。

目前，全球铀浓缩服务总供应远大于需求。根据 UxC 预测，未来铀浓缩供大于求的局面将逐渐好转。中发展情境下，铀浓缩市场将达到供需平衡。到 2035 年，只有在高发展情景下，全球铀浓缩市场才会出现供不应求的局面。市场中包括铀浓缩商及核电运营浓缩产品库存等在内的二次供应量将逐渐减少。

同样，经合组织核能署（OECD-NEA）出版的 *Nuclear Energy Data* 2016 提供了到 2035 年全球市场分离功的供需预测（见表 12 和表 13）。

表 12　全球铀浓缩额定产能（吨 SWU）

铀浓缩产能	方法	2014 年	2015 年	2016 年	2020 年	2025 年	2030 年	2035 年
俄罗斯	离心	25000	25000	N/A	N/A	N/A	N/A	N/A
美国	离心	3200	3700	4700	5200	9000	16600	16600
	激光	0	0	0	0	1500	4500	7000
法国	离心	6400	6900	7500	7500	7500	7500	7500
英国	离心	4900	4900	4700	N/A	N/A	N/A	N/A

资料来源：*Nuclear Energy Data* 2016。

表 13　全球铀浓缩需求（吨 SWU）

铀浓缩需求	2014 年	2015 年	2016 年	2020 年	2025 年	2030 年	2035 年
俄罗斯	W	W	W	W	W	W	W
美国	13988	15440	16159	13342	15234	13547	13159
法国	6500	6500	6500	6500	6500	6500	6500
英国	1127	785	1160	900	690	270	0

资料来源：*Nuclear Energy Data* 2016。

W: 不对外公开数据。

4. 燃料元件制造

全球大多数核燃料元件制造商同时也是反应堆供应商，为其设计的反应堆提供首炉和初期换料。全球的核反应堆主要是轻水堆和重水堆，因此核燃料元件制造主要服务于这两种堆型，并且以轻水堆燃料制造为主，全球市场轻水堆燃料组件供应主要分为压水堆与沸水堆燃料组件。

（1）轻水堆燃料组件

按供应商来划分，全球主要大型轻水堆核燃料制造商有6家：法马通（Framatome）、环球核燃料公司（GNF）、西屋电气公司（Westinghouse）、产供集团（TVEL）、韩国核燃料公司（KNF）、中核集团（CNNC）。其余的还有西班牙ENUSA公司、日本三菱重工（Mitsubishi）、日本核燃料工业公司（NFI）、巴西核工业公司（INB）、印度核燃料联合体（NFC）、伊朗燃料元件制造厂（Fuel Mfg. Plant）以及哈萨克斯坦与中广核集团共同组建的燃料元件厂。据UxC报告，2018年，全球轻水堆燃料组件总产能约为1.3万MtU/a（见表14）。

表14　2018年全球主要核燃料元件供应商产能现状

地区	供应商	制造厂	额定产能（MtU/a）			燃料类型
			粉末	芯块	组件	
西欧	Framatome	Romans	1400	1000	1400	PWR
		Lingen	800	650	650	BWR/PWR
	Westinghouse	Västerås	600	600	600	BWR/PWR/VVER
		Springfields	200	200	200	PWR
	ENUSA	Juzbado	0	500	500	BWR/PWR/VVER
	西欧总产能		3000	2950	3350	
美国	Framatome	Richland	1600	1200	1200	BWR，PWR
	GNF-A	Wilmington	1200	1100	1100	BWR
	Westinghouse	Columbia	1350	1200	1200	BWR/PWR/VVER
	美国总产能		4150	3500	3500	
日本	GNF-J	Yokosuka	0	750	750	BWR
	Mitsubishi	Tokai-mura	450	440	440	PWR
	NFI	Kumatori	0	284	284	PWR
		Tokai-mura	0	250	250	BWR
	日本总产能		450	1724	1724	

续表

地区	供应商	制造厂	额定产能（MtU/a）			燃料类型
			粉末	芯块	组件	
东欧	TVEL Fuel Co.	Elektrostal	750[a]	750[a]	750	VVER/BWR/PWR
		Novosibirsk	700	700	700	VVER/PWR
	Kazatomprom	Ulba Met. Plant	200[b]	200[b]	0[c]	n/a
	东欧总产能		1650	1650	1450	
中国	CNNC	Yibin	1000	1000	1000	PWR，VVER
		Baotou	800	800	800	PWR
	中核总产能		1800	1800	1800	
韩国	KNF	Daejeon	700	700	700	PWR
巴西	INB	Resende	160	120	250	PWR
印度	NFC	Hyderabad	25	25	25	BWR
伊朗	Fuel Mfg. Plant	Isfahan	30	30	30[d]	VVER
全球总产能			11965	12499	12829	

资料来源：UxC Fabrication Market Outlook 2018。

注：a　不包括 RMBK 与 FBR 反应堆、印度 PHWR 反应堆的粉末 / 芯块供应。

b　预测现有产能。

c　哈萨克斯坦计划与中广核在乌尔巴建造产能 200 MtU/a 燃料组件制造厂。

d　伊朗额外为重水研究堆生产 10 tU/a 燃料组件，全球供应并不包括伊朗产能。

（2）重水堆核燃料

2015 年，全球轻水堆核燃料的需求约为 7000 tHM/a，但产能却高达 1.38 万 tHM/a。重水堆核燃料需求约为 3000 tHM/a，总产能为 4320 tHM/a。气冷堆核燃料市场需求约为 400 tHM/a，总产能为 480 tHM/a。① 整体看，2015 年燃料元件产能大于需求。

目前，全球共有 7 个国家拥有加压重水堆核电站和重水堆核燃料制造设施，包括加拿大、韩国、中国、印度、罗马尼亚、阿根廷和巴基斯坦。2015 年总产能为 4320 tHM/a，其中加拿大产能最大，为 2700 tHM/a。其次是印度（435 tHM/a）和韩国（400 tHM/a）。加拿大有两家公司在生产重水堆燃料，即

① 世界核协会 2015 年发布的《世界核燃料报告》。

环球燃料公司（GNF-Canada）和加拿大矿业能源公司（Cameco），产能分别为 1500 tHM/a 和 1200 tHM/a。

（3）混合氧化物（MOX）燃料

目前，全球共有 3 个国家在进行商业规模的 MOX 燃料生产活动，包括法国、印度和日本。法国阿海珐集团的梅洛克斯（Melox）工厂 2015 年产能为 195 tHM/a，产品已经用于法国、德国、比利时等国的压水堆。

关于未来供需情况，根据 UxC 燃料元件市场报告分析，未来几年全球市场将维持产能过剩的局面。到 2030 年，全球市场燃料元件总产能将超过 1.6 万 tU/a。在高发展情景下，全球供应燃料元件粉末的需求将超过 1.2 万 tU/a。未来十年，阿海珐、产供集团、西屋等老牌大型供应商的产能将不会有所变化。

5. 核燃料循环后端

截至目前，全球核电站每年卸出乏燃料约 1 万吨，累计产生乏燃料 40 多万吨。根据 IAEA 统计，① 全球核电厂已卸出乏燃料中，采用湿法贮存的约有 180800tHM，采用干法贮存的约有 56900tHM，已处理 120300 tHM；从研究和其他反应堆卸出的乏燃料用湿法贮存的约有 362tHM，用干法贮存的约有 2831tHM。

全球商用乏燃料后处理能力为 5675 吨 / 年，其中英国 2400 吨 / 年，法国 1700 吨 / 年，日本 900 吨 / 年，俄罗斯 400 吨 / 年，印度 275 吨 / 年。

2018 年 11 月，英国索普（Thorp）后处理厂在处理完最后一批乏燃料后，宣布停止后处理工作。到 21 世纪 70 年代，该设施将用来贮存乏燃料。建造费用为 18 亿英镑（23 亿美元）的索普后处理厂自 1994 年投入使用以来，已处理了来自世界 9 个国家 30 个客户的 9331 吨乏燃料。后处理工作已产生大约 90 亿英镑的收入。

法国阿格乏燃料后处理工厂于 1976 年建成以来一直在运营，目前年均乏燃料后处理能力在 1700 吨左右，拥有目前世界轻水反应堆乏燃料总量近一半

① 数据为截至 2013 年年底。

的后处理能力。有总量超过 32000 吨的乏燃料在该厂进行了后处理，其中约 70% 来自法国，其他来自德国、日本等地。

日本六个所村后处理厂于 1993 年开始建造，2006 年基本建成，但在热试中出现了玻璃熔炉的出口管嘴阻塞、耐火砖脱落、高放废液泄漏等情况，热试工作中止。为此，日本核燃料公司多次向经产省申请延迟六个所村后处理厂的投运日期，而福岛核事故使这一工作再次遭受打击。2018 年 9 月，该处理厂基本完成安全审查。根据日本核燃料公司 2017 年底公布的信息，该后处理厂有望在 2021 年建成投运。届时，六个所村后处理厂将能够通过对乏燃料进行后处理，每年提取约 8 吨钚。2018 年 6 月，日本原子力规制委员会批准了东海村后处理中试厂退役计划，中试厂退役预计需要 70 年，总投资近 1 万亿日元。

在放射性废物管理环节，根据 IAEA 统计，[①] 全球固态极低水平放射性废物（VLLW）已贮存约有 2356000 立方米，已处置的约有 7906000 立方米；固态低水平放射性废物（LLW）已贮存约有 3479000 立方米，已处置的约有 20451000 立方米；固态中水平放射性废物（ILW）已贮存约有 460000 立方米，已处置的约有 107000 立方米；固态高水平放射性废物（HLW）已贮存约有 22000 立方米，已处置的约有 0 立方米。全球中低放处置设施在建的有 3 个，运行的有 64 个，已关闭的有 30 个；全球高放处置设施在建的有 4 个，运行的有 6 个，已关闭的有 2 个。

目前一些国家正在推进乏燃料处理与放射性废物处置设施的开发活动。如加拿大核废物管理组织 2018 年 1 月在 Ignace 附近完成了首个 1000 米深试验性钻孔的钻探，该地区是安大略省开展调查的乏燃料深地质处置库五个候选厂址之一。美国众议院 2018 年 5 月通过《核废物政策法 2018 年修订案》第 HR3053 号法案，支持推进尤卡山处置库取证程序和在美建设乏燃料集中式中间贮存设施。瑞士联邦环境、运输、能源和通信部（DETEC）2018 年 8 月批准瑞士国家放射性废物处置合作公司（Nagra）提交的勘探性钻孔申请，该公司计划在 2019 年启动勘探性钻探，以研究潜在处置库厂址的地质条件。

---

① 数据截至 2013 年年底。

日本核燃料公司计划在六所村新建一座低放废物处置设施，预计能够处置多达 4.2 万立方米低放废物。法国计划在 Meuse/Haute Marne 地区建设一座中高放废物地质处置库——工业地质处置中心（Cigeo）。芬兰核废物管理公司——波西瓦公司——表示，世界首座永久核废物处置库——安克罗地下核废物处置库——即将开始对乏燃料进行全面的最终处置试验。该废物处置库计划在 2023 年建成投运，规划目标是贮存 6500 吨乏燃料，未来预计还要增加贮存量，至少保证乏燃料在 400~500 米的地下岩洞中安全贮存 10 万年。

（六）未来发展预测

世界主要能源 / 核电机构的预测表明，核电作为可以大规模替代化石能源的清洁高效低碳能源，将来对优化世界一次能源消费结构、改善环境的作用愈加凸显，全球核电未来将持续增长，只是受制于当前政策、资金、经济等多种因素，一些机构对核电增长规模的目标预期有所调低。

根据国际原子能机构（IAEA）发布的 *Energy, Electricity and Nuclear Power Estimates for the Period up to* 2050 (2018) 系列年报，高情景下的数据显示，全球核电容量将从 2017 年的 3.92 亿千瓦增加到 2030 年的 5.11 亿千瓦，到 2040 年达到 6.41 亿千瓦，到 2050 年则达到 7.48 亿千瓦，相比于 2017 年高情景下的预测分别调低了 7.76%、10.60% 和 14.42%。除低情景下 2030 年核电容量略有增加之外，其他预测与 IAEA 一年前在《2017 年国际核电现状和前景》报告中的数据相比，均有下降（参见表 15）。

表 15　国际原子能机构（IAEA）对世界核电容量的预测（亿千瓦）

情景	预测年份	2030 年	2040 年	2050 年
低情景	2012	4.56	—	4.70
	2017	3.45 ↓	3.32	3.92 ↓
	2018	3.52 ↑	3.23 ↓	3.56 ↓
高情景	2012	7.40	—	13.37
	2017	5.54 ↓	7.17	8.74 ↓
	2018	5.11 ↓	6.41 ↓	7.48 ↓

2018年8月世界核协会（WNA）发布报告称，世界核协会已制定“和谐”（Harmony）电力未来愿景，帮助满足全球日益增长的能源需求。“和谐”（Harmony）计划由包括部署低碳发电技术的一个多样化能源构成（参见图12），使效益最大化，消极影响最小化。为了满足对可靠、廉价和清洁电力不断增长的需求，世界需要将所有低碳能源作为多种电力组合的一部分。世界核协会预计到2050年核能将供应25%的电力，这意味着需要新增1000吉瓦核发电能力。

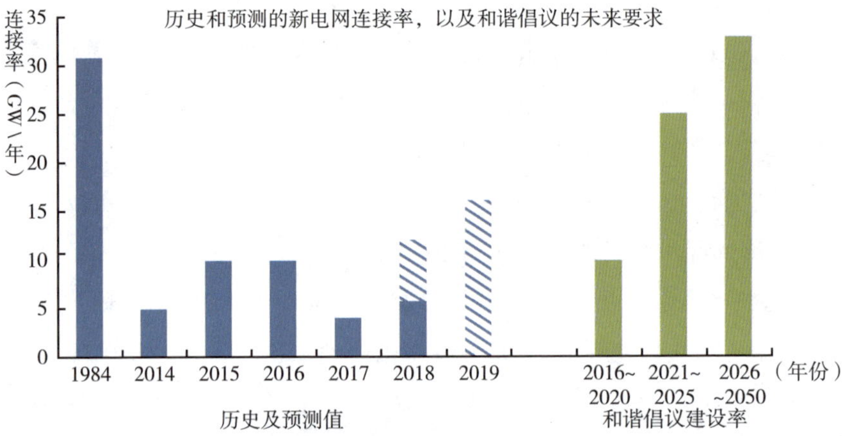

图12 世界核协会预测未来核电增长需求

2018年11月，国际能源署发布了《世界能源展望2018》（*World Energy Outlook* 2018），该报告在分析全球能源市场和技术发展最新数据和能源行业发展主要问题的基础上，对全球2040年的能源发展前景进行了展望。报告指出，全球能源领域正在进行重大转型，从电气化的不断发展到可再生能源的扩张，石油生产的剧变以及天然气市场的全球化。各国政府的政策选择将决定未来能源系统的形态。对于核电行业，IEA认为，核电是当前仅次于水电的第二大低碳电源，其发电量占比将保持在10%左右，未来各国核电发展将走向两个方向，一方面，中国、俄罗斯、印度等国的未来核电增长潜力看好，中国核电发电量在2030年前有望超过美国和欧盟（参见图13）；另一方面，发达经济体约2/3的核电站已运行30年以上，将面临大规模关停退役。对于这些核电装机，延寿或者关停的决定将对能源安全、投资和排放产生重大影响。

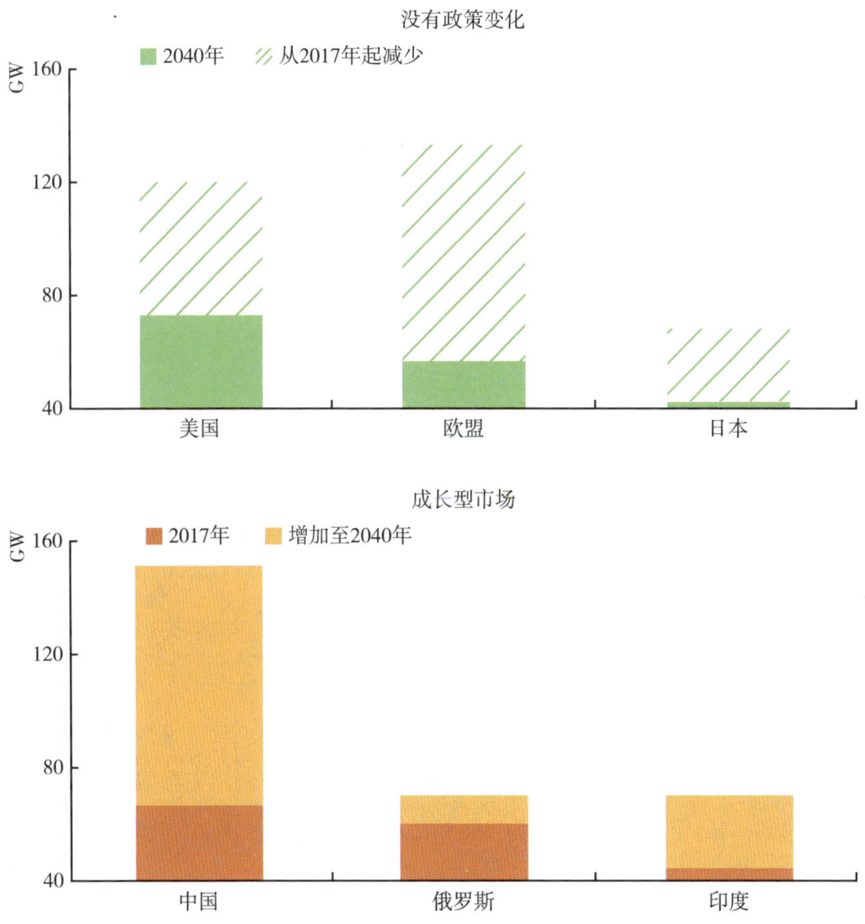

图13　未来全球核电格局态势

麻省理工学院能源倡议（MIT Energy Initiative）在2018年9月发布的报告《核能在碳约束世界中的未来》认为，在大多数地区，如果要保证2050年预期的能源供应，同时要降低碳排放，就需要优化现有的电力结构。如果没有核电的贡献，要达到减碳排目标成本将大幅上升。发电成本最低的组合中，核电是重要组成部分，其比例将随着核电成本下降而显著提高。目前核能在世界很多地区的发展前景不乐观，最根本的原因是成本。在近数十年中，其他发电技术变得更廉价，而新建核电站的成本则不断上升，削弱了核能的潜在贡献，也增加了低碳化的成本。针对成本问题，报告建议：（1）要更加注重应用已得到实践验证的技术和建造管理方法，提高建造和交付新核电站的成功概率；（2）要从低效、高度依赖场址的现场施工型电厂，转向更系列化制造的标准电厂；（3）应转向采用具备固有和非能动安全特征的反应堆设计；（4）应为低碳化政策创造一个公平竞争环境，允许低碳发电技术择优竞争；（5）政府应开放反应堆场址，让企业部署用于测试和针对监管执照申请的原型堆；（6）政府应资助先进反应堆设计的原型堆测试和商业化部署。

二 2018年我国核能发展

发展核能是优化我国能源结构、建设美丽中国、应对全球气候变化的战略选择。目前，我国已经成为全球核电发展最快的国家，核能产业发展进入以三代技术为主的新时期。安全高效推进核能产业的可持续发展，是当前及今后我国核能界的重要职责和使命。

（一）核电生产运行

2018年，我国核电机组继续保持安全稳定运行，没有发生1级及以上运行事件，全年核能发电量为2865.01亿千瓦时，[①] 比2017年同期上升了

① 中国核能行业协会《2018年1–12月全国核电运行情况》修正后数据；中电联《2018–2019年度全国电力供需形势分析预测报告》统计数据为：2018年核能发电量为2944亿千瓦时，同比增长约为18.96%。

15.78%，约占全国累计发电量的 4.22%。截至 2018 年 12 月底，我国商运核电机组 44 台，装机容量达到 4464.516 万千瓦。

1. 商运核电机组逐年增加

2018 年，全国首次并网的核电机组有 8 台，其中 7 台机组投入商运。投运的 7 台机组分别是田湾核电厂 3、4 号机组，阳江核电厂 5 号机组，三门核电厂 1、2 号机组，海阳核电厂 1 号机组和台山核电厂 1 号机组。海阳核电厂 2 号机组 2018 年并网但当年未投入商运。

我国历年投入商运的核电机组情况见表 16。我国历年投入商运的核电机组数量及装机容量如图 14 所示，历年累计投入商运的核电机组数量及装机容量如图 15 所示。

表 16　我国商运核电机组情况

核电机组	堆型	位置	装机容量（MWe）	首次并网日期	商运日期
秦山一期	压水堆	浙江海盐	310	1991/12/15	1994/4/1
大亚湾 1 号	压水堆	广东深圳	984	1993/8/31	1994/2/1
大亚湾 2 号	压水堆	广东深圳	984	1994/2/7	1994/5/6
秦山二期 1 号	压水堆	浙江海盐	650	2002/2/6	2002/4/15
秦山二期 2 号	压水堆	浙江海盐	650	2004/3/11	2004/5/3
秦山二期 3 号	压水堆	浙江海盐	660	2010/8/1	2010/10/5
秦山二期 4 号	压水堆	浙江海盐	660	2011/11/25	2011/12/30
秦山三期 1 号	重水堆	浙江海盐	728	2002/11/19	2002/12/31
秦山三期 2 号	重水堆	浙江海盐	728	2003/6/12	2003/7/24
方家山 1 号	压水堆	浙江海盐	1089	2014/11/4	2014/12/15
方家山 2 号	压水堆	浙江海盐	1089	2015/1/12	2015/2/12
岭澳 1 号	压水堆	广东深圳	990	2002/2/26	2002/5/28
岭澳 2 号	压水堆	广东深圳	990	2002/9/14	2003/1/8
岭澳 3 号	压水堆	广东深圳	1086	2010/7/15	2010/9/15
岭澳 4 号	压水堆	广东深圳	1086	2011/5/3	2011/8/7
田湾 1 号	压水堆	江苏连云港	1060	2006/5/12	2007/5/17
田湾 2 号	压水堆	江苏连云港	1060	2007/5/14	2007/8/16
田湾 3 号	压水堆	江苏连云港	1126	2017/12/30	2018/2/15

续表

核电机组	堆型	位置	装机容量（MWe）	首次并网日期	商运日期
田湾 4 号	压水堆	江苏连云港	1126	2018/10/27	2018/12/22
红沿河 1 号	压水堆	辽宁瓦房店	1118.79	2013/2/17	2013/6/6
红沿河 2 号	压水堆	辽宁瓦房店	1118.79	2013/11/23	2014/5/13
红沿河 3 号	压水堆	辽宁瓦房店	1118.79	2015/3/23	2015/8/16
红沿河 4 号	压水堆	辽宁瓦房店	1118.79	2016/4/1	2016/6/8
宁德 1 号	压水堆	福建宁德	1089	2012/12/28	2013/4/15
宁德 2 号	压水堆	福建宁德	1089	2014/1/4	2014/5/4
宁德 3 号	压水堆	福建宁德	1089	2015/3/21	2015/6/10
宁德 4 号	压水堆	福建宁德	1089	2016/3/29	2016/7/21
阳江 1 号	压水堆	广东阳江	1086	2013/12/31	2014/3/25
阳江 2 号	压水堆	广东阳江	1086	2015/3/10	2015/6/5
阳江 3 号	压水堆	广东阳江	1086	2015/10/18	2016/1/1
阳江 4 号	压水堆	广东阳江	1086	2017/1/8	2017/3/15
阳江 5 号	压水堆	广东阳江	1086	2018/5/23	2018/7/12
福清 1 号	压水堆	福建福清	1089	2014/8/20	2014/11/19
福清 2 号	压水堆	福建福清	1089	2015/8/6	2015/10/16
福清 3 号	压水堆	福建福清	1089	2016/9/7	2016/10/24
福清 4 号	压水堆	福建福清	1089	2017/7/29	2017/9/17
昌江 1 号	压水堆	海南昌江	650	2015/11/7	2015/12/25
昌江 2 号	压水堆	海南昌江	650	2016/6/20	2016/8/12
防城港 1 号	压水堆	广西防城港	1086	2015/10/25	2016/1/1
防城港 2 号	压水堆	广西防城港	1086	2016/7/15	2016/10/1
三门 1 号	压水堆	浙江三门	1250	2018/6/30	2018/9/21
三门 2 号	压水堆	浙江三门	1250	2018/8/24	2018/11/5
海阳 1 号	压水堆	山东海阳	1250	2018/8/17	2018/10/22
台山 1 号	压水堆	广东台山	1750	2018/6/29	2018/12/13

我国商运核电机组分布在沿海 8 个省份，按照首台机组并网的时间先后排序，分别是浙江省、广东省、江苏省、福建省、辽宁省、海南省、广西壮族自治区和山东省。随着海阳核电厂 1 号机组的投运，山东省成为我国新的

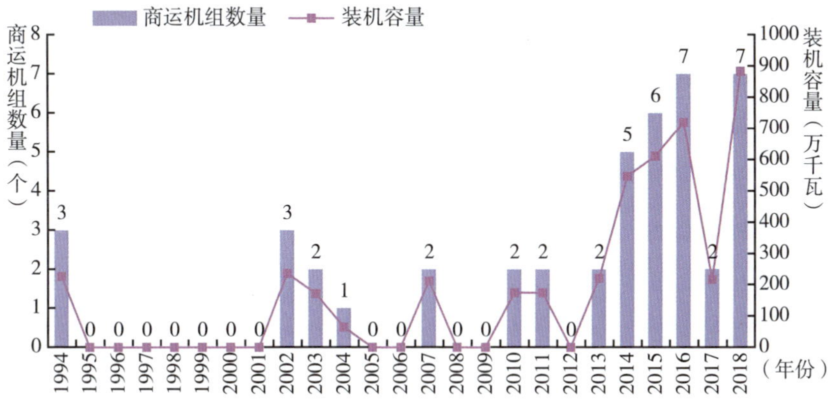

图 14　我国历年新增商运核电机组数量及装机容量

图 15　我国历年累计商运核电机组数量及装机容量

核能发电省份。2018 年，我国各省份的核电装机容量与机组数量如图 16 所示，各省份核电装机容量占全国核电装机容量的比例情况如图 17 所示。

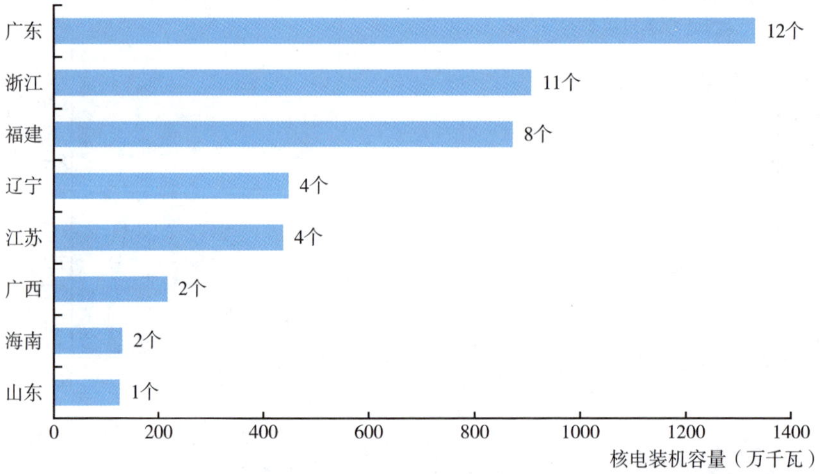

图 16　2018 年我国各省份核电装机容量与机组数量

注：图中数字表示在运机组数量。

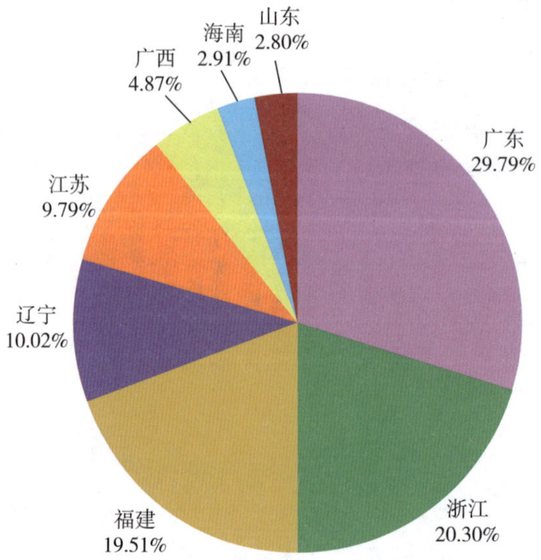

图 17　2018 年各省份核电装机容量在全国核电装机容量中的占比

2. 核电机组累积商运时间达到301.02堆·年

截至 2018 年 12 月 31 日，我国商运的 44 台核电机组，累计商运时间达到 301.02 堆·年。累计运行时间最高的是秦山核电基地（包括秦山核电厂、秦山第二核电厂、秦山第三核电厂和方家山核电厂），累计运行时间超过 100 堆·年。我国各商运核电机组累计运行时间如图 18 所示。

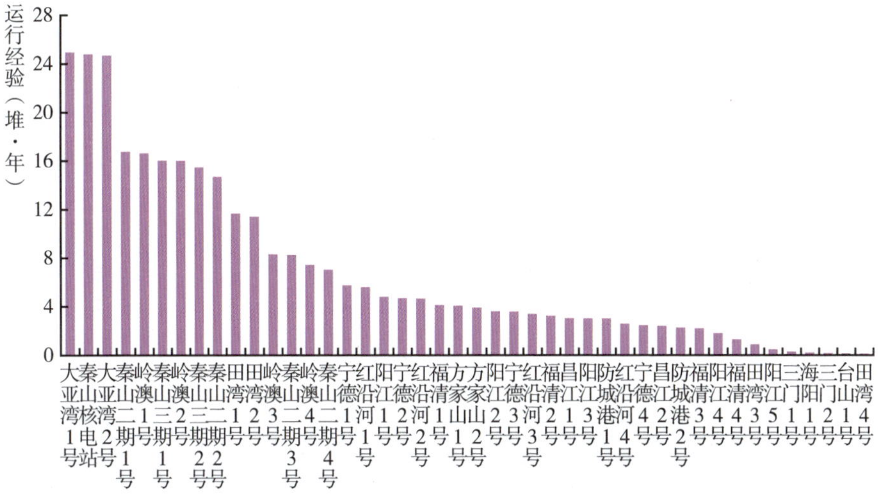

图 18　我国各核电机组累计商运时间

3. 全国核电发电量创历史新高

2018 年，我国核能发电量为 2865.01 亿千瓦时，比 2017 年同期上升了 15.78%，创造历史最高水平，占全国总发电量 67914.20 亿千瓦时①的 4.22%。与燃煤发电相比，核能发电相当于减少燃烧标准煤约 8824.23 万吨，减少二氧化

① 全国发电量数据来源于国家统计局网站。根据国家能源局 2019 年发布数据，2018 年我国火电供电煤耗为 308 克标准煤 / 千瓦时。减排计算方法来源于我国火电行业通用计算标准，按照工业锅炉每燃烧 1 吨标准煤产生二氧化碳 2620 千克、二氧化硫 8.5 千克、氮氧化物 7.4 千克计算。

碳排放约 23119.48 万吨、二氧化硫排放约 75.01 万吨、氮氧化物排放约 65.30 万吨。

自 1994 年我国首台核电机组投运至 2018 年底，核能发电量已累计 19595.76 亿千瓦时。与燃煤发电相比，核能发电相当于减少燃烧标准煤约 6.04 亿吨，减少二氧化碳排放 15.81 亿吨、二氧化硫排放约 512.98 万吨、氮氧化物排放约 446.59 万吨。我国核电机组历年发电量及历年累计发电量情况如图 19 所示。

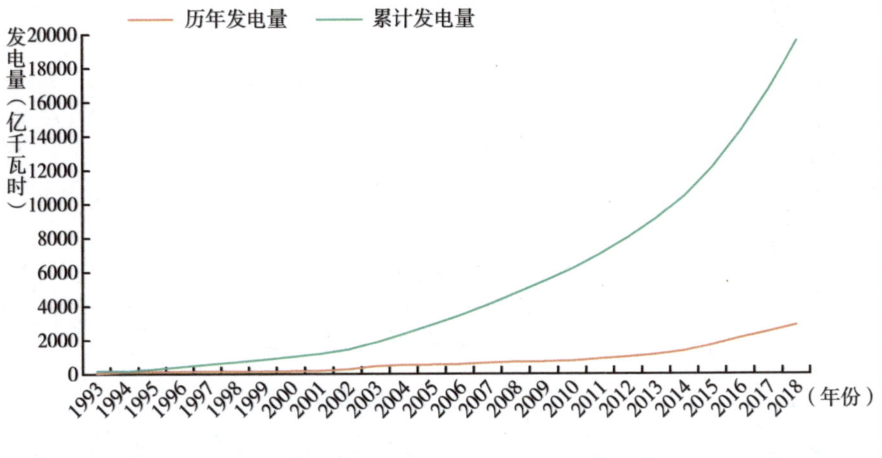

图 19　我国核电机组历年发电量及历年累计发电量

自 2010 年我国核电机组规模化投运以来，核电发电量增加较快。2010 年至 2018 年底，我国共投运核电机组 33 台，总装机容量 3551.10 万千瓦，机组数量占总投运核电机组的 75.00%，装机容量占比为 79.54%。

2018 年 1~12 月我国核电月度发电量及累计发电量如图 20 所示。虽然我国核电发电量在 2018 年创出历史新高，但是核电在电力结构中的占比仍然较低，与核电大国以及世界电力结构中核电的占比相比，我国核电占比仍然存在较大差距。2018 年，我国各类电源发电量占比情况如图 21 所示，各类电源装机容量占比情况如图 22 所示。2000~2018 年，我国电力结构变动情况如图 23 所示。

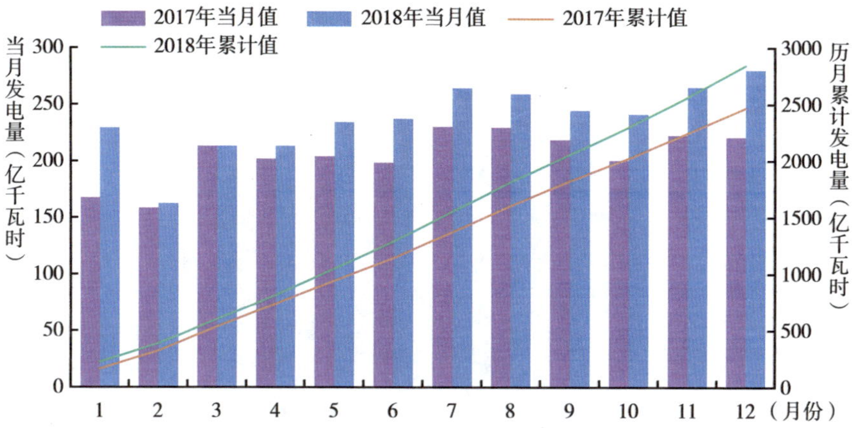

图 20　2017 年、2018 年 1~12 月我国核电月度发电量及累计发电量

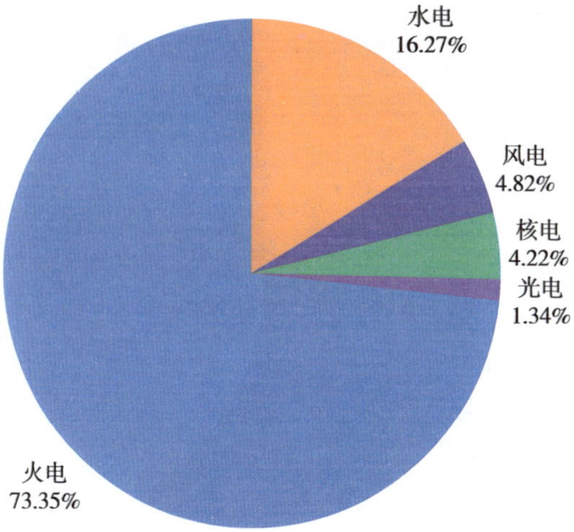

图 21　2018 年我国各类电源发电量占比情况

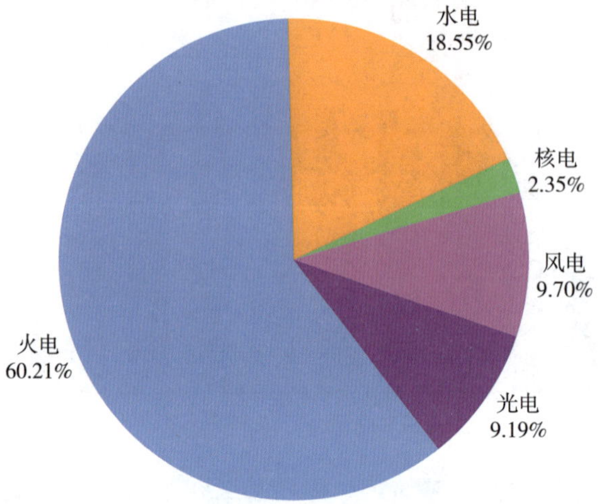

图 22　2018 年我国各类电源装机容量占比情况

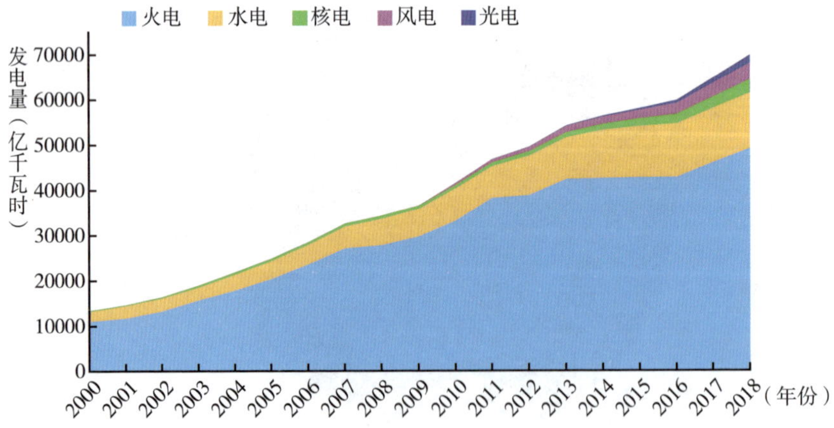

图 23　2000~2018 年我国电力结构图

2009~2018 年 10 年间，我国核能发电量与上网电量情况如表 17 及图 24 所示。

表 17　2009~2018 年我国商运核电厂发电量和上网电量

核电厂 / 年度	项目（单位）	发电量（亿千瓦时）	上网电量（亿千瓦时）
秦山核电厂	2009	23.62	21.95
	2010	23.24	21.69
	2011	24.98	23.33
	2012	28.44	26.59
	2013	23.03	21.59
	2014	26.23	24.41
	2015	25.71	23.94
	2016	25.80	23.97
	2017	28.14	26.16
	2018	16.25	15.09
大亚湾核电厂	2009	163.74	156.62
	2010	157.04	150.15
	2011	160.18	153.36
	2012	159.30	152.51
	2013	148.95	142.41
	2014	151.40	144.97
	2015	154.25	147.75
	2016	151.72	145.26
	2017	164.33	157.20
	2018	164.81	157.51
秦山第二核电厂	2009	99.41	92.86
	2010	119.41	112.36
	2011	146.03	136.81
	2012	201.62	188.96
	2013	203.70	191.12
	2014	202.34	189.78
	2015	202.86	190.05
	2016	208.06	195.01
	2017	211.59	198.55
	2018	208.67	195.86

续表

核电厂/年度 \ 项目（单位）		发电量（亿千瓦时）	上网电量（亿千瓦时）
岭澳核电厂	2009	154.67	148.25
	2010	176.59	168.47
	2011	265.09	251.53
	2012	315.13	298.62
	2013	315.48	299.15
	2014	325.53	308.85
	2015	322.78	306.03
	2016	321.30	304.33
	2017	316.09	299.38
	2018	320.37	303.86
秦山第三核电厂	2009	117.23	108.53
	2010	114.12	105.57
	2011	115.01	106.53
	2012	116.27	107.55
	2013	119.17	110.31
	2014	116.88	108.18
	2015	112.35	103.82
	2016	108.63	100.30
	2017	109.76	101.42
	2018	112.56	104.14
田湾核电厂	2009	142.67	132.81
	2010	157.02	146.71
	2011	160.72	150.16
	2012	162.41	151.9
	2013	166.86	156.10
	2014	167.67	156.92
	2015	166.17	155.61
	2016	153.73	143.54
	2017	172.80	160.71
	2018	230.65	213.43

续表

核电厂 / 年度　项目（单位）		发电量（亿千瓦时）	上网电量（亿千瓦时）
红沿河核电厂	2013	53.93	49.79
	2014	112.54	104.24
	2015	137.94	125.91
	2016	192.79	176.91
	2017	235.99	218.62
	2018	301.57	282.70
宁德核电厂	2013	67.20	62.20
	2014	116.24	108.02
	2015	195.85	182.26
	2016	241.29	223.36
	2017	305.08	284.70
	2018	338.26	317.32
福清核电厂	2014	10.33	9.61
	2015	83.39	76.72
	2016	156.61	144.60
	2017	248.99	232.45
	2018	305.42	286.29
阳江核电厂	2014	72.44	67.93
	2015	129.47	121.52
	2016	230.42	215.83
	2017	319.45	299.62
	2018	373.88	351.38
方家山核电厂	2014	4.20	3.96
	2015	151.68	142.63
	2016	161.15	151.52
	2017	161.07	151.51
	2018	182.90	172.34
昌江核电厂	2015	0.71	0.66
	2016	56.32	51.09
	2017	74.59	68.28
	2018	77.17	70.90

续表

核电厂 / 年度 \ 项目（单位）		发电量（亿千瓦时）	上网电量（亿千瓦时）
防城港核电厂	2016	97.42	90.14
	2017	126.81	117.82
	2018	160.96	150.82
三门核电站	2018	44.29	41.09
海阳核电站	2018	19.94	18.49
台山核电站	2018	7.30	6.84
2018 年合计		2865.01	2688.08

注：表中数据为中国核能行业协会《2018 年 1–12 月全国核电运行情况》修正后数据；对于 2018 年新机组投入商运的核电厂，均为所属机组在 2018 年商运期间的发电量及上网电量，不包含新投运机组在试运行期间（并网后至商运前）的发电量及上网电量。

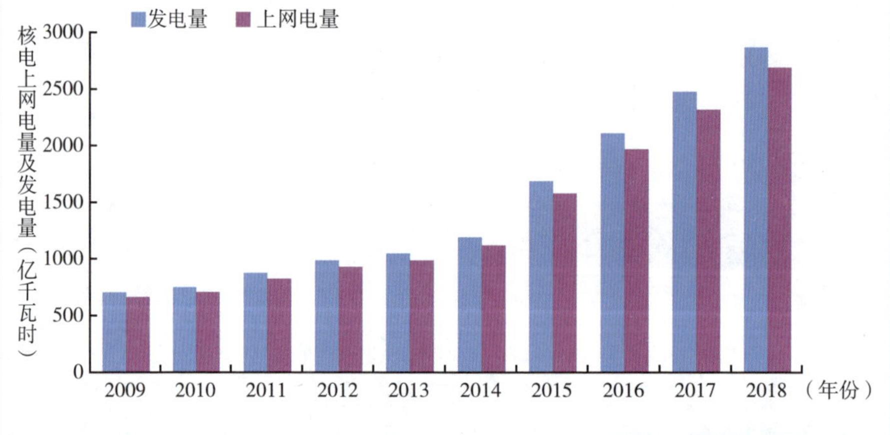

图 24　2009~2018 年我国核能发电量与上网电量

2018 年，我国各省份核电发电量与上网电量情况如图 25 所示，各省份核电发电量占全国总核电发电量的比例情况如图 26 所示，各省份核电发电量及装机容量占本省份总发电量及总装机容量的比例如图 27 所示。

2018 年，我国拥有商运核电机组的 8 个东部沿海省份中，广东省核电发

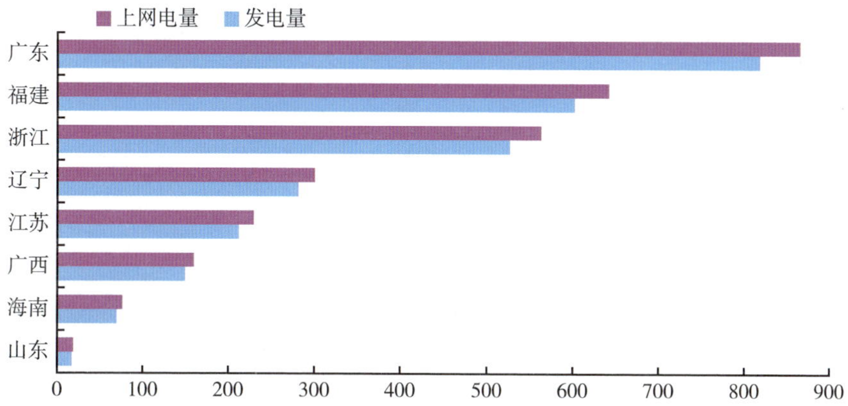

图 25　2018 年我国各省份核电发电量与上网电量情况

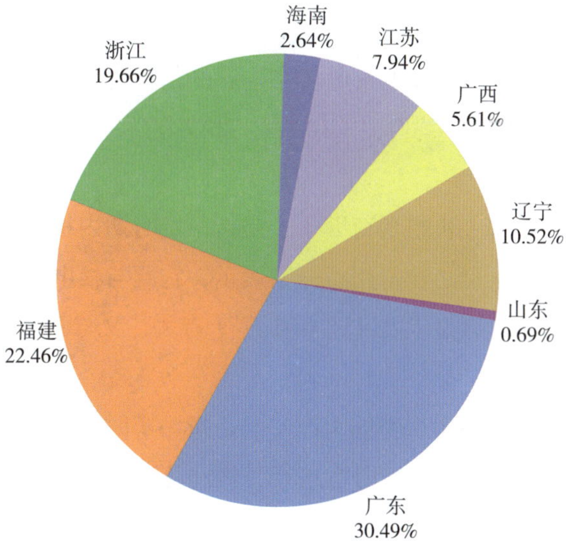

图 26　2018 年我国各省份核电发电量在全国总核电发电量中的占比情况

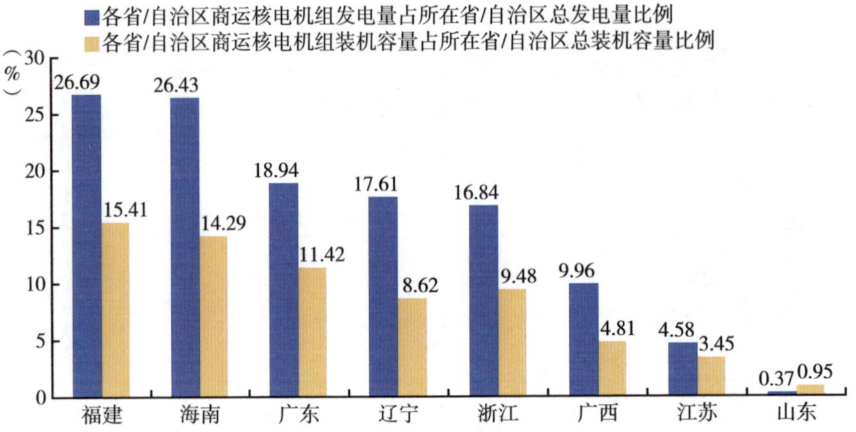

图 27　2018 年各省份核电发电量及装机容量在本省总发电量及总装机容量中的占比

电量与上网电量最多，分别为 866.36 亿千瓦时和 819.62 亿千瓦时；其次，分别是福建省、浙江省、辽宁省、江苏省、广西壮族自治区、海南省和山东省。福建、海南、广东三省的核电发电量在本省份总发电量中的占比均超过全球电力结构中核电发电量平均占比（10.3%，2017 年）。

4. 核电设备平均利用小时数情况

核电设备利用率（机组负荷因子）是指一定时期内机组的实际发电量与同一时期内额定发电量之比，用百分数表示，它既与核电设备可利用率（在 WANO 指标体系中被称为“机组能力因子”）有关，又与电网对核电输出电量的消纳状况有关。

核电设备可利用率（机组能力因子）是指一定时期内可用发电量与同一时期内额定发电量之比，用百分数表示，机组能力因子反映在优化计划停堆活动和降低非计划能量损失方面电厂管理的综合效果。

经济新常态下，电力供应能力不断提升，尤其是对清洁能源的消纳能力大幅提升，而用电增长总体放缓，电力消费结构不断调整，增长动力逐步转化，近年来我国核电设备利用小时数呈逐年下降趋势，如图 28 所示。自 2014 年以来，核电设备平均利用小时数连续三年下降，机组参与电网调峰、应电网要求降功率甚至临停备用的情况逐渐增多，造成核电机组发电能力没有得到充分利用。自 2017 年开始，在多方面因素推动下，我国核电设备平均利用小时数实现连续两年提高，2018 年核电平均利用小时数为 7498.96 小时，① 核电设备平均利用率为 85.60%，其中 26 台核电机组设备利用率超过平均值。

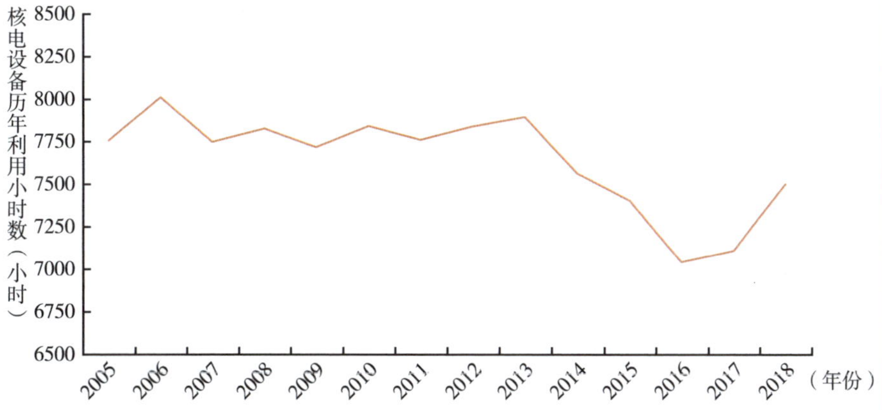

图 28　2005~2018 年我国核电设备利用小时情况

资料来源：中电联、中国核能行业协会。

2018 年，我国商运核电机组的设备利用小时数和设备利用率情况如表 18 和图 29 所示。

2009~2018 年，我国商运核电机组能力因子和机组负荷因子如表 19 所示。

① 中国核能行业协会《2018 年 1–12 月全国核电运行情况》修正后数据。

表 18　2018 年我国商运核电机组设备利用小时数和利用率[1]

核电厂 / 机组	项目	核电设备利用小时数	核电设备利用率
秦山核电厂	1 号机组	5241.94	59.84%
秦山第二核电厂	1 号机组	7723.08	88.16%
	2 号机组	8703.08	99.35%
	3 号机组	7707.58	87.99%
	4 号机组	7731.82	88.26%
秦山第三核电厂	1 号机组	8502.75	97.06%
	2 号机组	6958.79	79.44%
方家山核电厂	1 号机组	8544.54	97.54%
	2 号机组	8250.69	94.19%
三门核电厂	1 号机组	2412.80	98.72%
	2 号机组	1130.40	83.97%
大亚湾核电厂	1 号机组	7913.62	90.34%
	2 号机组	8836.38	100.87%
岭澳核电厂	1 号机组	7374.75	84.19%
	2 号机组	7674.75	87.61%
	3 号机组	7726.52	88.20%
	4 号机组	8053.41	91.93%
阳江核电厂	1 号机组	7541.44	86.09%
	2 号机组	8735.73	99.72%
	3 号机组	7759.67	88.58%
	4 号机组	6464.09	73.79%
	5 号机组	3926.34	95.05%
台山核电厂	1 号机组	417.14	95.02%
田湾核电厂	1 号机组	7208.49	82.29%
	2 号机组	7816.04	89.22%
	3 号机组	6105.68	79.50%
	4 号机组	234.46	99.05%
红沿河核电厂	1 号机组	8406.40	95.96%
	2 号机组	7362.42	84.04%
	3 号机组	6230.84	71.13%
	4 号机组	4955.35	56.57%

续表

核电厂 / 机组（项目）		核电设备利用小时数	核电设备利用率
宁德核电厂	1 号机组	7400.37	84.48%
	2 号机组	7560.15	86.30%
	3 号机组	7843.89	89.54%
	4 号机组	8258.03	94.27%
福清核电厂	1 号机组	7378.33	84.23%
	2 号机组	7198.35	82.17%
	3 号机组	6844.81	78.14%
	4 号机组	6624.43	75.62%
海阳核电厂	1 号机组	1595.20	94.85%
昌江核电厂	1 号机组	6435.38	73.46%
	2 号机组	5436.92	62.07%
防城港核电厂	1 号机组	7299.26	83.32%
	2 号机组	7522.10	85.87%
合计		7498.96	85.60%

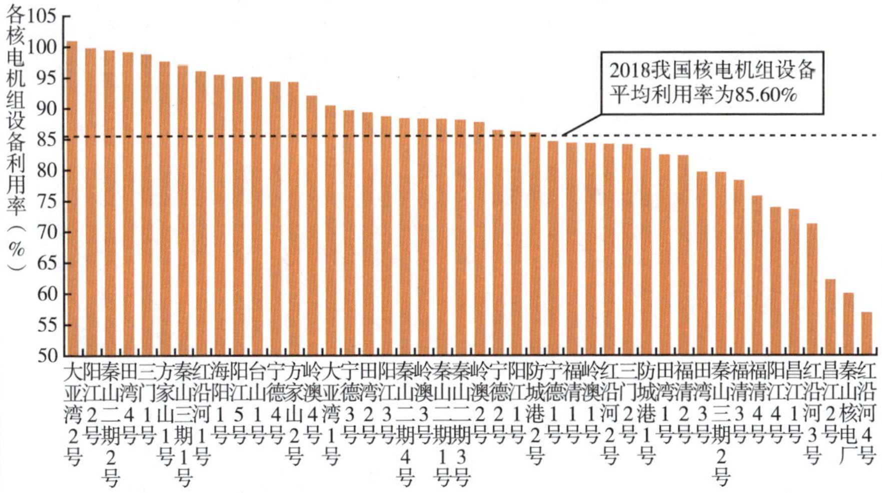

图 29　2018 年我国商运核电机组的核电设备利用率情况

表 19　2009~2018 年 10 年间我国商运核电机组能力因子与负荷因子

核电厂/机组	年度	机组能力因子										机组负荷因子									
		2009	2010	2011	2012	2013	2014	2015	2016	2017	2018	2009	2010	2011	2012	2013	2014	2015	2016	2017	2018
秦山核电厂		87.43	83.35	88.04	99.94	81.61	92.69	90.92	91.38	99.97	56.46	86.98	83.99	89.11	101.19	82.17	96.58	91.74	91.80	103.62	59.84
大亚湾核电厂	1 号机组	91.23	89.08	99.98	83.94	86.83	99.66	78.83	86.58	99.98	89.25	90.20	88.90	99.67	83.86	86.76	100.02	79.65	87.48	101.23	90.34
	2 号机组	99.99	92.80	86.56	99.97	85.93	75.58	98.65	87.42	88.74	99.72	99.76	93.29	86.17	100.45	86.04	75.62	99.30	88.05	89.41	100.87
秦山第二核电厂	1 号机组	82.66	91.70	73.71	85.24	85.79	83.53	88.93	90.45	99.52	87.00	84.46	93.45	75.17	84.66	86.80	85.60	89.31	88.34	100.00	88.16
	2 号机组	88.21	86.64	90.95	79.68	88.74	85.01	90.84	82.96	88.83	97.66	90.12	88.71	93.27	81.05	90.02	86.59	91.27	84.64	89.86	99.35
	3 号机组	/	/	81.60	90.10	93.50	92.00	85.60	99.81	88.42	87.93	/	/	83.12	90.65	94.63	91.14	83.53	96.92	87.96	87.99
	4 号机组	/	/	/	95.81	84.28	89.77	90.65	92.39	90.62	88.16	/	/	/	96.77	84.56	89.27	89.49	91.6	90.40	88.26
岭澳核电厂	1 号机组	90.38	93.71	91.39	93.59	82.94	90.44	86.80	99.81	89.15	87.52	89.05	92.93	91.05	91.87	82.38	88.59	86.37	99.11	84.59	84.19
	2 号机组	91.09	91.12	94.05	91.25	88.58	94.55	93.64	88.65	96.32	92.09	89.30	90.52	93.12	89.70	87.28	93.46	91.01	83.94	93.22	87.61
	3 号机组	/	98.60	72.06	88.45	90.11	89.42	90.10	91.62	86.99	89.32	/	98.75	71.14	86.30	88.78	87.88	88.90	89.23	84.19	88.21
	4 号机组	/	/	99.58	80.60	88.95	90.31	90.29	87.84	91.33	98.34	/	/	98.78	78.52	88.18	88.35	88.69	80.72	85.97	91.94
秦山第三核电厂	1 号机组	91.93	89.73	92.53	96.26	89.91	96.16	83.17	94.91	79.83	99.98	93.88	91.92	94.87	97.43	88.64	94.79	80.67	92.76	76.97	97.07
	2 号机组	95.37	92.07	91.02	90.46	99.86	90.14	97.47	79.28	99.96	82.62	97.30	94.19	92.69	91.67	98.23	88.48	95.50	77.12	95.16	79.44
田湾核电厂	1 号机组	74.12	87.02	86.55	86.78	90.70	89.83	91.07	81.87	92.05	90.05	77.84	86.92	86.16	86.72	90.60	89.64	90.81	81.59	91.10	82.29
	2 号机组	80.70	82.28	87.05	87.77	89.14	91.11	88.22	87.23	99.90	92.50	85.02	82.18	86.92	87.71	89.10	90.94	88.15	85.09	95.00	89.23
	3 号机组	/	/	/	/	/	/	/	/	/	99.04	/	/	/	/	/	/	/	/	/	79.50
	4 号机组	/	/	/	/	/	/	/	/	/	/	/	/	/	/	/	/	/	/	/	97.81

续表

核电厂 / 机组（年度）		机组能力因子										机组负荷因子									
		2009	2010	2011	2012	2013	2014	2015	2016	2017	2018	2009	2010	2011	2012	2013	2014	2015	2016	2017	2018
红沿河核电厂	1 号机组	/	/	/	/	99.90	70.04	87.75	87.19	88.92	99.98	/	/	/	/	96.33	67.13	82.57	66.36	79.41	95.96
	2 号机组	/	/	/	/	/	75.69	65.53	87.49	98.08	89.80	/	/	/	/	/	74.80	39.26	57.56	63.77	84.04
	3 号机组	/	/	/	/	/	/	100.00	94.90	83.07	91.17	/	/	/	/	/	/	24.44	59.90	61.46	71.13
	4 号机组	/	/	/	/	/	/	/	99.98	85.76	85.16	/	/	/	/	/	/	/	49.02	36.14	56.57
宁德核电厂	1 号机组	/	/	/	/	99.95	57.31	88.22	98.13	83.66	88.50	/	/	/	/	98.51	56.70	85.93	76.44	79.86	84.48
	2 号机组	/	/	/	/	/	99.83	80.73	86.38	98.80	89.13	/	/	/	/	/	98.66	73.72	65.46	91.11	86.30
	3 号机组	/	/	/	/	/	/	94.37	80.08	95.62	92.54	/	/	/	/	/	/	81.67	68.91	88.20	89.54
	4 号机组	/	/	/	/	/	/	/	99.98	84.38	99.99	/	/	/	/	/	/	/	92.47	60.63	94.27
福清核电厂	1 号机组	/	/	/	/	/	/	74.09	99.31	89.46	87.56	/	/	/	/	/	/	69.05	75.84	83.69	84.28
	2 号机组	/	/	/	/	/	/	99.06	81.55	86.73	85.47	/	/	/	/	/	/	89.09	69.11	82.20	82.02
	3 号机组	/	/	/	/	/	/	/	/	81.72	86.27	/	/	/	/	/	/	/	/	66.36	78.14
	4 号机组	/	/	/	/	/	/	/	/	100.00	78.22	/	/	/	/	/	/	/	/	99.93	75.60
阳江核电厂	1 号机组	/	/	/	/	/	99.93	79.45	81.56	99.61	88.23	/	/	/	/	/	98.78	78.86	79.16	97.10	86.09
	2 号机组	/	/	/	/	/	/	99.64	77.68	87.97	99.98	/	/	/	/	/	/	99.94	77.29	84.17	99.72
	3 号机组	/	/	/	/	/	/	/	91.24	86.49	91.61	/	/	/	/	/	/	/	85.11	83.00	88.58
	4 号机组	/	/	/	/	/	/	/	/	90.00	82.42	/	/	/	/	/	/	/	/	89.41	73.79
	5 号机组	/	/	/	/	/	/	/	/	/	99.60	/	/	/	/	/	/	/	/	/	95.05

续表

核电厂 / 机组 \ 年度		机组能力因子										机组负荷因子									
		2009	2010	2011	2012	2013	2014	2015	2016	2017	2018	2009	2010	2011	2012	2013	2014	2015	2016	2017	2018
方家山核电厂	1 号机组	/	/	/	/	/	/	83.68	91.23	89.52	99.60	/	/	/	/	/	/	80.03	87.11	84.98	97.54
	2 号机组	/	/	/	/	/	/	93.10	86.88	85.72	98.08	/	/	/	/	/	/	89.24	81.36	83.86	94.18
三门核电厂	1 号机组	/	/	/	/	/	/	/	/	/	99.98	/	/	/	/	/	/	/	/	/	98.60
	2 号机组	/	/	/	/	/	/	/	/	/	83.84	/	/	/	/	/	/	/	/	/	83.88
海阳核电厂	1 号机组	/	/	/	/	/	/	/	/	/	94.28	/	/	/	/	/	/	/	/	/	94.12
台山核电厂	1 号机组	/	/	/	/	/	/	/	/	/	96.47	/	/	/	/	/	/	/	/	/	94.97
昌江核电厂	1 号机组	/	/	/	/	/	/	100.00	93.96	79.25	87.39	/	/	/	/	/	/	65.95	70.24	65.19	73.23
	2 号机组	/	/	/	/	/	/	/	/	87.78	73.85	/	/	/	/	/	/	/	/	65.80	61.83
防城港核电厂	1 号机组	/	/	/	/	/	/	/	99.02	76.19	89.60	/	/	/	/	/	/	/	81.21	59.05	83.32
	2 号机组	/	/	/	/	/	/	/	99.95	80.70	99.98	/	/	/	/	/	/	/	84.12	74.25	85.87

注："/" 为机组未投入商业运行或无统计数据。

5. 在运核电机组保持安全稳定运行

2018 年，全国核电机组继续保持安全稳定运行，取得良好业绩。44 台商运核电机组和 1 台已并网机组（海阳核电厂 2 号机组）没有发生 1 级及以上运行事件，发生 32 起 0 级运行事件（国际核事故分级表把核事故共分为 7 级，其中将对安全没有影响的事件统计为 0 级，影响最大的事故评定为 7 级，1 级到 3 级被称为核事件，4 级到 7 级被称为核事故），主要运行技术指标保持国际前列。各运行核电厂未发生较大及以上安全生产事件、环境事件、辐射污染事件，未发生火灾爆炸事故，未发生职业病危害事故。各运行核电厂放射性流出物的排放量低于国家标准限值，环境空气吸收剂量率被控制在当地本底辐射水平涨落范围内。环境监测结果表明，核电厂对周围环境没有带来不良影响。

2018 年，与世界核电运营者协会（WANO）规定的性能指标对照，我国运行机组 80% 的指标优于中值水平，70% 达到先进值。2018 年，全球满足 WANO 综合指数计算条件的 391 台机组中，53 台机组的综合指数为满分 100 分，其中我国有 12 台获得满分（我国共有 36 台机组满足 WANO 综合指数计算条件），分别是：大亚湾核电厂 1、2 号机组、秦山第二核电厂 4 号机组、岭澳核电厂 2、4 号机组，田湾核电厂 2 号机组、方家山核电厂 1、2 号机组、红沿河核电厂 1、2 号机组、宁德核电厂 3 号机组、阳江核电厂 4 号机组。

目前，WANO 评价核电机组关键业绩性能的指标有 14 项，分别是机组能力因子、非计划能力损失因子、强迫损失率、电网相关损失因子、临界 7000 小时非计划自动停堆次数、临界 7000 小时非计划停堆次数、高压安注系统性能、辅助给水系统性能、应急交流电系统性能、燃料可靠性、化学指标、集体辐照剂量、工业安全事故率和承包商工业安全事故率。

（二）核电工程建设

2018 年，我国在建核电工程整体上稳步推进，各在建核电项目在安全、质量、进度、投资、技术、环境保护等方面均得到有效控制。AP1000 和 EPR 全球首堆建成投产，核电建设全面进入三代技术时代。全年新投产核电机组 7 台，分别是阳江核电厂 5 号机组，海阳核电厂 1 号机组，三门核电厂 1、2 号机组，台山核电厂1号机组，田湾核电厂3、4号机组。

截至2018年12月底，我国在建核电机组13台，总装机容量1403万千瓦，在建的核电机组包括红沿河核电厂5、6号机组，福清核电厂5、6号机组，阳江核电厂6号机组，海阳核电厂2号机组，台山核电厂2号机组，防城港核电厂3、4号机组，田湾核电厂5、6号机组，石岛湾核电厂高温气冷堆核电站示范工程和霞浦示范快堆工程。根据中国电力企业联合会《2018年全国电力工业统计快报》，2018年核电建设工程投资完成437亿元（2017年完成454亿元），同比下降3.8%。国内在建核电项目情况如表20所示。

表20　国内在建核电项目（截至2018年12月31日）

序号	核电机组	堆型	额定容量 MWe	开工时间	备注
1	辽宁红沿河二期5号	压水堆 ACPR1000	1118.79	2015.03.29	二代改进型
2	辽宁红沿河二期6号		1118.79	2015.07.24	
3	福建福清5号	压水堆华龙一号	1150	2015.05.07	华龙技术示范
4	福建福清6号		1150	2015.12.22	
5	广东阳江核电厂6号	压水堆 ACPR1000	1086	2013.12.23	二代改进型
6	山东海阳一期2号	压水堆 AP1000	1250	2010.06.20	三代自主化依托项目
7	广东台山一期2号	压水堆 EPR	1750	2010.04.15	引进法国
8	广西防城港二期3号	压水堆华龙一号	1180	2015.12.23	华龙技术示范
9	广西防城港二期4号		1180	2016.12.24	
10	江苏田湾三期5号	压水堆 M310 改进	1118	2015.12.27	二代改进型
11	江苏田湾三期6号		1118	2016.09.07	
12	山东石岛湾1号	高温气冷堆	211	2012.12.09	国家重大科技专项
13	福建霞浦示范快堆	钠冷快堆	600	2017.12.29	快堆示范工程
合计	13台机组，1403万千瓦				

1. 在建机组2018年建设情况

（1）阳江核电厂5、6号机组

1）项目概况

阳江核电厂位于广东省阳江市东平镇，是国家“十一五”规划重点能源建设项目，采用我国自主品牌的压水堆核电技术——CPR1000——及其改进型技术，连续建设6台百万千瓦级核电机组，是目前我国一次核准机组数量最多和规模最大的核电项目。阳江核电站1、2号机组采用了CPR1000，3、4号机组采用了CPR1000+技术，5、6号机组采用基于CPR1000+技术改进的ACPR1000技术。具体情况见表21。

表21　阳江核电厂5、6号机组项目概况

业主单位	阳江核电有限公司
主要股东	中国广核电力股份有限公司、广东核电投资有限公司、广东省粤电集团有限公司、中广核一期投资基金有限公司
厂址	广东省阳江市东平镇沙环村
机组机型	ACPR1000
设计功率	1086MWe
开工日期	5号机组：2013年09月18日 6号机组：2013年12月23日
计划完工日期	5号机组：2018年11月15日 6号机组：2019年07月15日

2）2018年项目进展

具体见表22。

表22　阳江核电厂5、6号机组2018年工程节点

机组	工程节点	完成时间
5号机组	开始装料	2018.04.20
	首次临界	2018.05.16
	首次并网	2018.05.23
	具备商运条件	2018.07.12
6号机组	冷试	2018.10.23

（2）红沿河核电厂5、6号机组

1）项目概况

辽宁红沿河核电站位于瓦房店市红沿河镇，是国家“十一五”期间首

个批准建设的核电项目，是中国首次一次核准4台百万千瓦级核电机组标准化、规模化建设的核电项目，是东北地区第一座核电站。厂址规划容量为6台百万千瓦级压水堆核电机组，一次规划，分期建设，一期工程建设4台CPR1000型核电机组。红沿河核电一期工程于2007年8月开工建设，目前均已投入商运；二期工程（5、6号机组）作为同一厂址的扩建工程，采用ACPR1000技术方案，扩建两台百万千瓦级机组。具体情况见表23。

表23 红沿河核电厂5、6号机组项目概况

业主单位	辽宁红沿河核电有限公司
主要股东	中广核核电投资有限公司、中电投核电有限公司、大连市建设投资集团有限公司
厂址	辽宁省瓦房店市红沿河镇东岗村
机组机型	ACPR1000
设计功率	1118.79MWe
开工日期	5号机组：2015年03月29日 6号机组：2015年07月24日
计划完工日期	5号机组：2020年05月31日 6号机组：2021年01月31日

2）2018年项目进展

截至2018年10月底，二期工程一级进度关键里程碑已完成20项（共计39项），累计完成率51.3%，二级（支付）里程碑已完成219项（共计400项），累计完成率54.8%。工程总投资完成140.79亿元，累计完成率49.75%。5号机组核岛土建工程总体完成约98.5%，核岛安装完成约54.2%；常规岛土建工程总体完成约95.3%，常规岛安装完成约10.7%；系统调试完成约5.1%。6号机组核岛土建工程总体完成约94.5%，核岛安装完成约29.4%；常规岛土建工程总体完成约83.8%，常规岛安装完成约1.1%；主要BOP配套工程土建总体完成约77.9%，安装完成约17.8%（参见表24）。

（3）田湾核电厂3~6号机组

1）项目概况

田湾核电厂位于江苏省连云港市连云区宿城乡，规划容量为8台百万千

表 24　红沿河核电厂 5、6 号机组 2018 年工程节点		
机组	工程节点	完成时间
5 号机组	反应堆压力容器（RPV）完成引入就位	2018.04.08
	主变安装开始	2018.05.09
	联合泵站（PX）5 号机组部分安装开始	2018.06.09
	三台蒸汽发生器（SG）完成引入就位	2018.06.10
	稳压器（PRZ）完成引入就位	2018.08.07
	核岛主设备全部到货并完成就位	2018.08.07
	核岛仪控系统 KCP1 调试可用	2018.08.23
	汽轮机组低压缸安装开始	2018.08.31
	一回路主管道焊接完成	2018.10.06
6 号机组	反应堆厂房预应力张拉开始	2018.06.14
	除氧器完成吊装就位	2018.07.04
	反应堆厂房环吊安装完成并调试可用	2018.09.02
	常规岛主行车安装完成并调试可用	2018.10.13
	蒸汽发生器（SG1/SG2）到货	2018.11.02
	首台蒸汽发生器（SG1）引入就位	2018.11.11

瓦级压水堆核能发电机组，统一规划，分期建设。1~4 号机组为俄罗斯 VVER-1000 压水堆核电机组，均已建成投产。5、6 号机组为 M310 改进型核电机组，正在建设中，计划分别于 2020 年底和 2021 年 6 月投入商业运行。田湾核电厂 7、8 号机组工程规划建设 2 台百万千瓦级压水堆核电机组及其配套辅助设施，采用三代核电技术 VVER-1200 机型，计划于 2020 年 12 月 31 日开工浇灌第一罐混凝土，建设周期 65 个月，两台机组间隔 10 个月，计划分别在 2026 年 5 月 31 日和 2027 年 3 月 31 日建成投产。3~6 号机组情况见表 25。

2）2018 年项目进展

具体见表 26。

表 25　田湾核电厂 3~6 号机组项目概况	
业主单位	江苏核电有限公司
主要股东	中国核能电力股份有限公司、上海禾曦能源投资有限公司、江苏省国信资产管理集团有限公司
厂址	江苏省连云港市连云区田湾
机组机型	VVER-1000（3、4 号机组）、M310 改进型（5、6 号机组）
设计功率	1126MWe（3、4 号机组）、1118MWe（5、6 号机组）
开工日期	3 号机组：2012 年 12 月 27 日 4 号机组：2013 年 09 月 27 日 5 号机组：2015 年 12 月 27 日 6 号机组：2016 年 09 月 07 日
计划完工日期	3 号机组：2018 年 02 月 27 日 4 号机组：2018 年 12 月 27 日 5 号机组：2020 年 12 月 31 日 6 号机组：2021 年 10 月 07 日

表 26　田湾核电厂 3~6 号机组 2018 年工程节点

机组	工程节点	完成时间
3 号机组	具备商运条件	2018.02.15
4 号机组	首次装料	2018.09
	首次临界	2018.09.30
	首次并网	2018.10.27
	具备商运条件	2018.12.22
5 号机组	核岛厂房预应力施工完成	2018.11
	常规岛发电机定子已经就位	
	汽轮机外 3 台低压外缸均已焊接完成	
	PX 泵房吊车已可用	
6 号机组	常规岛主行车可用	2018.11.22
	除氧器已就位	
	环吊可用	2018.11.30
	压力容器保温支架完成	
	设备闸门已完成焊接、提升	

（4）三门核电厂 1、2 号机组

1）项目概况

三门核电项目是国务院于 2004 年 7 月 21 日批准建设的我国首个三代核电自主化依托项目。三门核电工程采用西屋公司 AP1000 技术建设，由美国西屋公司（Westinghouse Electric Co.）和绍尔工程公司（Shaw Group Inc.）联合体及国家核电技术公司负责实施工程设计、设备供货、工程建造和项目管理。

详情见表 27。

表 27　三门核电厂 1、2 号机组项目概况

业主单位	三门核电有限公司
主要股东	中国核能电力股份有限公司、浙江浙能电力股份有限公司、中电投核电有限公司、华电福新能源股份有限公司、中核投资有限公司
厂址	浙江省三门县
机组机型	AP1000
设计功率	1250MWe
开工日期	1 号机组：2009 年 04 月 19 日 2 号机组：2009 年 12 月 15 日
计划完工日期	1 号机组：2013 年 11 月 30 日（合同时间） 2 号机组：2014 年 09 月 30 日（合同时间）

2）2018 年项目进展

具体见表 28。

表 28　三门核电厂 1、2 号机组 2018 年工程节点

机组	工程节点	完成时间
1 号机组	开始装料	2018.04.25
	一体化顶盖吊装就位	2018.05.03
	首次临界	2018.06.21
	首次并网	2018.06.30
	首次满功率运行	2018.08.14
	具备商运条件	2018.09.21

续表

机组	工程节点	完成时间
2 号机组	完成热试	2018.01.31
	开始装料	2018.07.05
	首次临界	2018.08.17
	首次并网	2018.08.24
	具备商运条件	2018.11.05

（5）海阳核电厂 1、2 号机组

1）项目概况

海阳核电厂位于海阳市留格庄镇原冷家庄和董家庄，地处三面环海的岬角东端，占地面积 2256 亩。海阳核电项目规划建设 6 台百万千瓦级核电机组，并预留两台扩建场地，一期工程 1、2 号机组是 AP1000 核电机组，也是我国三代核电自主化依托项目。详见表 29。

表 29　海阳核电厂 1、2 号机组项目概况

业主单位	山东核电有限公司
主要股东	中电投核电有限公司、山东省国际信托有限公司、烟台蓝天投资控股有限公司、中国国电集团公司、中国核能电力股份有限公司、华能核电开发有限公司
厂址	山东省海阳市大辛家
机组机型	AP1000
设计功率	1250MWe
开工日期	1 号机组：2009 年 09 月 24 日 2 号机组：2010 年 06 月 20 日
计划完工日期	1 号机组：2014 年 05 月 31 日（合同时间） 2 号机组：2015 年 03 月 31 日（合同时间）

2）2018 年项目进展

具体见表 30。

表 30　海阳核电厂 1、2 号机组 2018 年工程节点		
机组	工程节点	完成时间
1 号机组	开始装料	2018.06.21
	首次临界	2018.08.08
	首次并网	2018.08.17
	首次满功率运行	2018.09.18
	具备商运条件	2018.10.22
2 号机组	完成热试	2018.05.26
	开始装料	2018.08.08
	首次临界	2018.09.29
	首次并网	2018.10.13
	首次满功率运行	2018.11.30

（6）台山核电厂 1、2 号机组

1）项目概况

广东台山核电厂位于广东省台山市赤溪镇，台山厂址规划建设 4 台 175 万千瓦压水堆机组，并留有后续两台百万千瓦机组扩建余地。其中，一期工程采用 EPR 三代核电技术，建设两台单机容量为 175 万千瓦的压水堆核电机组，是继芬兰奥基洛托 3 和法国弗拉芒维尔 3 项目之后，全球第三个开工建设的 EPR 项目。1 号机组于 2009 年 11 月 18 日开工建设，2 号机组于 2010 年 4 月 15 日开工建设。详见表 31。

表 31　台山核电厂 1、2 号机组项目概况	
业主单位	台山核电合营有限公司
主要股东	中国广核电力股份有限公司、广东核电投资有限公司、法国电力国际公司、台山核电产业投资有限公司、EDF（中国）投资有限公司
厂址	广东省台山市赤溪镇
机组机型	EPR
设计功率	1750MWe
开工日期	1 号机组：2009 年 11 月 18 日 2 号机组：2010 年 04 月 15 日
计划完工日期	1 号机组：2017 年 06 月 30 日（合同时间） 2 号机组：2017 年 12 月 31 日（合同时间）

2）2018 年项目进展

具体见表 32。

表 32　台山核电厂 1、2 号机组 2018 年工程节点

机组	工程节点	完成时间
1 号机组	开始装料	2018.04.10
	首次临界	2018.06.06
	首次并网	2018.06.29
	具备商运条件	2018.12.14
2 号机组	完成冷试	2018.07.03

（7）福清核电厂 5、6 号机组

1）项目概况

福清核电厂位于福建省福清市三山镇前薛村的岐尾山前沿，东、南、西三面环海，东北侧与陆地连接。福建福清核电有限公司成立于 2006 年 5 月 16 日，项目规划建设 6 台百万千瓦级压水堆核电机组，一次规划，分期连续建设。1~4 号机组采用二代改进型核电机组，5、6 号机组采用自主知识产权第三代核电技术“华龙一号”。5 号机组于 2015 年 5 月 7 日开工建设，6 号机组于 2015 年 12 月 22 日开工建设，福清核电项目将全面验证“华龙一号”先进核电技术，完善自主三代核电的标准体系和品牌，为后续“华龙一号”核电工程建设和运营提供经验和借鉴。详见表 33。

表 33　福清核电厂 5、6 号机组项目概况

业主单位	福建福清核电有限公司
主要股东	中国核能电力股份有限公司、华电福新能源股份有限公司、福建省投资开发集团有限责任公司
厂址	福建省福州市福清市三山镇前薛村
机组机型	华龙一号（5、6 号机组）
设计功率	1150MWe（5、6 号机组）
开工日期	5 号机组：2015 年 05 月 07 日 6 号机组：2015 年 12 月 22 日
计划完工日期	5 号机组：2020 年 07 月 08 日 6 号机组：2021 年 04 月 30 日

2）2018 年项目进展

具体见表 34。

表 34 福清核电厂 5、6 号机组 2018 年工程节点

机组	工程节点	完成时间
5 号机组	220 千伏倒送电完成	2018.03
	主管道冷热段焊接完成	2018.05
	上部堆内构件首次入堆完成	2018.11
	常规岛凝汽器具备汽轮机安装条件	
	泵房 B 列实现进水	
6 号机组	内穹顶吊装完成	2018.03
	龙门吊可用	2018.10
	主泵泵壳全部吊装就位	2018.11
	压力容器就位	2018.12
	内穹顶封顶完成	
	常规岛汽机运转层混凝土浇筑完成	

（8）防城港核电厂 3、4 号机组

1）项目概况

防城港核电站位于广西壮族自治区防城港市企沙半岛东侧，是我国在西部地区和少数民族地区开工建设的首个核电项目。防城港核电站规划建设 6 台百万千瓦级核电机组，其中一期工程采用 CPR1000 技术，建设两台单机容量为 108 万千瓦的压水堆核电机组。防城港核电站一期工程 1 号机组于 2010 年 7 月 30 日开工建设，2016 年 1 月 1 日正式投入商业运行；2 号机组于 2010 年 12 月 28 日正式开工建设，2016 年 10 月 1 日投入商业运行。防城港核电二期工程采用具有我国自主知识产权的三代核电技术——华龙一号，其中 3 号机组于 2015 年 12 月 23 日正式开工建设，4 号机组于 2016 年 12 月 24 日开工建设。详见表 35。

表 35　防城港核电厂 3、4 号机组项目概况	
业主单位	广西防城港核电有限公司
主要股东	中广核集团有限公司、广西投资集团有限公司
厂址	广西壮族自治区防城港市光坡镇
机组机型	CPR1000（1、2 号机组）、“华龙一号”（3、4 号机组）
设计功率	1086MWe（1、2 号机组）、1180MWe（3、4 号机组）
开工日期	3 号机组：2015 年 12 月 23 日 4 号机组：2016 年 12 月 24 日
计划完工日期	3 号机组：2021 年 10 月 31 日 4 号机组：2022 年 06 月 30 日

2）2018 年项目进展

具体见表 36。

表 36　防城港核电厂 3、4 号机组 2018 年工程节点

机组	工程节点	完成时间
3 号机组	穹顶吊装	2018.05.23
	环吊可用	2018.10.24
4 号机组	穹顶现场拼接开始	2018.05.28

（9）石岛湾核电厂高温气冷堆核电站示范工程

1）项目概况

华能山东石岛湾核电厂高温气冷堆核电站示范工程（以下简称示范工程）是在我国“863 计划”科技项目清华大学 10MWe 球床高温气冷实验堆基础上的产业化项目，是华能集团联合中国核工业建设集团公司、清华大学建设的我国具有自主知识产权的核电工程，项目于 2006 年 2 月被列入《国家中长期科学和技术发展规划纲要（2006–2020）》中的十六个重大专项。2008 年 2 月 15 日，国务院常务会议批准了《高温气冷堆核电站重大专项总体实施方案》，重大专项进入启动实施阶段。详见表 37。

表 37　石岛湾核电厂高温气冷堆核电站示范工程项目概况	
业主单位	华能山东石岛湾核电有限公司
主要股东	中国华能集团公司、中国核工业建设集团公司、清华控股有限公司
厂址	山东省荣成市石岛管理区宁津街道办事处辖区
机组堆型	高温气冷堆
设计功率	211MWe
开工日期	2012 年 12 月 09 日
计划完工日期	2017 年 12 月 09 日

2）2018 年项目进展

2018 年，石岛湾核电厂高温气冷堆核电站工程设计与技术研发基本完成，土建工作基本结束，安装工作全面铺开。设备制造方面，除第二台蒸汽发生器正在制造外（计划 2019 年 3 月交货），其他设备基本完成制造（详见表 38）。系统调试工作按计划开展，现场水、电、气等相关系统均已调试可用，正在进行氦净化系统、氦供应与贮存系统等调试工作。首次装料批准书申请文件审评工作按计划进行，2018 年 9 月通过了核材料进场许可证现场核准。燃料元件已累计加工完成 63.5 万个。截至 2018 年 10 月底，共计 65 名操纵员通过取照考试，首批 43 名高级操纵员通过取照考试。

表 38　石岛湾核电厂高温气冷堆核电站 2018 年工程节点

机组	工程节点	完成时间
石岛湾高温气冷堆	2 号堆压力容器顶盖及上部构件安装完成	2018.03.31
	2 号堆燃料装卸系统安装完成	2018.05.30
	1 号堆陶瓷堆内构件安装完成	2018.07.03
	循环水系统具备通水条件	2018.08.15
	常规岛二回路水系统具备化学清洗条件	2018.09.30

（10）霞浦示范快堆工程

1）项目概况

示范快堆项目位于福建省宁德市霞浦县长表岛。600MWe 示范快堆工程是我国核能“三步走”发展战略的第二步必须突破的一项重要技术，对于推进核燃料闭式循环、促进我国核能可持续发展和地方经济建设具有重要意义。示范快堆工程采用单机容量 60 万千瓦的钠冷快中子反应堆，计划于 2023 年建成。详见表 39。

表 39　霞浦示范快堆工程项目概况

业主单位	中核霞浦核电有限公司
主要股东	中国核能电力股份有限公司、福建福能股份有限公司、华能核电开发有限公司、中国长江电力股份有限公司和宁德市国有资产投资经营有限公司
厂址	福建省宁德市霞浦县长表岛
机组堆型	钠冷快堆
设计功率	600MWe
开工日期	2017 年 12 月 29 日

2）2018 年项目进展

霞浦示范快堆1号工程处于土建阶段，2018年5月汽机厂房浇筑第一罐砼，大件码头具备使用条件；6 月反应堆厂房 0.0 米板施工完成，11 月 5 米板施工完成，目前正在进行 9.5 米板施工。12 月，蒸汽发生器厂房许可证条件获得批复；第一批预装设备 3 台氩气衰变罐运抵工程现场并吊装就位。

2. AP1000全球首堆工程建设情况

（1）AP1000 技术引进背景

三代核电自主化决策，是在 2003~2007 年做出的。当时，我国核电产业经过 30 多年的发展，已经具备一定的基础。2002 年底，原国家计划发展委员会依据国民经济快速发展和应对全球气候变化的需要，向国务院上报了《关于适度发展核电，开展核电自主化工作的请示》，得到了国务院领导的肯定。

国务院成立了国家核电自主化工作领导小组，由曾培炎同志任组长，先后召开了 12 次领导小组会议，并 4 次向国务院常务会议汇报。在领导小组的领导下，几百位专家经过两年多的深入工作，经过深入调研和充分论证，2006 年底向党中央报告了三代核电国际招标结论：美国西屋公司联队的 AP1000 方案在技术先进性与成熟性、潜在的经济性、技术转让条件和与中方合作的共赢条件等方面均有明显的优势。

2006年12月，中美两国政府签署了合作备忘录，2007年7月，企业签署了总金额为4亿美元的技术转让合同和27亿美元的核岛设计和部分主设备采购合同。AP1000技术引进成为我国能源领域最大、最完整的一次技术引进。

2006年2月9日，国务院发布《国家中长期科学和技术发展规划纲要（2006–2020年）》，确定了包括“大型先进压水堆及高温气冷堆核电站”在内的16个国家科技重大专项。同月，国务院批准由国家核电牵头实施大型先进压水堆核电站重大专项，在引进AP1000的基础上形成具有自主知识产权的CAP1400核电技术并建设示范工程。

2011年3月11日，日本福岛核电站发生重大核事故。国务院及时做出了“立即组织对中国核设施进行全面安全检查、切实加强正在运行核设施的安全管理、全面审查在建核电站、严格审批新上核电项目”四项决定。经过一年多的安全检查和研究论证，2012年5月和10月，国务院两次常务会议分别审议通过了《核设施安全检查报告》、《核安全规划》、《核电安全规划（2011–2020）》和《核电中长期发展规划（2011–2020年，调整）》等四个文件，明确了“按照全球最高安全要求新建核电项目，新建核电机组必须符合三代安全标准”等核电发展原则和要求。

（2）首堆建设厂址概述

三门核电站位于浙江省台州市三门县境内，坐落在健跳镇猫头山半岛上，北距杭州市171公里，东邻宁波市83公里，西靠台州市51公里，南离温州市150公里。三门核电厂址自然条件优越，三面环海，西侧有山体形成的自然屏障，厂区地坪标高12米，占地面积3000亩左右。三门核电厂址的安全性体现在以下两方面。

1）三门核电厂地区不具备发生大海啸的条件。三门核电厂地区海域位于宽缓的大陆架上，厂址区100千米内海域水深为0~100米，不具备发生大海啸的水深条件（1000米以上）；三门核电厂区域没有大的地质断裂带，不具备发生大海啸的地表断裂条件；三门核电厂区域不存在发震构造，不具备发生大海啸的高强度地震条件；三门核电厂沿海自公元708年有地震历史记载以来，没有地震海啸或疑似地震海啸灾害的记载，三门核电厂区域不存在发生地震海啸的地质条件及受远海地震海啸影响的可能性，琉球至台湾的第一岛链、冲绳海沟和宽缓的大陆架是浙江沿海核电厂址天然的海啸屏障。

2）三门核电厂的地质条件和抗震设计。以三门核电厂址为中心、以 25 千米为半径的近区域范围内不存在发震构造；三门核电厂址 5 千米附近的陆域（含海岛）部分不存在能动断层；三门核电站实际厂址的极限安全地震（SL-2）为 0.15g，而三门核电站设计选用的安全停堆地震（SSE）为 0.3g，具有较大的安全裕度；三门核电厂址属于极硬质岩石场地，地质条件非常好，进一步保障了三门核电厂的抗震能力。

（3）首堆建设工程项目管理模式介绍

三门核电一期工程项目管理模式（见图 30）采用业主负责总体项目管理、核岛总包、常规岛和 BOP 少合同的模式。三门核电有限公司作为业主，对整个三门 AP1000 核电项目进行总体项目管理，对核岛总承包商以及常规岛和 BOP 承包商进行监督管理和协调。国家核电工程有限公司作为核岛总承包商，负责核岛建设。西屋联合体负责核岛设计及部分重要设备供货。业主将常规岛和 BOP 拆分为设计、主要设备、建安等几大合同包委托给数个承包商，并打包采购其余的设备和服务。业主负责常规岛和 BOP 工程的设计管理、采购和建造管理及协调。业主委托总体院对全厂设计进行管理和协调。业主对全厂的工程施工提供支持。

（4）首堆建设工程重大节点回顾

1983 年 6 月，由华东电管局、浙江省电力局、华东电力设计院等单位组成的核电选址小组，在当地政府有关部门配合下，踏勘了杭州湾及三门湾以北的浙东沿海 12 个位置，经反复比较，最后决定将包括三门县健跳在内的两个厂址作为初步可行性研究对象。

1989 年 8 月，确定三门健跳为预选厂址。

2000 年 10 月，上报了三门核电项目建议书，同时开展了可行性研究报告的编制工作。

2001 年 2 月，组建三门核电项目筹备处，代行企业法人职责。

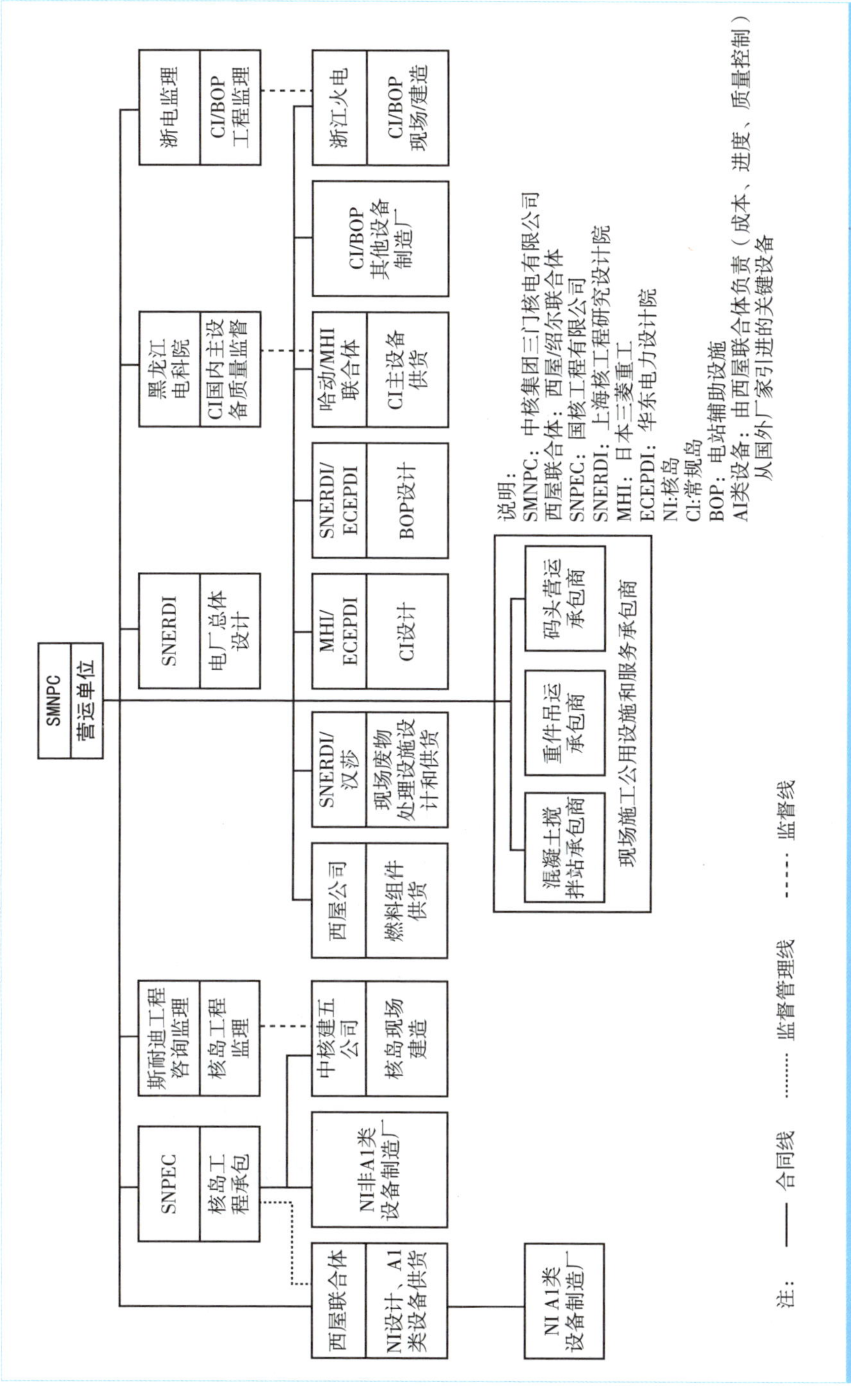

图 30　三门核电一期工程项目管理模式

2001 年 5 月，中核集团公司完成了项目建议书的补充上报工作。在浙江省的大力支持下，现场“四通一平”工程于 2001 年底被批复立项。

2004 年 7 月 21 日，国务院批准三门核电项目一期工程立项建设。9 月 1 日，国家发改委正式批复三门核电一期工程项目建议书，同意浙江三门百万千瓦级核电工程立项并开展可研工作，批准三门核电厂址规划容量为 6 台百万千瓦级压水堆核电机组，一期工程建设 2 台机组。

2007 年 7 月 24 日，三门核电有限公司与西屋联合体在北京签署核岛设计及部分主设备采购合同，AP1000 机组因其非能动的技术路线与模块化施工的建设方法脱颖而出，落户三门核电。

2009 年 4 月 19 日，三门核电一期工程正式开工。

2009 年 12 月 15 日，2 号机组核岛开工。

2010 年 3 月 27 日，1 号机组 CA01 模块吊装就位。

2010 年 5 月 16 日，2 号机组常规岛开工。

2013 年 11 月 23 日，1 号机组核岛屏蔽厂房实现封顶。

2014 年 8 月 25 日，2 号机组核岛压力容器吊装就位。

2016 年 5 月 26 日，1 号机组冷试顺利完成。

2017 年 6 月 27 日，1 号机组热试工作全部结束。

2017 年 12 月 1 日，2 号机组 4 台主泵首次达到 100% 转速。

2018 年 4 月 25 日，三门核电 1 号机组开始装料；4 月 29 日 13 点 37 分，三门核电 1 号机组 157 组全新的燃料组件全部安全装载入反应堆堆芯，人、机、料、法、环等各方面准备充分，全过程安全质量可控。

2018 年 6 月 30 日，三门核电 1 号机组首次并网成功；9 月 21 日凌晨 3 点 57 分，完成 168 小时满功率连续运行考核，三门核电 1 号机组具备商业运行条件。

2018 年 7 月 8 日，三门核电 2 号机组首次装料顺利完成；8 月 24 日，首次并网成功；11 月 5 日晚 9 点 47 分，2 号机组具备商业运行条件。

3. EPR全球首堆工程建设情况

（1）EPR 技术引进背景

引进 EPR 技术建设台山核电站，是中国政府从国家能源战略高度做出的重要决策，也是中法能源合作领域的里程碑式事件。

2007 年年初，第三代核电技术招标结束后，国家安排中广核继续与法国企业进行 EPR 三代核电技术引进谈判。

2007 年 8~9 月，在中方与 AREVA 就引进两台 EPR 机组的供应及相关合同谈判进入最为关键的阶段时，中广核决定尝试将厂址从阳江改到台山。在充分论证的基础上，广东省政府最终同意了“阳台置换”方案，上报并获得国家批准。

2007 年 11 月 26 日，在中法两国元首见证下，中广核与 AVERVA 集团、法国电力公司分别签订了《关于合作建设广东台山核电项目 1、2 号机组的总体协议》、《中广核集团公司和阿海珐关于铀矿的投资协议》和《中广核集团公司与法国电力公司合资经营台山核电合营有限公司合同》。

（2）首堆建设厂址概述

台山核电厂址位于珠江口西侧出海口，地形开阔，三面环山，东临黄茅海，规划建设 6 台百万千瓦级核电机组。

（3）首堆建设工程项目管理模式介绍

台山核电一期工程是中法两国能源领域的最大合作项目，由中国广核集团、EDF 和粤电集团共同投资组建的台山核电合营有限公司负责建设和运营。台山核电合营有限公司负责台山核电站一期工程的资金筹措、建设、运营和管理，并承担最终的核安全责任，在设计、设备制造、建安施工和调试等各环节集中了中法两国核工业的优势力量。

台山核电站一期工程采用中外合作、共同设计、共同建设的模式，并实现全面技术转让。核岛设计供货中，中方承担的设计工作和供货份额超过 50%，核岛主设备国产化制造比例将达 50%。常规岛设计供货由中方牵头的联合体承担。常规岛汽轮发电机组制造中，中方份额达到 2/3。台山核电站一期项目工程管理、建安施工、工程调试和生产运营全部自主化。主要参建单位包括 9 家。

1）中国广核集团（简称中广核），是台山公司的控股方，其各专业化公司和共用技术平台通过技术支持或服务合同的方式参建本项目。中广核工程有限公司和深圳中广核设计有限公司全面参与本项目的工程设计、设备采购、调试和主体工程监理工作。中广核核电运营有限公司、中广核研究院有限公司、苏州热工研究院有限公司等成员单位提供相关的业务支持。

2）法国电力公司（简称 EDF），是台山公司的第二大股东，FA3 的建设单位，向本项目派遣有经验的人员，提供相关技术支持。

3）AREVA NP（现为法马通，EDF 子公司），核岛设计采购联合体 NI EP 合同的牵头方。

4）ALSTOM（现 GE- ALSTOM），常规岛汽轮发电机组设计供货联合体 TG 合同的技术牵头方。

5）东方电气集团，常规岛汽轮发电机组设计供货联合体 TG 合同的牵头方，同时负责部分核岛主设备的制造。

6）上海电气集团，负责部分核岛主设备的制造。

7）中国核工业建设股份有限公司，所属成员公司中核华兴负责 1 号核岛土建施工、中核二三负责核岛安装。

8）中国建筑集团有限公司，所属成员公司中建二局负责 2 号核岛土建施工和常规岛土建施工。

9）中国能源建设集团有限公司，所属成员公司广东火电总公司负责常规岛安装，广东电力设计研究院负责常规岛土建和安装的详细设计。

（4）首堆建设工程重大节点回顾

2008 年 8 月 26 日，台山核电站一期工程核岛负挖正式开始。

2009 年 10 月 26 日，台山核电站 1 号机组核岛第一罐混凝土浇筑。

2011 年 10 月 23 日，台山核电站 1 号机组核岛穹顶成功吊装就位。

2012 年 6 月 3 日，台山核电站 1 号机组压力容器（RPV）实现引入就位。

2013 年 12 月 17 日，台山核电 1 号机组 NCC（核回路管道冲洗）开始。

2014 年 8 月 15 日，台山核电 500 千伏开关站可用。

2014 年 10 月 30 日，台山核电 1 号机组泵站进水一次成功。

2016 年 1 月 27 日，台山核电 1 号机组冷态功能试验完成。

2016 年 6 月 15 日，台山核电 1 号机组安全壳打压试验（CTT）完成。

2017 年 4 月 1 日，台山核电 1 号机组热试升温升压阶段工作开始。

2017 年 7 月 27 日，台山核电 1 号机组非核冲转一次成功。

2018 年 4 月 16 日，台山核电 1 号机组首次装料工作完成。

2018 年 6 月 6 日，台山核电 1 号机组核反应堆首次达到临界状态。

2018 年 6 月 29 日，台山核电 1 号机组首次并网发电成功。

2018 年 7 月 3 日，台山核电 2 号机组冷试开始。

2018 年 12 月 7 日，台山核电 2 号机组首炉核燃料到场。

2018 年 12 月 10 日，台山核电 2 号机组热试开始。

2018 年 12 月 23 日 17：00，台山核电 1 号机组完成 168 小时示范运行，具备商业运行条件。

4. AP1000、EPR全球首堆工程建设经验

回顾 AP1000、EPR 全球首堆工程建设的历程，有以下主要经验。

第一，较好的核电产业基础为首堆工程建设提供产业支撑。经过 30 多年的实践，我国在核电技术研发、工程设计、设备制造、工程建设、运营管理等方面打下了较好的基础，初步形成了核电产业体系，培养和锻炼了一批核电专业人才，积累了丰富的经验。在没有成熟电站可供借鉴的情况下，三门 AP1000、台山 EPR 全球首堆工程的建设，得益于我国核电产业整体实力的巨大进步。

第二，核电业主与政府部门高效协同为首堆工程建设提供组织保障。面对首堆工程建设中需要政府部门协调解决的事项，核电业主与政府主管部门、地方政府积极沟通，高效解决项目建设中遇到的难题，为首堆工程顺利推进提供了组织保障。

第三，较强的核电工程建造能力是首堆工程建设的施工技术基础。我国是目前世界上在建核电机组最多的国家，核电工程建造队伍经过 30 多年的发展，全面掌握了 30 万千瓦、60 万千瓦、100 万千瓦装机容量，涉及各种堆型的核心建造技术，形成了核电站建造的专有技术体系，核电工程建造能力全面加强。此外，从三代核电技术招标开始，我国即开展了 EPR、AP1000 建造技术研究，开发并应用了多项先进的施工管理技术。

第四，良好的国际合作为首堆工程建设集聚全球智慧。三门 AP1000、台山 EPR 工程自开工以来，中美、中法各方分别在设计、建造安装、调试等各

个建设环节通力合作，保障了工程建设各阶段目标的顺利实现，共同推进了三门 1 号机组、台山 1 号机组分别成为 AP1000、EPR 全球首堆。

（三）核能科技创新

科技创新对我国核工业的发展具有重要意义，对建设核科技强国战略起着重要的推动作用。我国在先进反应堆、核燃料循环产业领域的科技创新取得了重要进展。在先进反应堆方面，大型先进压水堆及高温气冷堆核电站重大科技专项取得重要成果，华龙一号在设备研制、工程创新方面取得重要进展，在国内外顺利推进，小型反应堆的研发和应用积极推进，第四代核能系统的研发与落地正在加紧布局，聚变堆技术创新取得一定成果。

1. 大型先进压水堆CAP1400

（1）总体概述

CAP1400 是在国家重大专项的支持下，由国家电力投资集团（国家核电技术公司）牵头实施，国内 100 多家单位联合开发，形成的具有自主知识产权的大型先进压水堆型号，是国家重大专项自主创新的标志性成果。

（2）2018 年重大专项主要课题进展

2018 年，国家重大科技专项 CAP1400 完成 15 个重大专项课题立项，完成 18 个重大专项课题正式验收。其中，“CAP1400 非能动堆芯冷却系统性能试验和验证研究”、“CAP1400 熔融物堆内滞留（IVR）研究及试验”和“CAP1400 非能动安全壳冷却系统性能研究及试验”等 3 个试验验证课题通过了国家能源局组织的正式验收，至此压水堆专项六大试验课题全部通过正式验收。六大试验是核电重大专项支持设立的基础类重大验证课题，属于支撑论证三代非能动核电关键系统运行及重要设备性能的机理研究，涵盖了非能动堆芯冷却系统、非能动安全壳冷却系统、堆芯熔融物堆内滞留、反应堆结构水力模拟、堆内构件流致振动、蒸汽发生器关键部件等六个方面 13 项关键试验。六大试验课题的顺利实施，全面提升了我国核电技术的基础研究和试验研究能力，建立健全了与试验相关的质保体系，有效填补了我国三代核电技术试验空白。

具体如表 40 所示。

表 40　2018 年重大专项主要课题进展

序号	重大专项课题基本情况	评审通过时间
1	CAP1400 非能动安全壳冷却系统性能研究及试验：由上海核工院牵头，该课题于 2011 年获批正式立项。从关系式验证、程序验证、现象学研究等方面对近 700 个工况的试验数据进行了全面而深入的分析，相关研究成果已应用于 CAP1400 示范工程。该课题实施建成了综合性能、水分配、水膜热态、壳内冷凝等一批试验台架，形成了开封、海阳、上海、北京四个试验基地，取得了一批具有自主知识产权的科技成果，包括专利 14 项、技术秘密 11 项、软件著作权 15 份，及学术论文 60 篇	4 月 26 日
2	CAP1400 熔融物堆内滞留（IVR）研究及试验：2011 年获批正式立项，主要成果包括：首次实现碳钢材料与加热铜块之间的完美结合，针对真实压力容器表面特性和安全壳地坑水质开展了试验研究，获得了 CHF 试验数据；全面研究了堆芯熔化、下移进程及压力容器下封头熔池行为，解读下封头熔融池结构形成机理，确定了对应情况下压力容器壁面热流密度；采用确定论与概率论相结合的分析方法对 CAP1400 IVR 有效性进行了全面、系统的评价；优化了严重事故管理导则及堆内构件，进一步提高了 IVR 有效性。该课题研究成果已应用于 CAP1400 示范工程，支撑了 CAP1400 的安全审评。该课题实施取得了一批具有自主知识产权的科技成果，包括试验装置 3 套、专利 14 项、技术秘密 6 项、计算分析软件 2 项及论文 9 篇	4 月 20 日
3	CAP1400 非能动堆芯冷却系统性能试验和验证研究：2011 年正式立项，包括 AP600/AP1000 试验结果及分析程序适用性研究、整体试验台架 ACME 设计研究及建造调试、整体性能试验研究、非能动堆芯冷却系统安全分析程序的评价验证研究 4 个子课题。主要创新成果包括，建成了国内首个大型先进反应堆非能动冷却试验平台（ACME），达到同类技术的国际领先水平；国内首次按照国际规范 RG-1.203 的要求和流程，系统地开展了 CAP1400 非能动堆芯冷却系统容量设计、PIRT 评价、台架比例设计、性能试验和验证研究，达到国际先进水平，在新物理现象发现和分析模型等方面处于国际领先水平；通过对 ACME 试验数据的深入分析，揭示了非能动堆芯冷却中关键现象的形成机理、影响因素和演变规律；对小破口失水事故分析模型进行了改进和验证，对小破口失水事故进行了最为广泛的试验和验证研究，包括各种破口谱、纵深防御系统影响、非凝结气体影响、鲁棒性试验和超设计基准事故。该课题研究形成了一批具有自主知识产权的科技成果，包括试验装置 1 套、技术报告 203 份、专利 15 项、技术秘密 7 项、学术论文 27 篇	1 月 16 日
4	严重事故分析及应急决策支持技术研究：该课题由国家电投集团科学技术研究院有限公司牵头完成，基于严重事故分析程序，结合核电厂严重事故管理导则和极端破坏缓解导则，采用先进模拟技术及计算机可视化方法，开发出一套核电厂严重事故进程模拟与应急决策支持系统及事故后三维模拟系统。以上系统主要用于核电厂严重事故后实时和超实时模拟及事故发展趋势和后果的预测，为场内应急决策提供支持。课题同时开展了倾斜平板局部临界后传热特性研究及严重事故下堆芯熔融物与冷却剂相互作用实验研究，为核电厂严重事故进程模拟与应急决策支持系统提供技术支撑	8 月 15 日

续表

序号	重大专项课题基本情况	评审通过时间
5	核电厂安全壳内热量无时限非能动导出系统关键技术研究：由国家电投集团科学技术研究院有限公司牵头完成，通过开展核电厂安全壳内热量无时限非能动导出系统关键技术的研究，形成无时限系统的设计方法，给出详细的设计方案；搭建无时限单项和综合性能试验台架并获得试验数据，掌握系统启动和运行规律，验证设计方案的合理性，为 AP/CAP 系列核电站或其他三代电站的安全壳无时限长期冷却技术研发与应用提供技术支撑	8 月 14 日
6	大型先进压水堆核电站设计仿真与分析评价平台：2013 年 1 月正式立项，该平台研制范围涵盖了先进堆芯及燃料计算、事故分析、概率安全分析评价、设备设计、工艺系统设计、电气和仪表设计、厂址评价与经济分析、常规岛设计等 8 个专业平台及 1 个基础支撑平台。该课题将先进计算机集成技术与核电站设计分析工具相结合，具备高效的仿真设计分析流程、完善的数据管理机制、集成的仿真设计环境、可重用的知识管理体系架构功能，基本形成了有自主知识产权的 CAP1400 核电厂设计分析评价一体化平台。课题申请专利 8 项，已获得授权 2 项，获得软件著作权 38 项，技术秘密 21 项，成果鉴定 8 项，论文 30 篇，技术报告 497 份	8 月 9 日
7	反应堆严重事故缓解技术研究：该课题由国核华清（北京）核电技术研发中心有限公司牵头完成。该课题针对福岛事故对核安全理念、事故管理规程和缓解手段等方面带来的冲击，开展了严重事故的缓解研究、非能动堆芯应急冷却系统中的硼酸控制研究、失水事故条件下国产新锆合金安全性能研究、乏燃料水池严重事故处置关键技术研究、安全壳长期过滤排放技术研究、SiC/SiCf 复合材料的辐照效应研究，其成果为我国压水堆核电站严重事故缓解技术提供了技术支撑	7 月 25 日
8	关键设备设计分析技术研究：该课题由国核华清（北京）核电技术研发中心有限公司牵头完成，通过发挥产学研协同创新优势，精心组织，历时五年对反应堆压力容器、安全壳、蒸汽发生器、核级阀门等关键设备设计分析过程中的技术难点进行了深入研究，形成了多项实验装置、软件、数据库、专利、技术秘密、论文、报告等，培养了一批核电人才，提高了我国在相关领域的技术水平，促进了行业技术发展。课题部分成果已在新堆型设计中得到应用	4 月 19 日
9	严重事故机理及现象学研究：该课题由国核华清（北京）核电技术研发中心有限公司牵头完成。该课题在消化吸收 AP1000 严重事故预防及缓解设计技术和分析工具的基础上，综合国际最近研究进展和研究成果，通过理论分析、数值模拟和试验研究，深入理解严重事故发生的机理和相关重要现象，建立试验研究平台，在已有分析程序基础上开发了具有自主知识产权的严重事故分析计算模块和程序，研究概率安全评价在严重事故中的应用，为我国已有二代加及未来非能动和高功率压水堆核电站严重事故预防措施和事故缓解对策的分析和评价提供理论依据、分析工具和试验数据	1 月 17 日

续表

序号	重大专项课题基本情况	评审通过时间
10	CAP1400 反应堆压力容器研制：2013 年 1 月正式启动，由国家电投上海核工院自主设计，中国一重、国核运行等单位联合实施，攻克了国和一号反应堆压力容器设计、关键锻件制造工艺及反应堆压力容器制造等关键技术，全面掌握了国和一号反应堆压力容器设计制造技术，实现了国和一号反应堆压力容器自主设计和自主制造，获得授权专利 5 件（发明专利 4 件），形成技术秘密 1 项、研究报告 11 份、工艺规程及企业技术标准 9 项	12 月 4 日
11	CAP1400 蒸汽发生器研制：2014 年 1 月正式立项，开展了 CAP1400 蒸汽发生器群孔高效成型及检测技术、关键焊接技术、制造缺陷诊断及评价技术等 7 大方面的研究。该课题成功研发了满足 CAP1400 要求的蒸汽发生器椭圆形封头，形成了超大型异型椭圆形封头的上旋转碾压拉伸成型锻造技术和超大型异型椭圆形封头强冷淬火技术；成功研发了满足要求的蒸汽发生器锥形筒体锻件，实现了长直段锥形筒体制坯合理、变形均匀和控制精确的仿形锻造；成功研发了满足蒸汽发生器管板锻件，形成特大饼形锻件淬火冷却浮筒排气技术，解决了工件淬火窝气引起的冷却效果不佳问题；首次在核岛主设备群孔加工测量领域运用 CCD 推扫测量技术，大大提高了蒸汽发生器群孔的测量精度和测量重复性；形成超窄间隙厚壁激光填丝焊技术，超窄间隙厚壁激光填丝焊缩短主环缝 50% 以上的焊接时间，并节约近 60% 的焊接填充材料。掌握了制造的关键技术，提升了我国核电设备制造的总体水平，使我国具备了 CAP1400 蒸汽发生器的自主制造能力。该课题取得专利、技术秘密、论文、企业标准等知识产权成果 52 项，形成技术报告 417 篇、试验件和样机等 23 套	8 月 7 日
12	常规岛关键设备自主设计和制造：由上海成套院牵头，突破了大型半速汽轮机末级长叶片设计制造技术瓶颈，成功开发出拥有自主知识产权的 1710 毫米、1800 毫米、1828 毫米和 1905 毫米四种末级长叶片，并完成末级长叶片性能及安全性试验验证；掌握了核电汽轮机低压焊接转子关键技术，完成焊接转子研制；完成了具有自主知识产权的 CAP1400 汽轮发电机、汽水分离再热器（MSR）的开发；研发了主给水泵、凝结水泵和循环水泵及常规岛控制系统；建成大型汽轮机焊接转子、末级长叶片等一系列关键设备及部件的设计、制造和试验研究平台和基地。该课题申请专利 55 项（发明专利 26 项），已获得专利授权 45 项（发明专利 16 项），登记软件著作权 11 项，研究制定国家标准 2 项，形成企业标准 75 项，发表学术论文 29 篇	7 月 19 日
13	爆破阀设备鉴定技术研究：该课题由中核科技牵头，旨在解决鉴定过程中的方法问题，全面掌握爆破阀的设备鉴定技术和方法，完成爆破阀设备鉴定试验，形成爆破阀设备鉴定规范，为爆破阀产品的工程化应用提供技术支撑	7 月 6 日

续表

序号	重大专项课题基本情况	评审通过时间
14	核电蒸汽发生器690合金U形管研制和应用性能研究：由宝钢特钢有限公司牵头，2011年正式立项。课题全面掌握了690合金传热管的设计制造要求，建立了690合金传热管的综合评价体系，实现了蒸汽发生器690合金传热管的国产化，大幅度降低了设备的工程造价，提升了我国在高档合金管材生产上的技术和装备水平，有效提高了核电建设的经济性，填补了国内空白。课题的主要创新成果有：形成了690合金传热管的均匀腐蚀、应力腐蚀等试验方法及长期应用性能评价体系，积累了丰富的国产和进口690合金传热管性能数据，提升了后续蒸汽发生器传热管老化评估和服务能力；利用EPR晶间腐蚀方法和适宜的点腐蚀试验方法相结合，建立快速评价690合金传热管制造工艺能力的方法，为工程应用提供了有效支撑；薄壁管的疲劳和腐蚀疲劳试验评价技术；690合金传热管微动磨损试验方法。课题成果已成功应用于国产化CAP1000标准设计、CAP1400示范工程等工程项目中，有效推动了蒸汽发生器传热管的国产化进程。该课题取得专利11项、技术秘密2项，形成技术报告93篇、学术论文9篇	6月1日
15	CAP1400核电站数字化仪控系统工程样机研制：2014年获得国家能源局批准立项实施，由国核自仪牵头，联合上海核工院、国核电力院等单位组成科研团队，完成了一套满足CAP1400需求、具有自主知识产权的数字化仪控系统工程样机，全面掌握了核电站数字化仪控系统验证技术、测试技术、安装调试技术和维修技术等，建立了完整、配套、先进的核电站数字化仪控系统技术创新研发体系和平台	6月1日
16	核电泵、阀、电气设备及测量仪表研制：该课题共完成25项核电设备和装置的研制，搭建了7个多学科产学研平台、1个行业专家技术咨询平台，形成了主泵变频器、调节阀等7个供货基地和核电密封件联合研究中心等3个再创新基地，掌握了关键技术，取得了一批具有自主知识产权的科技成果，申请专利80项（授权56项），取得技术秘密4项，生产76台（套）样机，进行成果鉴定20项，形成行业/企业标准60余项。研究成果已实现在CAP1400示范工程及其他核电站工程项目中的应用	4月12日
17	CAP1400控制棒驱动机构研制：该课题由上海第一机床厂有限公司牵头完成，掌握了控制棒驱动机构线圈、驱动杆、电源系统的关键工艺和试验等核心制造技术，解决了CAP1400控制棒驱动机构制造技术中的薄弱点，完成了控制棒驱动机构关键部件验证试验，建立了稳定的国内原材料供货渠道，具备了CAP1400控制棒驱动机构自主化能力，摆脱了国外技术及关键原材料的限制	4月10日
18	AP1000核电燃料元件格架条带冲制技术研究：该课题由中核包头核燃料元器件股份有限公司牵头，联合上海核工程研究设计院有限公司及国核宝钛锆业股份有限公司共同完成。通过该课题的实施，全面掌握了AP1000核燃料组件格架条带冲制模具研制、冲制工艺及条带检测等关键技术，优化了格架焊接工艺，建成了满足年产400组AP1000燃料组件需求的格架条带生产线，实现了AP1000燃料组件格架条带国产化的目标	7月13日

（3）2018年重大专项标准制定、专利申请情况

国家能源局印发《大型先进压水堆及高温气冷堆核电站重大专项档案管理

实施细则》，有助于核电重大专项档案管理，确保专项档案的安全性、真实性、可靠性、完整性和可用性，促进了国家科技信息资源的长期保存和有效共享。

2018 年度国家电投集团编制完成多项 AP/CAP 国家 / 行业标准的制定工作，其中，国家标准（GB）2 项、能源行业标准（NB）22 项、电力行业标准（DL）1 项。2018 年度，国家重大科技专项 CAP 系列技术（包括 AP）获得 46 项授权专利，如表 41 所示。

表 41　2018 度获得授权的专利名称（AP/CAP 系列）

序号	专利名称	序号	专利名称
1	符合国内核电厂使用需求的检修电话系统	24	一种应用于核电站的辐射屏蔽结构
2	核反应堆的非能动安全注射系统	25	一种插拔式升降止挡装置
3	圆环结构金属构件摩擦系数的测试装置	26	一种核电站的直流式蒸汽发生器
4	一种钢筋锚固装置及安装方法	27	一种增材制造的核电站稳压器喷雾器旋水芯
5	一种简化模拟燃料组件	28	一种核电厂起重机单根钢丝绳断裂试验装置
6	一种新型的自动定位的管套管的连接方式	29	一种分段式水闸门密封气囊和密封圈交叉部位的密封结构
7	一种核燃料元件包壳锆合金钛合金复合管及其制备方法	30	辅助测试扩散氢作用下合金管在高温水中腐蚀行为的装置
8	一种用于压水堆燃料元件栅格和燃料棒振动性能测试的试验元件	31	一种电厂循环水冷却系统、冷却方法及应用
9	一种竖直安装的压水堆核电厂燃料组件抓取试验工具	32	一种钢梯洞口防水节点
10	一种水平安装的压水堆核电厂燃料组件抓取试验工具	33	基于 FPGA 的核电站多样性保护系统硬件架构
11	一种移动式空气热阱	34	一种基于 FPGA 的 SOE 系统实现 SOE 的方法
12	一种用于 SCS 单元试件拉压试验的加载装置	35	数字化控制系统
13	一种用于保护堆外捕集器的保护装置	36	一种电流输出自我诊断电路
14	一种高性能纤维布包裹单片波纹钢板—钢管束防护装甲	37	核电多样化驱动系统验证装置及其验证方法
15	一种高性能纤维布包裹单片波纹钢板—胶体防护装甲	38	一种仪控系统验证方法
16	一种高性能纤维布包裹连续波纹钢板—胶体防护装甲	39	核电站 DCS 仿真建模方法
17	一种带分段独立水箱的非能动双层安全壳	40	基于 FPGA 的数据处理单元
18	一种带上下连通侧向水箱的非能动双层安全壳	41	开关量输出自我诊断电路
19	一种高性能纤维布包裹单片波纹钢板—多孔金属防护装甲	42	核电站马达控制系统的控制方法
20	一种用于核电厂乏燃料水池水平位置可调式水下照明装置	43	高温高压阀用波纹管及其组件
21	一种 C 形管束热交换器支撑条的固定结构	44	核电虚拟 DCS 仿真平台人机接口架构
22	一种可电动调节的触摸交互控制盘台	45	可切换的压力差压变送器及使用方法
23	一种非能动余热排出系统	46	核电站压力容器检查机械手所用关节轴承的预紧工装及预紧方法

（4）软件开发方面

① COSINE 软件取证进展顺利，堆芯子通道程序已经正式提交核安全局取证。完成堆芯物理分析程序、中子动力学程序自评价，预计 2019 年年底前可正式提交核安全局取证。

②开发热交换器性能评估软件。

（5）设备研制方面

具体的设备制造方面进展顺利。2018 年中国二重承制的 CAP1400 主管道（冷弯工艺）全部制造完成，具备出厂发运条件，吉林昊宇研制的 CAP1400 主管道（热弯工艺）热段 A 成功完成弯制，CAP1400 先导组件一阶段锆材 SZA-4/6 生产圆满完成，CAP1400 首台全范围模拟机交付使用，首台国产化 AP1000 屏蔽主泵制造成功。

2018 年，重大专项研发形成了多个创新样品，如表 42 所示。

表 42　2018 年 CAP1400 的多个创新样品

序号	创新产品名称
1	CAP1400 核电站数字化仪控系统 1 ∶ 1 工程样机
2	AP1000 核电厂主控室内漏试验装置
3	蒸汽发生器二次侧冲洗装置
4	核电站异物检查与清除装置
5	堆外中子剂量计数据分析平台
6	CAP1400 钢制安全壳

2. 高温气冷堆重大专项示范工程

（1）总体概述

我国高温气冷堆技术研发始于 20 世纪 70 年代，2003 年 10MWe 的 HTR-10 实现满功率并网发电运行。2008 年 2 月，国务院常务会议批准了《高温气冷堆核电站重大专项总体实施方案》，高温气冷堆重大专项正式启动实施，周期为 2009 年到 2020 年，共 11 年。目前，高温气冷堆重大专项示范工程设计与技术研发全部完成。

（2）2018 年主要进展

2018年，高温气冷堆重大专项共申请发明专利10项，实用新型专利5项，授权发明专利 2 项，授权实用新型专利 6 项。

①高温气冷堆示范工程关键设备制造取得重大突破。8 月，佳电股份承制的示范工程首台主氦风机顺利完成制造并交付现场。9 月，首台蒸汽发生器完成气压试验，具备出厂交付安装条件，10 月，完成出厂验收，标志着高温气冷堆示范工程关键设备的研发制造难题已全面攻克。蒸发器制造过程中，华能集团组织清华大学与哈电重装等参研各方，戮力攻关，先后攻克了 30 余项关键工艺技术，为高温气冷堆设备的国产化做出了重要贡献。

②高温气冷堆重大专项课题研究取得重要进展。2018 年，以高温气冷堆核电站示范工程为依托的《高温堆金属堆内构件制造技术研究》《高温气冷堆新燃料元件运输与贮存容器研制》等 2 项成果获得中国核能行业协会科学技术奖二等奖。重大专项课题研究方面，主蒸汽隔离阀制造技术与炭堆内构件制造技术等 2 项课题获正式验收，高温气冷堆乏燃料贮存系统地车设计与制造技术、高温气冷堆核电站示范工程燃料元件生产线建设与高温气冷堆核电站 1E 级低压开关成套设备的研制等 3 项课题获预验收。2018 年，在国家科技重大专项国拨经费的支持下，启动“高温堆示范工程可靠运行技术研究”“高温堆示范工程调试关键技术研究”“高温堆示范工程关键设备老化防腐措施技术研究”等 3 个科研项目。同时，华能集团自主开展了“高温气冷堆氦气系统阀门维修技术研究”“高温气冷堆地车维修技术研究”“HTR–PM 核级电缆老化研究”“HTR–PM 技术监督标准及实施大纲的研究开发”“高温气冷堆核电机组二回路热力系统关键技术研究”“HTR–PM 一回路高温金属部件在役监督技术研究”“高温气冷堆核电站凝结水精处理关键技术研究”“高温气冷堆核电站腐蚀控制工程全寿命周期关键技术监督研究”等 8 个研究项目。华能集团内部科研课题“高温气冷堆石墨粉尘去污技术研究”完成全部研究任务，顺利结题。

3. 大型先进压水堆华龙一号

（1）总体概述

华龙一号（HPR1000）是中核集团和中广核集团立足于我国核电 30 年的

设计、建造和运行经验，自主研发的安全、可靠、经济的先进压水堆核电技术，是在国家领导人的亲切关怀下，经过有关部门的组织协调和华龙技术团队、业内专家历时5年的共同努力，在中核集团和中广核自主研发堆型基础上融合而成的先进压水堆核电技术。华龙一号发展历程如图31所示。

（2）2018年主要进展

2018年，华龙一号在设备研制、示范工程创新施工、通用设计审查/设计认证等方面取得重要成绩与突破。

1）设备研制与科技创新方面

①自主设计制造的反应堆压力容器水压试验一次取得成功。2018年3月15日、8月16日、9月26日，巴基斯坦卡拉奇3号机组、福清6号机组、防城港3号机组反应堆压力容器出厂水压试验一次成功，各项试验指标均符合设计要求。

②具备独特的二次支承功能的堆内构件通过验收。2018年3月15日，福清5号核电机组堆内构件通过验收。华龙一号堆内构件满足国内外最先进的核电法规标准，还具备独特的二次支承功能，当遇到极端事故时，能够有效地防止堆芯跌落，避免熔融反应堆，杜绝放射性物质从压力容器中泄露，显著降低核事故发生后对自然环境的影响。

③具有广泛适用性的棒控棒位系统研发成功。4月12日，第三代核电技术使用的棒控棒位系统通过验收，该系统适用于动态和静态两种棒电源系统，可以直接应用于华龙一号、玲龙一号、二代加等核电堆型，通过适应性修改还可以应用于AP1000、EPR等核电工程，具有广泛的适用性。特别是新型棒位测量和智能化等新技术的应用，使棒位设备现场调试时间缩短为2天以内，提高了核电厂的经济效益。

④华龙一号主管道克服多项技术难题，完成研制。福清6号机组主管道具有化学成分要求严格、弯管及管嘴角度不易控制、焊接要求严格等特点，生产单位二重装备解决了不锈钢异形锻件晶粒度控制、弯制尺寸精度（角度、弯管壁厚）控制、超长管件热处理变形控制等多项技术难题。2018年7月20日，华龙一号示范项目防城港3号机组主管道完成全部制造工作，顺利发运。

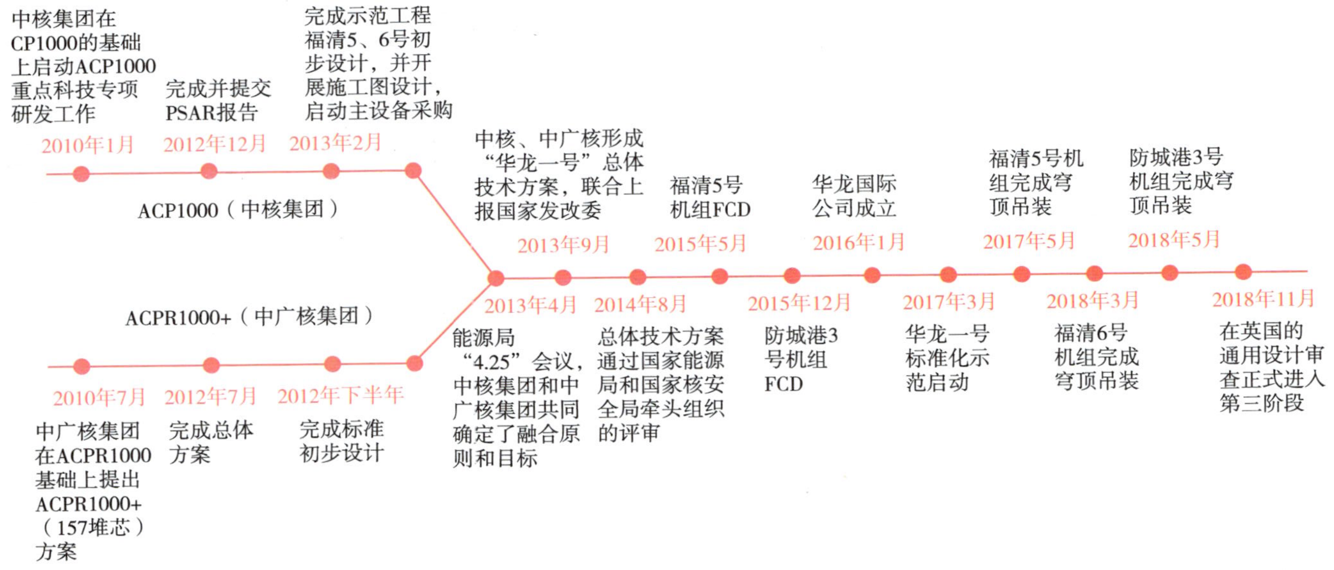

图 31　华龙一号发展历程

3号机组主管道为三代锻造主管道，由烟台台海玛努尔核电设备有限公司承制，历时18个月，制造周期创纪录。制造过程中质量、进度均得到有效控制，并顺利通过联合验收。

⑤华龙一号防城港核电示范项目全部核级水泵顺利完成鉴定，福清5号机组完成首台主泵新型复合材料推力轴承全部试验。华龙一号福清5号机组完成首台主泵新型复合材料推力轴承全部试验。华龙一号防城港核电示范项目核级水泵鉴定工作全部顺利完成，国产化率达到100%。全部核级水泵设计均选用了第三代核电安全标准，需要重新进行研发鉴定试验，涉及88台设备、16台样机，且每台泵组需进行等9大类试验鉴定，以及抗震分析等诸多计算类鉴定项目，多个鉴定试验项目为国内首次开展。2018年5月，哈电动装研制的新型复合材料推力轴承，在福清5号机组首台主泵全流量试验中顺利通过全部试验，并通过专家鉴定会鉴定。新型复合材料推力轴承优于采用巴氏合金材料的推力轴承，具有完全的自主知识产权，填补了国内空白，达到国际领先水平，可在新建机组上推广应用。

⑥华龙一号核岛主设备用大型液压阻尼器研制成功。5月23日，核动力院和相关厂家联合研制的华龙一号核岛主设备用大型液压阻尼器成功通过专家技术鉴定，打破国外技术垄断。

⑦华龙一号DCS研发获得重要进展，和睦系统DCS拟用于英国核电项目，龙鳞系统DCS平台通过鉴定并正式发布。以我国自主三代核电技术华龙一号示范工程——广西防城港核电3、4号机组——建设为依托，中广核配合参与英国对华龙一号的通用设计审查，和睦系统拟应用于中广核英国投资核电项目。2018年9月1日，中核集团自主研发的华龙一号龙鳞系统DCS重要设备安全级显示单元正式通过中国核能行业协会组织的专家鉴定，具备“数字化、高可靠、一体式”的特点，总体技术达到国内先进水平，部分关键技术指标国际领先。2018年12月6日，龙鳞系统DCS平台正式发布。该平台适用于多种反应堆控制系统，拥有完全自主知识产权，已通过最高等级功能安全认证，部分关键指标达到国际领先。龙鳞系统能满足M310、华龙一号等堆型的应用要求，也可推广应用于研究堆、小堆、动力堆等多种其他反应堆控制系

统，符合最新、最全、最严格的国际和国内标准要求，能够保证极端自然条件下的正常工作，满足三代核电要求。

⑧华龙一号全球首台全范围模拟机研制成功，接受出厂验收并交付使用。8 月 27~31 日，华龙一号全范围模拟机接受出厂验收，各项指标满足性能要求，通过第一阶段出厂验收，为华龙一号首批核电厂操纵员培训、考试和取照奠定了基础，同时也为华龙一号“走出去”提供了有力的技术支撑。华龙一号全范围模拟机由中核武汉核电运行技术股份有限公司自主研制，按照福清核电 5 号机组主控室 1：1 比例复制，采用了中核武汉具有完全自主知识产权的最新一代仿真开发平台 RINSIM 2.0、反应堆物理、热工水力、严重事故软件及其他工艺系统仿真软件，具备操纵人员 M0–M1 阶段培训条件。

⑨中广核打造出“数字华龙”。2018 年 11 月 14 日，中广核集团在第二十届中国国际高新技术成果交易会上展示了“数字华龙”科技成果。数字华龙可在建设一座实体电站的同时，同步交付一座数字电站。在基础应用方面，数字华龙通过云平台、物联网、移动平台、大数据、人工智能、信息安全、能力开放平台等技术的深化应用，使管理和生产标准化、流程化，最终实现智能化，使核电企业的经营管理更加简单、高效。

⑩华龙一号一体化堆顶结构研制成功。2018 年 3 月，由中国核动力研究设计院自主研发的福清 5 号机组一体化堆顶结构，在四川科新机电股份有限公司顺利完成堆顶结构载荷试验。2018 年 7 月，华龙一号海外首堆巴基斯坦卡拉奇 2 号核电机组一体化堆顶结构载荷试验圆满完成。一体化堆顶结构是我国自主研发、制造和供货的国产第三代核电关键设备，具备完整自主知识产权，满足国内外先进核电法规标准，填补了多项核电领域中的技术空白。一体化堆顶实现了设备一体化和功能集成式设计，减少了反应堆换料时压力容器开扣盖操作工序，节省反应堆换料时间，提高了反应堆的经济性，同时还兼顾了对 CRDM 的定位、支承、抗震保护、通风散热等重要功能，保障了核电运行过程中的安全。

2）华龙一号示范工程创新施工，反应堆厂房采用新的技术方法，提前实现封顶。

华龙一号海外示范工程反应堆厂房采用开顶主设备预引入法，提前实现结构封顶。2018 年 4 月 24 日，华龙一号海外首堆巴基斯坦卡拉奇核电 K2 机组内层安全壳穹顶结构提前实现封顶，这是该工程采用“主设备预引入”工法取得的又一成果。主设备预引入的施工方法降低主设备安装的作业难度，有效缩短了华龙一号建设工期。9 月 5 日，华龙一号卡拉奇 3 号机组反应堆压力容器采用开顶法预引入安装工艺吊装就位，压力容器的翻转方案不再是翻转支架配合翻转抱环，而是采用了一个新型的翻转架。实施新的方案可以减少现场吊装工具的安装操作时间。5 月 23 日，华龙一号示范项目防城港 3 号机组采用智能建造技术，提前 8 天实现穹顶吊装。中广核创新使用了三维建模等智能核电建造技术，提升了施工管理的智能化水平，对穹顶吊装过程进行沙盘推演，提前发现吊装难点和预判风险，制定解决方案，确保了穹顶精准就位，一次吊装成功。

3）设计审查 / 技术认证方面

华龙一号英国通用设计审查（GDA）正式进入第三阶段。英国当地时间 11 月 15 日上午，中广核发布声明称，英国核能监管办公室和英国环境署当天发布联合声明，宣告我国三代核电技术华龙一号在英国的通用设计审查第二阶段工作完成，正式进入第三阶段。另外，英国布拉德韦尔 B 项目拟采用华龙一号技术，前期工作进展顺利，厂址适应性评价及可研工作正在进行中。

华龙一号（EUR）认证已获准进入第三阶段。2015 年 10 月 9 日，欧洲核电用户组织（European Utilities Requirement，EUR）正式接受华龙一号 EUR 认证申请。2018 年 9 月 13 日，经 EUR 组织管理委员会第 194 次会议批准，我国三代核电技术华龙一号 EUR 认证项目进入第三阶段，共计 11 家 EUR 成员公司作为章节审查单位参加了本次会议。目前所有在欧洲核电市场中参与投标的核电技术，都已通过 EUR 认证或正在进行 EUR 认证审查，能否通过 EUR 的认证，是决定华龙一号技术方案能否进入欧洲电力市场的重要一环。根据项目进度计划，华龙一号 EUR 认证分为四个阶段。

华龙一号多国技术认证（MDEP）实施情况：MDEP（Multinational Design

Evaluation Programme）为经合组织核能署（OECD/NEA）框架下，多国核安全监管当局进行核电厂设计安全评价与监管经验交流以及协调核安全监管立场的平台。2018 年 3 月和 9 月，华龙一号工作组召开两次会议，制定了 2018~2019 年工作计划，并在 NNSA 牵头组织下，向多国核安全监管机构介绍了华龙一号技术方案、华龙一号安全评审及监管情况；2018 年 10 月 23~24 日在法国巴黎召开了第 34 次技术指导委员会会议，会议报告了对华龙一号等评价的进展，通过了多份共同立场和技术报告。通过 MEDP 机制，"华龙一号"展现了自身技术水平，增进了各成员国监管当局对"华龙一号"堆型的了解和建设兴趣，有利于华龙一号"走出去"战略的实施。

4. 小型反应堆创新研发与示范项目推进

2018 年小型反应堆研发与示范项目推进工作继续取得积极进展。

（1）供热堆等陆上小型堆 2018 年主要进展

① NHR200- Ⅱ低温供热示范项目开展前期工作

国家能源局组织召开北方地区核能供暖专题会，会议同意中广核联合清华大学开展国内首个核能供暖示范项目的前期工作，深入开展规划选址、用地用水、应急方案、公众沟通等论证工作，积极推进项目实施。中广核联合清华大学，采用成熟的 NHR200- Ⅱ低温供热堆技术，建设了我国首个小型核能供暖示范项目。

②"燕龙"泳池式低温供热堆初步设计完成，完成系列工程应用报告，供热演示项目全部研发任务按节点完成。2018 年 8 月，"燕龙"泳池式低温供热堆初步设计完成，标志着泳池式低温供热堆示范工程取得重要进展。2018 年 5 月完成了徐大堡泳池式常压低温供热堆示范工程初可研、可行性研究报告；6 月，完成了徐大堡池式供热堆示范工程选址阶段两评报告第一次审评；8月，提前圆满完成项目初步设计工作，提交内部文件 54 册，外部文件 63 册，并通过评审；9 月，完成了"燕龙"泳池堆示范工程初步安全分析报告编制并提交中国核电工程有限公司河北分公司。2018 年 12 月，中核集团泳池堆城市供热可行性研究及演示项目智能化 DCS 验证成功，反应堆历时 30 分钟平稳达到满功率运行状态，标志着中核集团泳池堆供热演示项目全部研发任务按节

点完成。此次 DCS 数字化升级工作是 2018 年泳池堆供热演示项目开展的重要子项，目的是为反应堆运行和供热一体化平台设计提供技术支持。

③玲龙一号示范工程初设审查完成。2 月 8~10 日，采用自主品牌“玲龙一号”技术（ACP100）的海南昌江小堆示范工程完成初步设计审查工作，并通过了初步设计文件（核岛、常规岛范围）的专家审查，专家认为“玲龙一号”初步设计范围、深度满足要求，采用法规标准合理，安全分析、分级原则符合国家核安全法规、导则和标准要求，在借鉴成熟的压水堆核电厂设计基础上，电厂总参数合理可行，小堆示范工程设计上有较多创新。

④ HAPPY200 项目完成概念设计

为响应国家“北方地区清洁供热”及能源局建设核能供热示范项目的要求，国家电投中央研究院研发了 200MWt 微压供热堆（HAPPY200）。2018 年完成了概念设计，并进一步开展了工程实施可行性及供暖、供汽兼顾的技术方案研究。

⑤国家电投发起成立全国首家核能供暖产业联盟

7 月 5 日，由国家电投联合一重、哈电集团、哈尔滨工业大学和哈尔滨工程大学发起的核能供暖产业联盟启动仪式在哈尔滨举行。核能供暖产业联盟旨在落实中央推进北方地区冬季清洁取暖的精神，聚集央企与黑龙江省产学研资源，开发安全高效的核能供暖技术，推进核能供暖产业应用，推动实现北方地区清洁供暖。该联盟是由国家电投联合核能供暖科研单位、设计制造单位、高等院校、应用单位等具有独立法人资格的机构共同建设的面向全国、全行业的，以企业为主体、以市场为导向、政产学研用一体化的公益性非法人组织，具有开放性、服务性、中立性和行业前瞻性。

（2）用于海上平台的小型堆 2018 年取得的进展

①中核集团携手烟台共推海上清洁能源综合供给平台及泳池堆项目

2018 年 1 月 19 日，中核集团与烟台市人民政府签署《海上清洁能源综合供给平台及泳池式低温供热堆项目合作协议》。按照协议约定，双方将加速推进海上清洁能源综合供给平台及泳池式低温供热堆项目在烟台市开发和建设，助推烟台市建设核电装备千亿级产业集群。2018 年 11 月，烟台浮动式核能示范工程完成初可研报告编制，并通过专家审查。

② ACPR50S 海上浮动堆完成系列试验和评审

在研发层面，2018 年 8 月中广核完成了 ACPR50S 实验堆 NSSS 初步设计，主设备已开展详细设计，安全级 DCS、海洋条件下力学分析、反应堆舱屏蔽等关键技术取得重要突破，完成部分验证性实验；中船重工 701 所完成船平台及二回路初步设计，转入详细设计。在项目层面，2018 年 7 月项目“两评”报告顺利通过国家核安全局组织的技术审评；10 月项目“初可研报告”通过中咨公司组织的专家评审和审查收口；11 月 28 日，中广核研究院 ACPR50S 反应堆压力容器锻件首件通过检查验收；12 月，项目反应堆压力容器、堆内构件、短套管主锻件已完成制造，运抵制造厂进行机加工，稳压器主锻件正在制造，蒸汽发生器、主泵已签订主锻件采购合同。此外，2018 年 12 月中广核组织召开国家能源海洋核动力平台技术研发中心 2018 年年度工作会议，就海上堆安全监管、安保标准、主设备制造监管报备、关键设备在役检查、系泊技术方案等问题提出了具体的建议。

③由国家电投上海核工院承担的中船重工 HHP25（HA01 项目）反应堆及一回路范围内的系统、设备、安全分析等设计工作完成，初步安全分析报告相关章节初步汇编完毕。

（3）其他有关小型堆的研发活动

① CAP 小堆取得重要进展。国家电投上海核工院研发的 660MWt 紧凑型热电联供小堆，具备热电水联供等多功能用途，可兼顾陆上和海上应用场景，适用于陆上旧小火电替代市场，同时可应用于大船，也可填补大功率压水堆的国际市场空白。2018 年完成 660MWt 小型堆总体技术方案研究 / 概念设计，并启动了深化概念设计和相关专题研究。

②小堆核应急领域项目获国际原子能机构（IAEA）立项。国家电投上海核工院申报的《小堆应急计划区划分准则和方法研究——以 CAP200 为例》项目成功获得 IAEA 合作研究项目的立项。该合作项目旨在制定小型堆应急计划

区确定的准则和方法，包括小堆设计和安全特征方面的评价、场外应急安排的必要性评估、小堆应急计划区的大小等。

5. 其他先进堆型或系统

（1）钠冷快堆

中国实验快堆全范围仿真机进行了硬件检查及对点检查，进入复装测试阶段。示范项目一回路主循环钠泵原型样机制造完成；涉钠设备综合试验设施成功完成首次进钠，实现了从安装到调试的重要过渡，全面调试工作正式启动。

示范快堆工艺技术设计在方法学、核心软件和安全分析技术等方面的研发工作全部完成。2018 年，示范快堆工艺技术设计研究分别在方法学、核心软件开发及安全分析技术等方面获得了重大突破，已完成全部研发任务。关键系统验证研究分别在堆芯核设计、一回路实验验证、监控系统验证及钠气溶胶技术研发等方面取得了重要进展；关键设备设计与验证研究完成了主要设备的方案设计和技术设计，相关部门开展了以部件试验和功能试验为主的验证工作，并启动了工程样机制造。

示范快堆工程核主管道及主管道裤形三通研制成功，并被应用于福建霞浦快堆核电示范工程项目。关于国内首台 60 万千瓦第四代核电快堆核主管道及主管道裤形三通，相关部门已正式签署产品供应协议。核主管道及主管道裤形三通是快堆核电工程的核心部件之一，整个研发过程进行了全流程试验，采用了创新的“减材制造”工艺，使原材料利用率达到 80% 左右，较传统锻造工艺提高 70 多个百分点，加工周期减少约 2/3 的时间。

（2）钍基熔盐堆

中科院上海应用物理研究所于 2011 年承担了中科院战略性先导科技专项“钍基熔盐堆核能系统（TMSR）”。上海应用物理研究所牵头开展 TMSR 能源系统的研发，以工业应用为目标，面向“一带一路”、节能减排与能源可持续发展等国家重大战略需求，开展以钍基熔盐堆（TMSR）为核心的新型低碳复合能源系统相关技术研发、实验验证与工程示范。

2MWt 液态燃料钍基熔盐实验堆选址确定。2018 年，2MWt 液态燃料钍基熔盐实验堆（TMSR-LF1）明确选址甘肃省武威市民勤县红砂岗工业区，落地甘肃省武威市民勤县红砂岗镇。2018 年 3 月，甘肃省住房和城乡建设厅官网公布了《关于钍基熔盐堆核能系统实验平台项目规划选址的公示》和《关于钍基熔盐堆核能系统实验平台配套项目规划选址的公示》。11 月 26 日生态环境部批复《2MWt 液态燃料钍基熔盐实验堆环境影响报告书（选址阶段）》，11 月 30 日国家核安全局批复《2MWt 液态燃料钍基熔盐实验堆场址安全分析报告》并颁发《2MWt 液态燃料钍基熔盐实验堆场址选择审查意见书》（国核安证字第 1831 号）。这是 TMSR 实验堆工程安审工作的第一个里程碑，标志着 2MWt 液态燃料钍基熔盐实验堆选址工作全部完成。

2MWt 液态燃料钍基熔盐实验堆项目初步设计完成，开始设备采购。在 4 月 12 日组织召开 TMSR-LF1 设计方案国际专家咨询会的基础上，中科院完成工程初步设计；根据 6 月 7~8 日初步设计专家评审会意见，完成了初步设计优化，形成总体性文件、系统设计说明书、计算书、设备规格书、设备清单、系统逻辑图、建筑及设备图纸等 339 份设计文件，可支撑开展后续的建造许可证申请技术审评、关键设备采购和施工图设计工作。之后，全面启动 TMSR-LF1 施工图设计和关键材料、设备加工制造工作，就镍基合金材料、堆内构件（含金属、石墨）、控制棒系统、熔盐泵、主容器、换热器、核测系统、控制与保护系统等已陆续与厂家签订合同，关键设备将于 2019 年 2 月陆续完成施工图联合设计后进入加工制造阶段。

上海应用物理研究所在上海嘉定园区建设了钍基熔盐堆综合仿真实验平台，目标是建成缩比仿真堆（TMSR-SF0）、关键设备试验台架，为实验堆许可申请提供有效的实验证据。TMSR-SF0 关键设备于 2018 年 9 月陆续加工制造完成，并通过了严格质量控制的出厂验收。10 月 10 日，主容器吊装落位，项目全面进入工程总体安装阶段，先后完成堆舱落位及隔热层安装、主容器定位、堆内金属构件安装、一回路设备安装和准直、一回路管道焊接及热处理等系列关键性工作，于 2019 年 1 月底完成总装。

（3）铅基快堆

科技部 2019 年 2 月 14 日下文批准中国科学院核能安全技术研究所（简

称核安全所）代表中国，加入第四代核能系统国际论坛组织（GIF）铅基堆工作组，牵头国内铅基堆相关活动，协调组织其他单位参与国际合作。

2018 年 4 月 25 日，中科院核安全所牵头国内百余家行业领先单位，成立铅基堆核能产业创新战略联盟。联盟立足自主创新，通过集聚企业、政府部门和社会资源，建立联盟成员与相关企业、政府部门之间的铅基堆产业创新交流平台，推动我国铅基堆核能产业标准、评价、质量检测规范体系的完善，形成铅基堆核能创新产业优良生态链条，推动中国先进核能发展，力争为国家能源战略需求和国民经济发展做出重要贡献。

2018 年 11 月 23 日，中科院核安全所牵头成立国际小型铅基堆联盟 CASLER（International Co-operative Alliance for Small LEad-based Fast Reactors）。CASLER 联盟成员单位包括中国、欧盟、俄罗斯、日本、韩国等十余个先进核能研发热点国家（或地区），核安全所任主席单位。联盟致力于推动铅基堆等小型液态金属堆的国际前沿技术合作和资源共享，共同解决铅基堆面临的技术挑战，与国内外相关单位共同推动世界范围内小型液态金属堆的发展。

2018 年，系列创新小堆项目获立项支持。科技部重点研发计划“兆瓦级超小型液态金属冷却空间核反应堆电源”项目立项，这是科技部在小型反应堆方面的首个重点研发计划项目。该项目由中科院核安全所主持，国内 11 家单位参与，持续时间为 2019~2021 年，项目主要开展创新空间堆电源方案设计及关键技术研究。同时，中科院重点部署项目、先导专项立项支持超小型先进核能系统“核电宝”在空间及深海的应用预研，将针对地月空间港及深海智能装备的能源动力需求，开展超小型核电源的概念设计及关键技术前期预研。

3 月 15 日，国际铅基快堆技术发展研讨会在深圳召开，其间中广核研究院与意大利 ANSALDO 核能公司签署了关于铅基快堆关键技术研发和系统设计的合作谅解备忘录。

2018 年，中广核在铅基快堆型号研发、关键技术与设备研发、软件研发等方面取得了一系列研究成果。中广核自主开发的先进核能智能优化云设计平台可实现铅基快堆多目标优化设计，极大地简化研发设计流程；包括氧传感器、净化及去 Po 技术在内的铅铋工艺关键技术获得突破；熔炼法制备高强度氧化物弥散强化钢技术、中国铅基快堆用奥氏体不锈钢包壳等技术研发，在铅基快堆材料耐腐蚀和抗辐射技术方面取得关键进展；完成铅基快堆主泵、主换热器、堆内换料机原理样机设计制造及铅铋环境下的实验；中广核集团完成包括材料研发、设备研发和验证等系列实验平台的设计和建造，其中 9 个实验台架已经被写入 IAEA 液态金属冷却快堆系统（LMFNS）数据库。依托中广核已有的软件和硬件研发平台及关键技术研究的突破，中广核集团启动了 CLFR 系列铅基堆的研发和设计工作。

（4）聚变堆

1）我国聚变技术主要进展

我国首批聚变堆结构材料标准自 2018 年 9 月 9 日起施行。由中国国际核聚变能源计划执行中心牵头组织、中国科学院核能安全技术研究所编制的抗中子辐照钢标准《聚变堆用抗辐照低活化马氏体结构钢板》（HJB 1016-2018）正式发布，标志着我国在抗中子辐照钢的工程化应用方面已走在世界前列，为该材料的工业化生产和应用奠定了基础。

我国环流器二号 A（HL-2A）装置运行参数获得重要突破。在 HL-2A 装置上成功实现了双输运垒条件下的高比压放电，获得了归一化比压大于 3（beta_N>3）的等离子体。这也是我国目前达到的最高纪录。比压是等离子体压强和磁压强的比值，是磁约束聚变堆反映经济性能优劣的关键参数。在这样的先进放电模式下，该装置同时实现了对聚变堆安全运行十分重要的准静态高约束（QH）模。这些实验结果标志着我国磁约束聚变研究水平的一个大提升，对进一步开展聚变能源开发具有重要意义。

利用 3D 打印技术实现聚变堆包层第一壁样件的试制与分析。中国科学院以中国抗中子辐照钢（以下简称“CLAM 钢”）为原料，利用 3D 打印技术实现了聚变堆关键部件——包层第一壁样件——的试制并对其组织和性能进行了研究分析。

东方超环（EAST）首次实现 1 亿度运行，为高参数稳态运行奠定基础。

中国科学院等离子体物理研究所的东方超环加热功率达到 10 兆瓦，等离子体储能增加到 300 千焦，等离子体中心电子温度首次达到 1 亿度，运行近 10 秒。2018 年度东方超环物理实验持续 4 个多月，面向未来聚变堆先进稳态运行模式的发展和长脉冲运行下的关键科学技术问题，重点开展了高功率加热下稳态运行模式条件下等离子体电流分布调控、近堆芯物理机制和边界杂质控制研究的系列实验。东方超环取得的这些实验成果为未来国际热核聚变实验堆运行和正在进行的中国聚变工程实验堆（CFETR）工程和物理设计提供了重要的实验依据。

中国科学院等离子体物理研究所在 EAST 上利用三维旋转磁扰动场控制偏滤器靶板热负荷研究取得新进展，采用环向旋转的外加磁扰动场在 EAST 上开展了边界局域模控制实验研究。通过磁扰动谱型扫描，发现在保持抑制效果的情况下，还可以将分裂结构的局域粒子流分布沿靶板环向做较大范围移动，表明随时间变化的扰动场有利于粒子流和热流在整个靶板上的均化，避免靶板局部过热。研究结果对于在磁约束聚变装置中，利用三维磁扰动控制靶板瞬态热负荷的相关技术发展和物理理解具有重要的推动作用。

中国环流器二号 A（HL-2A）成功实现硬 X 射线成像系统投入实验运行并首次获得结果。在中法合作框架下，中法双方于 2017 年提出在中核集团核工业西南物理研究院中国环流器二号 A（HL-2A）装置上发展一套可进行高时空分辨和高能量分辨的硬 X 射线成像系统，该系统能测量高能超热电子的演化，是在核聚变装置上开展电流驱动、控制和高能粒子实验研究的重要诊断系统，可以提供丰富的关键物理数据，助力科研人员分析“把脉”实验现象。经过中法专家将近一年的努力，该诊断系统被安装至 HL-2A 装置上，成功完成系统联调。在 2018 年中法联合实验周期间，来自法国原子能委员会可控核聚变研究所的专家团和该院专家共同在装置上开展了联合实验。该成像系统首次测量到了能量高达 200keV 的高能电子的演化行为，获得了兆瓦级低杂波加热的功率沉积和高能电子分布。该诊断系统为国内首套先进的超热电子成像诊断系统，对于未来聚变燃烧等离子体中的高能电子行为研究、电流剖面控制和长脉冲运行具有重要意义。该项联合实验在中法聚变联合实验中心框架下开展，也是中欧聚变合作的重要研究课题之一。

低混杂波电流驱动技术有大的突破。中核集团核工业西南物理研究院中国环流器二号 A（HL-2A）利用先进的主动—被动天线（PAM）实现了无感电流全驱动，在高约束模（H-mode）条件下，耦合系数达 98% 以上。并用先进的高时空分辨和高能量分辨的硬 X 射线成像系统（即碲化镉相机）获得了无感驱动的电流分布。这些先进技术对于未来聚变燃烧等离子体中的高能电子行为研究、电流剖面控制和长脉冲运行具有重要意义。

2）我国承担的国际热核聚变实验堆（ITER）采购包取得重要进展。2018 年年初，中核集团核工业西南物理研究院与东方电气集团广州重型机器股份有限公司和贵州航天新力铸锻件股份有限公司联合成功研发了 ITER 首个全尺寸包层屏蔽模块原型件；该院联合成都国光电气股份有限公司承建的 ITER 真空室内部件热氦检漏设备通过验收，并在该设备上完成了 ITER 包层屏蔽模块全尺寸原型件的世界首次热氦检漏，测试结果显示各项性能指标达到要求，为建立未来托卡马克装置大型真空室内部件的热氦检漏试验标准提供了重要的基准，已正式申报“核聚变堆高温承压部件的热氦检漏方法”国际标准，结果得到 ITER 国际组织专家和国际同行的高度认可，表明我国已成功掌握聚变堆的高热负荷与中子屏蔽核心技术。6 月 9 日，该院联合国内多家企业组成的中国团队完成的 ITER 磁体支撑首批产品在贵州遵义正式交付，运往位于法国的国际热核聚变实验堆现场，成为进入厂房并进行安装的首批基础性部件，该子项目完成了从材料到制造工艺的系列认证，以及 ITER 磁体支撑采购包的生产制造任务，取得了多项关键技术的重大突破。7 月 26 日上午，由中国科学院等离子体物理研究所承担研制的 ITER 计划首个超导磁体系统部件——馈线采购包 PF4 过渡馈线——竣工仪式成功举办，意味着我国在核聚变工程核心技术领域真正实现了全球领跑。中国科学院等离子体物理研究所攻克了众多技术难点，在高温超导电流引线、超导接头、低温绝热、低温高压绝缘等核心技术方面取得了诸多国际领先成果。8 月 9 日，中广核工程有限公司牵头的 ITER 核级压力容器蒸汽冷凝罐（VST）设计供货项目在法国卡德拉奇 ITER 现场完成最终产权交接。这标志着我国企业首次中标的国际热核聚变实验反应堆核级压力容器设计供货项目正式收官，这意味着我国企业设计供货的4台核级压力容器VST设备及相关文件完成全部质量审查，设备及文件状态完全满足合同技术要求。

（四）核燃料循环产业

核燃料循环产业是核能发展的大动脉，属于高科技战略性产业，涉及化工、冶金、材料、电子等多个学科和领域。核燃料循环产业包括铀矿勘查、铀矿采冶、铀纯化转化、铀浓缩、燃料元件、乏燃料后处理、放射性废物处理处置等环节。

我国拥有世界上只有少数国家才具有的完整核工业科技工业体系。20世纪80年代，我国核电产业开始起步和规模化发展。为了适应核电发展需求，核燃料产业不断推进深化改革、科技创新和自主化能力提升，按照核能发展规划配置产能，始终保障了我国核电当前和长远的发展需要。加强铀资源保障能力建设，已经构建了较为可靠的铀资源供应体系；在铀纯化转化、铀浓缩、燃料元件等环节形成了可靠的本土化供应能力，产业能力大幅提升，在关键环节实现了技术升级换代；乏燃料管理体系不断完善，放射性废物得到安全管理。核燃料循环产业为核电安全、高效、可持续发展提供了坚实的基础。

2018年，我国核燃料产业生产运行保持稳定，部分环节产业能力进一步增强，市场化、国际化步伐进一步加大，科技研发取得积极进展，竞争力不断提升，核燃料产业科研生产活动安全、受控。

1. 天然铀勘查采冶

1.1 铀矿勘查

（1）铀矿勘查取得积极进展，进一步提升了铀资源保障能力

铀矿资源类型众多，其中砂岩型、花岗岩型、火山岩型和碳硅泥岩型（四大类型）铀矿占了全国铀矿资源总量的91.9%，其他类型铀矿占8.1%（见图32）。截至2018年底，我国已查明铀矿资源分布于新疆、内蒙古和江西等23个省（自治区），已经落实了6个万吨至10万吨级铀矿资源基地。

2018年，国内铀矿勘查以北方盆地砂岩型铀矿为主攻类型，以伊犁盆地

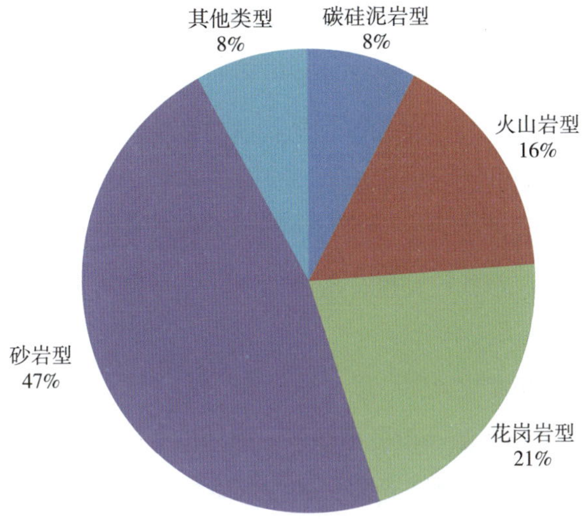

图 32　我国铀矿类型和比例分布

南缘、鄂尔多斯盆地东北部、二连盆地中东部和松辽盆地西南部等铀矿资源大基地为重点，全年共完成钻探工作量约 50 万米，新发现工业铀矿孔 217 个。①砂岩铀矿找矿取得新突破。其中哈达图铀矿床埋藏浅、品位高、已查明资源超万吨；巴彦乌拉铀矿床因芒来地段资源规模持续扩大，有望发展为特大型铀矿床；松辽盆地南部大林万吨级铀矿产地控制程度进一步提高，矿体连续性得到了查证；伊犁盆地洪海沟铀矿床已落实为特大型铀矿床。②硬岩型铀矿老矿山深部和外围找矿取得新进展。甘肃龙首山芨岭西和江西相山鹏姑山等地段发现厚大工业铀矿体；广东诸广南长排地区深部矿体连续性得到查证，资源规模持续扩大。③新区探索取得新发现。准噶尔盆地东部、鄂尔多斯盆地南部、塔里木盆地北缘等地区均揭露到工业铀矿化，有望发现新的铀矿产地，有效缓解了铀矿勘查后备基地不足的突出问题。

（2）勘查技术逐步升级，部分勘查装备自主化取得新突破

2018 年全年，我国在北方沉积盆地和南方硬岩地区预测了 20 多片一级成矿远景区，支撑扩大二连、通辽等大基地资源，拓展了铀矿找矿新区、新

类型和新空间。启动了云平台和大数据找矿计划，高光谱技术被首次应用于砂岩铀矿勘查领域，航空电磁、三维地震和无人机航测新技术在铀矿勘查和多矿种资源调查中显示出积极成效。

小型化遥感信息处理设备和可移动式航空放射性测量校准装置研制取得重要进展，自主研制的放射性资源三维计算软件有望替代传统人工模式，模块化一自动化泥浆处理装置推进了铀矿勘查向绿色发展，土壤化探和新型测井仪器显著提升了深部找矿精度，放射性测井安全和防护使用技术难题得到有效解决。

（3）铀矿勘查开发政策进一步完善

2018 年，在自然资源部积极推动下，固体矿业权叠置政策落地，推动了煤炭、油（气）矿业权内禁止设置铀矿权问题的解决，为纳岭沟矿床和大营矿床开发奠定了基础。

（4）加强国际合作

2018年，我国积极推进了铀矿勘查开发技术服务“走出去”及国际合作。深化与沙特合作，保质、保量完成了铀钍资源调查评价项目 7 万米钻探任务以及合同规定的各项野外工作，圈定了多处靶区，有望落实铀、钍、铌、钽、稀土大型矿床。与约旦原子能委员会、约旦铀业公司实现了互访，双方签署了铀资源开发合作谅解备忘录。进一步加强了与俄罗斯、澳大利亚等国家在铀矿勘查技术领域的国际合作与交流。此外，新落实国际原子能机构项目 3 项，实施国家外专局项目 7 项，积极派遣技术专家参加国际原子能机构多领域的活动。

1.2 铀矿采冶

（1）国内铀矿采冶项目保持安全稳定运行

中核集团作为国内铀资源开发的主体，加快建设了集约化、规模化、数字化、智能化的千吨级绿色铀矿大基地，随着蒙其古尔一期、二期，内蒙古巴彦乌拉、钱家店、钱家店扩建等北方地区地浸“五大工程”的全面建成，基本形成了以北方绿色地浸砂岩矿山为主体、以南方硬岩矿山为补充的产业发展格局，中国本土铀矿供应能力逐渐提升。2018 年各铀矿采冶工程项目按计划保持安全稳定生产和运行。中广核集团新疆萨瓦甫齐铀矿项目处于探转采阶段，环评报告已获得生态环境部受理，预计 2019 年下半年申请项目核准。

（2）地浸采铀不断迈向精细化，数字化矿山建设取得新进展

2018 年，我国进一步提升了地浸采铀工艺水平：地浸采铀超深地浸钻孔结构和成井工艺取得新突破，向深部第二开发空间迈进；针对西北某地区地浸难题研发了新型浸出技术，单孔抽液量和铀浓度获取了较理想的参数；研发了低渗砂岩铀矿化学增渗及解堵工艺技术，保持了地浸生产的连续稳定运行。

截至 2018 年，我国北方地浸铀矿山基本实现无人值守，井场和水冶生产实现自动化远程控制，智能预警、网络实时监测取得新进展；研究提出新时代硬岩标杆铀矿山改造技术方案，针对关停硬岩矿山设计了安全环保领域的自动化监控报警系统和视频监控系统。集成创建了先进高效、具中国特色的千吨级铀矿大基地整套工程应用技术体系，不仅为国内千吨级矿山建设提供了技术样板，也为“一带一路”走出去提供了工程技术解决方案。

（3）成功拓展铀钍共伴生矿技术

成功打通独居石制备铀、钍、稀土工业化技术流程，氧压浸出工艺使钼浸出率实现翻番，研究成果已应用于独居石项目和沽源铀业技术改造项目。

（4）继续加强国际合作

铀资源红皮书《2018 年铀：资源、生产和需求》指出，全球已查明开采成本低于 130 美元 / 千克铀的铀资源总量为 614.22 万吨铀，比上一版红皮书公布的数量增加 7.4%；已查明开采成本低于 260 美元 / 千克铀的铀资源总量为 798.86 万吨铀，比上一版红皮书公布的数量增加 4.5%。我国铀资源开发积极发挥两种资源、两个市场的作用，积极推进了铀资源海外开发及铀贸易。

继续深入推进海外铀资源开发。截至 2018 年 12 月，中核集团在尼日尔、纳米比亚、津巴布韦和蒙古国拥有生产项目 1 个，维护项目 1 个，矿山前期准备项目 1 个，勘探项目 2 个，其中尼日尔阿泽里克铀矿项目是中国第一个海外铀资源投资开发项目，纳米比亚罗辛矿收购协议已经完成签订。中广核

集团在中亚、北美、大洋洲、非洲等全球富铀地区完成了资源布局，控股收购了纳米比亚湖山铀矿、澳大利亚 EME 公司，参股哈萨克斯坦谢米兹拜伊铀公司、加拿大 Fission 公司，与乌兹别克斯坦地矿委均股成立中乌铀公司。相关资源情况见表 43。

表 43　我国企业控股开发的海外铀资源项目情况

单位：吨铀

项目名称	股东	资源量	设计年产量	2018 年产量	运回国内量
阿泽里克	中核国际（中核集团香港上市公司）持股 37.2%、中非基金持股 24.8%、尼日尔国家矿业公司持股 23%、尼日尔政府持股 10%、韩国资源公司持股 5%	13692	678	0	累计 699
湖山	54% 中广核 36% 中非基金 10% 纳米比亚国矿公司	248446	5500	3570	累计 3520
澳洲能源金属公司	66.45% 中广核	26023	/	0	0

注：澳洲能源金属公司旗下项目目前尚没有进入可行性研究阶段。

积极参股国际铀资源公司。截至 2018 年底，中核集团已经完成收购帕拉丁公司 LH 控股公司 25% 的股权和 LH 项目公司 25% 的债权。中广核集团先后参股收购了哈萨克斯坦谢米兹拜伊铀公司和加拿大 Fission（裂变的铀业）公司（见表 44）。

表 44　我国企业海外收并购项目情况

单位：吨铀

项目名称	股东	权益资源量	设计年产能	2018 年产量	2018 年运回国内量
LH	中核海外占股 25%	12300	2000	480	467
裂变铀业公司	19.92% 中广核	10816	/	0	0
谢米兹拜伊合伙企业	49% 中广核 51% 哈原工	剩余 29175	1400	1149	累计 7398

注：裂变铀业公司目前尚没有进入可行性研究阶段，暂不能确定年产量。

2. 核燃料加工

（1）铀转化能力继续提升，新一代铀浓缩离心机实现升级换代

铀转化方面，2018 年 12 月，二七二铀业铀转化工程项目顺利通过现场竣工验收，这标志着我国“一南一北”两个铀纯化转化基地中的南方基地正式建成，国内核燃料产业布局结构得到进一步优化，为满足我国核能事业现阶段发展需求、保障我国核燃料循环体系健康发展提供了有力支撑。

铀浓缩方面，2018 年 11 月 19 日，由中核集团自主研发、具有完全自主知识产权的我国新一代铀浓缩离心机大型商用示范工程通过国家竣工验收。这标志着我国铀浓缩离心机实现了升级换代，具备大规模商用条件，铀浓缩整体技术水平、经济性将进一步提升。

（2）核燃料加工生产线保持安全稳定运行，在建项目稳步推进

我国核燃料元件的制造能力经过多年的建设，已经形成了南北两个核燃料制造基地。可以提供压水堆、重水堆、高温气冷堆等多种类型燃料组件，满足核电发展需求。中广核集团在哈萨克斯坦正在建设 200 吨的 AFA-3G 压水堆核燃料组件厂，2018 年已完成主工艺和辅助系统厂房及系统设计，详细设计已获得政府批准，设备及零部件采购和制造正按计划执行，计划最早 2020 年底可正式投产。2018 年，国内在运核燃料加工生产线保持安全稳定运行，保障了我国核电发展需求，具体产能如表 45 所示。

表 45 我国核燃料生产能力

组件类型		812 厂	202 厂	合计
压水堆	AFA 3G 组件（吨铀 / 年）	800	200	1000
	AP1000 组件（吨铀 / 年）	/	400	400
	VVER 组件（吨铀 / 年）	50		50
重水堆（吨铀 / 年）		/	200	200
高温气冷堆（个球 / 年）		/	30 万	30 万

注：中广核集团在哈萨克斯坦建设的 200tU/a 组件厂，由哈萨克斯坦国家原子能工业公司控股。

（3）自主品牌核燃料组件正在加快发展

压水堆燃料组件方面。秦山一期核电站核燃料（CF1）实现了我国自主核燃料供应的起步，近年来，国内相关集团加大开发力度，在建设自主品牌高性能压水堆燃料元件方针的指引下，取得积极进展。其中，中核集团自主研制的先进核燃料元件 CF3，目前进入第三循环考验，更先进的 CF4 燃料组件已经启动研发。中广核集团自主研发设计的 4 组 STEP-12 核燃料组件正在开展第二循环考验；2017 年 12 月，另外 4 组改进型 STEP-12 先导组件及 4 组 CZ 空管阻流塞组件制造完毕，并于 2018 年 2 月全部装入岭澳一期 2 号机进行入堆辐照考验。国家电投依托国家重大科技专项主持研发的我国首个全锆骨架 14 英尺高性能燃料组件 SAF-14 已于 2016 年 12 月完成定型组件研制，目前正开展入堆先导组件制造和入堆安全评价工作，预计 2020 年入堆开展辐照考验。同时国家电投积极拓展 SAF 系列燃料型号，适用于 12 英尺堆芯的燃料型号 SAF-12 和供热堆的燃料型号 SAF-s6 目前已完成了方案设计。

先进燃料元件方面。中核集团瞄准国际最新技术方向，与世界各国开展了研发竞赛——同步开展环形燃料元件和 ATF 燃料元件的研究工作，目前均已圆满完成第一阶段研究工作。2018 年 11 月 20 日，由中核集团自主研制、拥有自主知识产权的我国首套全尺寸压水堆环形燃料组件试验件成功下线。2018 年 11 月 26 日，中核集团完成全球首次环形燃料零功率物理实验，走在世界前列。目前正在开展环形燃料元件设计、制造和先导组件入堆安审准备工作。2017 年 8 月 25 日，中核集团实现第一阶段先进耐事故材料（碳化硅、FeCrAl）入堆辐照考验，目前正在进行辐照后检验工作，同时正在开展第二阶段耐事故材料（FeCrAl、涂层）入堆辐照考验准备工作，目前已完成耐事故燃料元件概念设计，计划于 2020 年前完成芯块（高铀密度、FCM）和燃料短棒入堆辐照及检验工作。上述工作为提升我国核电站安全性提供了有力保障，为增强中国核燃料在世界的话语权奠定了良好基础。中广核集团已经编制形成具有自主知识产权的 ATF 性能分析软件，完成 ATF 包壳材料辐照小样品制备以及正常和事故工况下 ATF 燃料分析模型研究，部分 ATF 材料样品已启动辐照考验工作，后续还将逐步开展燃料小棒 / 小组件中子辐照工作，ATF 元件正在从概念、材料研究逐渐转向工程示范研究。国家电投开展了 ATF 燃料锆合金包壳管耐磨损抗氧化表面涂层的基本原理研究和方案设计，完成了材料试制和堆外关键性能考核，完成了安全性、经济性和相容性分析，后续计划开展工程化样管试制及其辐照考验。开展了高性能 ATF 燃料单晶 UO_2 的试制，正在开展锆基复合燃料芯块的材料试制和性能考核。

先进核燃料材料方面。我国已经实现了 AFA-3G 燃料组件所需 M5TM 锆合金管材本土化生产加工；已经形成完整的 AP1000 燃料 Zirlo 合金生产链，包括海绵锆生产、合金熔炼、条带和管材制造等全部生产工艺。

我国自主研发生产、改进的 Zr-4 合金（低锡 Zr-4）可满足燃耗低于 40~45GW · d/t 燃料组件的要求。拥有自主知识产权的 N36 锆合金首批次工程化包壳管材于 2018 年 9 月 2 日通过产品和个性鉴定，产品制造工艺和质量稳定可靠，符合相关要求，为“华龙一号”CF3 组件保障供应奠定了基础。10 月 31 日，中核二七二铀业核级海绵锆铪中试验证项目成功，进一步完善了我国核级海绵锆铪生产工艺技术。国家电投完成了自主化吸收体材料的全新概念设计，形成了高价值、耐水腐蚀的稀土陶瓷类控制棒吸收体材料，以及低成本、耐水腐蚀的可燃毒物吸收体材料，完成了材料初步试制和性能测试，关键性能实现显著提升，后续计划开展辐照考验。

3. 核燃料循环后段

核燃料循环后段包括乏燃料管理与放射性废物管理等环节。一般而言，1 台百万千瓦压水堆核电机组每年可产生 20~25 吨乏燃料，卸出的乏燃料经过在堆水池冷却几年后需要运离反应堆水池贮存。从全球来看，乏燃料的管理可分为直接处置和后处理两种方式。我国坚持核燃料闭式循环政策，提高铀资源利用率，同时减少放射性废物的最终处置量。针对放射性废物，我国实行分类管理，针对不同种类放射性废物采取不同的管理手段。

（1）乏燃料管理

截至 2018 年 12 月底，我国压水堆核电站累计产生乏燃料 4989tHM。为了实现乏燃料安全有效管理，保障核电站运行安全，我国积极推进乏燃料运输、贮存等环节能力建设，不断完善核燃料循环“大动脉”体系。

为了加快推进核燃料后段产业市场化、专业化发展，依托中核集团全产业链能力优势，2017年年底，国内成立了第一家以乏燃料管理、核设施退役治理、放射性废物处理处置等为主要业务的专业化核环保公司——中核环保有限公司，为国内核设施退役治理、乏燃料管理、放射性废物管理提供了重要支撑。中广核集团、国电投集团都积极加入我国核燃料循环后段科研生产体系能力建设中，分别依托现有下属专业化公司建立了研究、工程设计、生产运营专业队伍，为核电站乏燃料管理、中低放射性废物处理处置安全管理提供重要支撑。

不断完善乏燃料贮存体系。乏燃料离堆贮存按照技术路线可以分为干法贮存和湿法贮存。目前，我国压水堆乏燃料离堆贮存主要采取湿法贮存，截至2018年底，我国具备湿法贮存能力1300tHM，正在建设湿法贮存能力1200tHM。为了缓解部分核电机组乏燃料贮存压力，加强技术和能力储备，我国也正在建设干法贮存能力。我国唯一的商业重水堆核电站秦山三期，其乏燃料贮存采取干法贮存，现有的干法贮存设施可以满足该核电站全寿期运行产生的乏燃料贮存需求。我国在运、在建和拟建的压水堆贮存能力如表46所示。

表46　我国压水堆乏燃料离堆贮存能力情况

贮存设施	贮存方式	贮存能力（tHM）	备注
中试厂	湿法	1300	在运
示范厂	湿法	1200	在建
大亚湾核电站	干法	400	在建
田湾核电站	干法	150	在建
秦山二期核电站	干法		正在开展前期工作

继续推进乏燃料运输体系建设。为了适应今后大规模乏燃料运输的要求，我国正在组织推进公路—海运—铁路联合的乏燃料运输体系建设。2018年，

国家确定了联运主通道，明确了红沿河核电站核电码头作为海铁中转码头，各核电站码头作为节点码头；正在成立由专业船运公司与核工业企业合资合作的乏燃料运输专业船公司，基本完成了乏燃料运输专用船舶设计工作；为满足 2020 年以后乏燃料大规模运输的需要，中核集团签订了 10 台乏燃料运输容器的采购合同，其中 7 台为国外进口容器，3 台为国产容器；中广核集团签订了 7 台高燃耗乏燃料运输容器采购合同。

国内乏燃料容器自主研发方面，由中核集团最新研发成功的具有自主知识产权的装备已获得国家核安全局容器设计许可证和容器制造许可证，相关制造工作已经开始。由中广核集团自主研发的高燃耗乏燃料金属运输容器已经完成比例容器的制造和验证试验，并同步开展核安全审评工作。

2017~2018 年，中核集团通过公路运输方式将大亚湾核电站 5 个容器共计 130 组乏燃料运输到后处理中试厂贮存，保障了核电厂安全稳定运行。

有序推进乏燃料后处理能力建设，进一步加强乏燃料后处理科研工作，支持乏燃料后处理关键技术、设备和工艺研发。

（2）放射性废物处理处置

为加强对放射性废物的安全管理，我国制定了新版的《放射性废物分类》，自 2018 年 1 月 1 日起施行，1998 年发布的原《放射性废物的分类》（HAD401/04）同时废止。按照新的放射性废物分类方式，将放射性废物分为极短寿命放射性废物、极低水平放射性废物、低水平放射性废物、中水平放射性废物和高水平放射性废物等 5 类，其中极短寿命放射性废物和极低水平放射性废物属于低水平放射性废物范畴。5 类放射性废物对应的处置方式分别为贮存衰变后解控、填埋处置、近地表处置、中等深度处置和深地质处置（见图 33）。

我国低放废物采取近地表处置，目前我国建设运营着三座低放处置场，分别是西北处置场、广东北龙处置场、四川飞凤山处置场。2018 年，西北处置场共接收废物 1.72 万立方米，完成处置 1.7 万余立方米，并正在进行扩容计划；飞凤山处置场共接收处置废物 1.17 万立方米。表 47 为各放射性废物处置场情况。

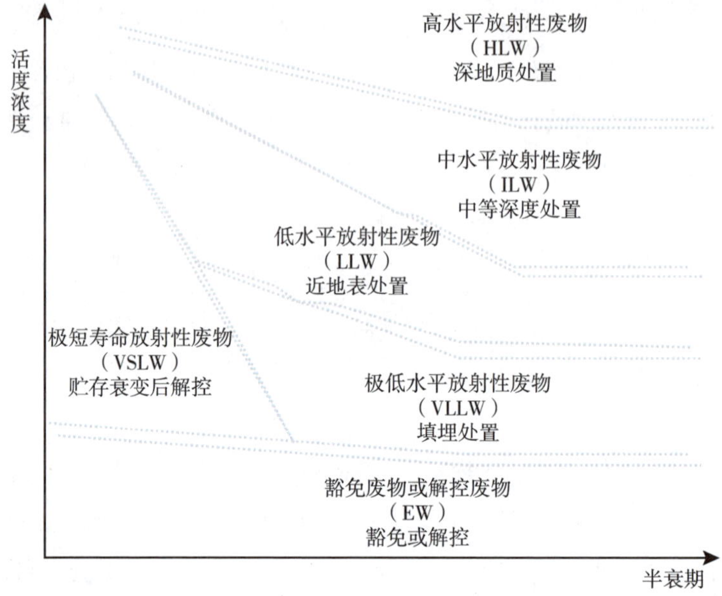

图 33　放射性废物分类体系概念

表 47　我国低中放废物处置场情况

	西北处置场	北龙处置场	飞凤山处置场
持证单位	中核清原环境技术工程有限责任公司	广东大亚湾核电环保有限公司	中核清原环境技术工程有限责任公司
规划设计容量	200000 立方米	80000 立方米	180000 立方米
已建成容量	20000 立方米	8800 立方米	40000 立方米
已接收废物总量	12000 立方米	3000 立方米	/
已接收废物活度	4.53E+13Bq	3.48E+13Bq	/

注：数据截止到 2018 年 12 月底。

近年来，我国要求新建核电项目要配套建设低放废物处置设施，有力地推动了处置能力的建设。

中放废物主要为 α 废物及长寿命废物，目前我国已经开始研究建设中等深度废物处置场，相关工作正在推进中。

针对高放废物，我国采取的是深地质处置技术路线。目前已经明确了“处置库选址、地下实验室研究和处置库建设”的“三步走”研发战略；在工程屏障材料、核素迁移机理、工程建设技术等方面取得了积极进展；高放废物地质处置地下实验室项目申报审批已经取得重要进展。

（五）核电装备制造

通过重大专项的实施、工程设计的实践及经验积累，国内已形成覆盖核电主设备、泵阀、控制系统、大锻件等关键设备和原材料的全供应链体系，三代核电综合国产化率达到85%以上，能满足每年新开工建设8~10台核电机组的需求。

1. 2018年中国核电装备制造总体情况

2018年中国核电装备的自主化和国产化能力不断提升，关键制造技术创新和重大工程装备制造成果丰硕，一批具有自主知识产权的关键设备成功完成制造及验收，包括全球首台华龙一号福清5号堆内构件、稳压器、汽轮机和发电机，首台出口海外的华龙一号卡拉奇2号汽轮机和发电机，中广核华龙一号示范项目防城港3号蒸汽发生器等，以及国家科技重大专项、全球首台球床模块式高温气冷堆蒸汽发生器和主氦风机等。国家科技重大专项CAP系列核电设备研制方面，CAP1400主管道制造完成，首台国产化AP1000屏蔽主泵制造成功。核电装备用大锻件、U形管和焊材等原材料制造技术水平也不断提高，均已基本实现了国产化目标。

2018年国内核电主设备交付49台套，以二代加和华龙一号为主，占比90%。具体见图34和表48。

2. 2018年中国核电装备制造主要成果

（1）核电关键设备研制成果

1）三代核电关键设备

——反应堆压力容器

2018年11月29日，中国一重承制的华龙一号防城港二期3号机组核反

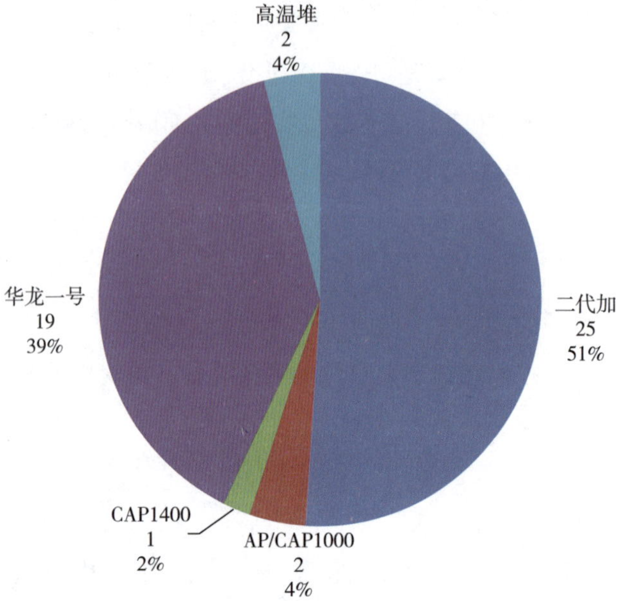

图 34　2018 年国内交付主设备堆型分布情况

表 48　2018 年国内核电主设备生产情况

堆型	设备	交付数量
二代加	压力容器	3
	蒸汽发生器	9
	稳压器	2
	堆内构件	2
	控制棒驱动机构	2
	主泵	3
	汽轮机	2
	汽轮发电机	2
AP/CAP1000	压力容器	1
	主泵	1
CAP1400	压力容器	1

续表

堆型	设备	交付数量
华龙一号	压力容器	4
	蒸汽发生器	4
	稳压器	2
	堆内构件	1
	主泵	4
	汽轮机	2
	汽轮发电机	2
高温气冷堆	控制棒驱动机构	1
	蒸汽发生器	1
合计		49

注：主要统计了上海电气、东方电气、哈尔滨电气和中国一重的生产数据。

应堆压力容器完成制造并交付现场。制造企业攻克了 M170 大直径螺栓螺距加工、大尺寸厚壁径向支承键组焊、镍基材料安全端组焊、CRDM 密封焊变形控制等技术难关，实现了压力容器关键路径所有主锻件大面积堆焊、主环缝、马鞍焊缝、安全端焊缝等焊接工序质量检验一次合格，水压试验一次成功。

2018 年 12 月 4 日，由上海核工院自主设计，中国一重、国核运行等单位联合实施的大型先进压水堆核电站重大专项“国和一号（CAP1400）反应堆压力容器研制”课题顺利通过国家能源局组织的正式验收。课题攻克了国和一号反应堆压力容器设计、关键锻件制造工艺及反应堆压力容器制造等关键技术，全面掌握了国和一号反应堆压力容器设计制造技术，实现了国和一号反应堆压力容器自主设计和自主制造。

——蒸汽发生器

2018 年 8 月 6~7 日，由上海核工程研究设计院有限公司牵头，联合上海电气核电设备有限公司、上海电气上重铸锻有限公司、东方电气（广州）重型机器有限公司等共同承担的大型先进压水堆及高温气冷堆核电站重大专项“CAP1400 蒸汽发生器研制”课题，通过了由国家能源局组织的正式验收。课题组掌握了 CAP1400 蒸汽发生器相关制造技术，包括群孔高效成型及检测技术、关键焊缝性能、焊接技术、管束组件关键制造及检测技术、制造缺陷诊断及评价技术、大锻件制造和传热管应用性能技术等，突破了大型特厚结构复杂锻件的制造技术、管束装配、群孔高效检测、镍基合金双热丝等离子堆焊技术、超窄间隙厚壁激光填丝焊技术等瓶颈。

2018 年，东方电气（广州）重型机器有限公司和哈电集团（秦皇岛）重型装备有限公司承制的多台华龙一号蒸汽发生器（用于福清 6 号机组、防城港 3 号机组、巴基斯坦卡拉奇 3 号机组）完成制造。制造企业攻克了水平支承连接板焊接、管子管板胀接、防振条安装、最终焊缝局部热处理中防传热管变形等技术难点，开发了管板深孔快速检测及自动化记录技术、不可达区域防振条位置的涡流检测技术、管束防振条固定技术、带限位结构管束穿管技术、上部组件倒扣安装技术、疏水孔竹节式全深度机械胀接工艺技术、一次侧接管安全端镍基合金环焊缝超声自动扫查技术和管板内圆弧区堆焊层专用超声检测技术等。

上海电气核电设备有限公司承接了法国 FRAMATOME 公司分包的南非 KOEBERG 项目的 6 台蒸汽发生器。该合同是中国首次完全商业化出口的核岛主设备，是 FRAMATOME 在非中国核电市场项目上与中国企业合作的核电主设备首单，是国内首次完全按照 ASME 质保体系要求执行、由第三方 ANI 监造并颁发 NPT 钢印证书的项目。目前 6 台蒸汽发生器分别在进行液压胀、支撑板安装或内套筒顶盖装焊等工序，首台产品预计 2019 年底完工。

——堆内构件

2018 年 4 月 10 日，上海第一机床厂有限公司承制的福清 5 号机组堆内构件完成设备制造并发运至核电站现场。作为核电反应堆的堆芯“龙骨”设备，华龙一号堆内构件由 236 类、13487 个零件组成，高度达 11.036 米，最大直径为 4.188 米，重约 160 吨。设备制造过程中形成焊接、材料、检测、工艺等重大技术创新 18 项，取得 10 项发明专利。

另外，上海第一机床厂有限公司牵头，联合东方电气（武汉）核设备有限公司共同承担的核电重大专项“CAP1400 堆内构件制造技术研究”课题已完成。课题组攻克了 CAP1400 导向筒制造技术（激光焊）、CAP1400 支承柱组件制造技术（激光焊）以及堆内构件对中技术及检测工艺（激光对中）等难题。目前上海第一机床厂有限公司承担的 CAP1400 示范工程堆内构件正在研制过程中，已完成上部堆内构件上支撑组件焊接、下筒体组件焊接等工作，计划 2020 年完工。

——控制棒驱动机构

2018 年 3 月 22 日，四川华都核设备制造有限公司制造的福清 5 号机组 ML-B 型控制棒驱动机构通过出厂验收。设备通过了 1500 万步热态寿命试验和 0.3g 抗震试验，各项指标均满足并优于三代核电站设计指标。

2018 年 4 月 9~10 日，上海第一机床厂有限公司牵头的国家科技重大专项“CAP1400 控制棒驱动机构研制”课题通过了国家能源局组织的正式验收。课题组突破了耐高温磁轭线圈、钴基堆焊双齿钩爪、驱动杆精密加工等关键制造技术，成功制造了 CAP1400 控制棒驱动机构样机 1 套，控制棒驱动杆 2 根，控制棒驱动机构电源系统样机 2 台。CAP1400 控制棒驱动机构样机通过了寿命试验考核，实际步跃 900 余万步、超行程 1900 余次、释棒延迟时间小于 96 毫秒。

——核主泵

①轴封主泵：2018 年 5 月 10 日，哈电集团哈尔滨电气动力装备有限公司承制的福清 5 号机组反应堆冷却剂泵成功发运。华龙一号是由我国自主研发的第三代核电技术，反应堆冷却剂泵是华龙一号核反应堆的心脏。哈电动装在自主建造的全流量试验台架上顺利完成了主泵的各项试验，自主研发的新型复合材料轴瓦顺利通过了全厂断电（SBO）试验，机械密封等部件全部实现了国产化。

②湿绕组主泵：上海电气凯士比核电泵阀有限公司承制的 CAP1400 50HZ 湿绕组电机主泵样机目前正在进行相关试验，至 2018 年 11 月，已验证了热屏、转子保护套等部件的改进效果：泵组效率明显提高，运行振动值有较大降低；解体检查情况良好，符合设计预期；安装防反转装置后，将进行进一步验证。

③屏蔽主泵：2018 年 9 月 11 日，由沈阳鼓风机集团核电泵业有限公司和哈电集团哈尔滨电气动力装备有限公司共同承制的首台 AP1000 屏蔽电机主

泵在沈鼓核电顺利完成全部产品试验和试验后拆检工作，试验数据显示主泵各项性能参数均满足主泵设计规范书要求，整体拆检各项指标均满足相关要求。制造企业在引进、消化、吸收 AP1000 屏蔽电机主泵技术的基础上，开展了多项关键制造技术的国产化攻关，完成了 ASME 取证、工艺验证、关键零部件制造等里程碑任务节点，实现了完整的国产化制造和自主化制造目标。

——稳压器

2018 年 4 月 30 日东方电气（广州）重型机器有限公司承制的福清核电站 5 号机组稳压器完成制造并发运。设备制造企业掌握并优化了关键制造工艺。如电加热元件与套管焊接及无损检测技术；电加热元件套管与封头冷装及焊接防变形技术；接管安全端与防热冲击套管焊接技术；安全端全盲式环槽加工技术等。

2018 年 11 月 19 日，哈电集团（秦皇岛）重型装备有限公司承制的卡拉奇 2 号机组稳压器发运。设备制造企业掌握了封头内壁堆焊、封头电加热器套管冷装孔加工、电加热器套管冷装、电加热元件焊接等关键技术，并实现了电加热元件及电缆国产化。

2018 年 12 月，由东方电气（广州）重型机器有限公司承制的国和一号机组稳压器完成总装，现进入水压准备阶段。该设备主锻件、电加热器、喷雾头等三代稳压器关键材料均实现了国产化。设备制造企业解决了电加热器套管的冷装及焊接、电加热器与电加热器套管的焊接、隔热套管的焊接等技术难题，该设备计划于 2019 年完工。

——PRS 换热器

2018 年 2 月 2 日，国产首套华龙一号福清 5 号机组 PRS 换热器在东方电气（广州）重型机器有限公司顺利发运。设备制造企业掌握并优化了关键制造工艺。如带坡口、填丝的管子管板封口焊技术；框架组件装焊、防变形控制及机加技术；免除消应力处理管子管板全深度液压胀技术等。

——常规岛主设备

2018 年 7 月 18~19 日，由上海成套院牵头，联合东方电气、哈尔滨电气、上海电气等单位共同承担的重大专项“常规岛关键设备自主设计和制造”课题通过国家能源局组织的正式验收。课题取得 1500MW 级饱和蒸汽半转速汽轮机研制、核电汽轮机 1800 毫米等级末级长叶片研制、核电汽轮机大型低压焊接转子研制、1500MW 级半速汽轮发电机研制、大型核电机组 MSR 研制、大型核电汽轮发电机组控制技术研究等一系列成果。

2018 年，在汽轮机和汽轮发电机等设备研制上，国内三大电气集团也取得了一系列成果。

上海电气承制的卡拉奇 K2 汽轮机低压部分采用了焊接转子的制造技术。核电汽轮机低压焊接转子依托常规火电转子焊接技术进行设计和优化，具有完全自主知识产权。该转子采用深窄间隙焊接技术，由八个锻件、七条焊缝组成，其最大外径为 3060 毫米，转子重量达 296.5 吨。配合低压焊接转子的应用，1710 毫米末级叶片也在 K2 机组中完成了产业化应用和产品制造。

哈尔滨电气在 AP1000 核电汽轮机引进技术的基础上，研发出与华龙一号堆型相匹配的大容量半转速核电汽轮机及其辅助系统，该机型具有完全的自主知识产权，打破了技术支持方的技术壁垒并实现了出口不受限的目标。采用先进的多级小焓降反动式叶型、简化型高压缸、水平侧向进汽低压缸以及试验完备的 1800 毫米末级动叶等多项创新结构和技术，为大容量核电汽轮机的自主化研制提供了技术支持。

东方电气采用自主研发的核电 1500MW 级半转速汽轮机、发电机技术，完成了华龙一号福清核电 5 号汽轮发电机组主要设备的制造、交付任务，完全满足现场施工进度的要求。

2）高温气冷堆关键设备

——蒸汽发生器

2018 年 9 月 29 日，由清华大学核研院设计、哈电集团（秦皇岛）重型装备有限公司承制的国家科技重大专项——球床模块式高温气冷堆蒸汽发生器——完成主体制造，10 月 31 日通过验收。高温堆蒸汽发生器的研制历时近十年，攻克了大直径法兰密封面加工、大直径马鞍形接管厚壁低合金钢焊接、跑道型大开孔加工、镍基合金管子管板胀接和焊接、换热管对接、厚壁低合金钢窄间隙焊接等30多项关键工艺技术，形成237份工艺规程，完成2项国家重大专项课题，10项技术通过核能行业协会技术鉴定，部分成果达到国际先进水平，从设计、材料、工艺各个环节都实现了完全的自主创新。

——主氦风机

2018年8月，哈电集团佳木斯电机股份有限公司和上海电气鼓风机厂联合研制的高温气冷堆核电站首台主氦风机顺利完成制造并交付现场。设备研制突破了大型立式机组的转速范围和结构型式，采用电磁轴承支撑，使用电气贯穿件贯穿压力边界，具有高可靠性、高维修性，是我国在先进核能核心装备技术上的重大突破。

（2）关键材料国产化成果

1）大锻件

2018年，上重铸锻公司承接的宁德6号（华龙一号）压力容器项目大锻件实现成套交付。项目自2017年7月正式投料制造，历时16个月，突破了从51吨（进口接管锻件）至439吨（容器法兰—接管段筒体锻件）不同吨位下钢锭化学成分的均匀性控制和杂质元素的控制技术，变截面厚壁锻件（锻件最大直径5230毫米，最大壁厚630毫米）控形控性锻造技术，厚壁容器锻件均质化热处理技术。全部检验及评定项目一次性合格，7件评定件全部通过评定，整个项目共12件锻件成功交付。

2）反应堆压力容器用密封环

2018年，宁波天生密封件有限公司生产的密封环产品成功应用于CAP1400重大专项依托工程的反应堆压力容器水压试验和AP1000依托工程三门核电站的热试。应用于秦山一期30万千瓦核电机组的“O”形密封环至目前已历经3个换料周期。“C”形密封环至目前已应用于设备出厂水压试验和核电站运行，在方家山、福清、防城港、田湾、恰希玛等核电站实现应用。

2018年2月，苏州宝骅密封科技股份有限公司生产的“C”形密封环通过了由中国机械工业联合会与中国通用机械工业协会组织的带料运行前评审；2018年4月，在阳江5号机组成功实现了带料运行商用。“O”形密封环产品也已经应用于高温气冷堆、钠冷快堆等项目。

3）核级焊材

在重大专项研发成果深入应用的基础上，2018年国内核级焊材供应商（如四川大西洋焊接材料股份有限公司等）持续开展焊材国产化研究，低合金钢、316L型不锈钢和双相不锈钢等焊接材料已在华龙一号、示范快堆等核电站的核岛主设备上应用。

针对部分关键原材料仍未完全国产化、智能制造应用水平仍待提高、国内同行企业缺乏技术交流等问题，建议在推进卡脖子的原材料国产化工作、探索和推进与行业相适应的智能化制造方式、增强行业内沟通交流等方面，以企业为主体并充分发挥行业协会、高等院校和科研院所的作用，加速推动装备制造技术进步，支撑核能行业安全高效发展。

（六）核能行业管理与安全保障

核能的开发利用给人类发展带来了新的动力，同时核能发展也伴生着核安全风险和挑战，重大核事故会给国家和社会带来不可估量的后果，因此维护核安全关乎国土安全、人民健康、生态环境、社会稳定、经济发展。中国是核能与核技术利用大国，在核事业发展进程中，始终坚持从国情出发，借鉴国际良好经验，发布战略规划，健全核能行业管理体系，制定核能安全法律法规，确保核能安全有序发展。

1. 核能立法工作概述

1.1 核能法律法规体系现状

我国的核能法律法规体系呈金字塔结构，依次为国家法律、行政法规、部门规章和强制性标准、导则以及技术参考文件，从上到下的内容也越来越具体，以此为国家核能管理相关工作提供法律准绳，从法制上有力保障了国家核安全，维护了社会公众的安全与健康，保护了生态环境，促进了核行业的发展与进步。目前，我国核能法律法规体系构成如表49所示。

表 49　核能法律法规体系表

序号	名称	备注
法律 2 部		
1	《中华人民共和国核安全法》	2017 年 9 月 1 日颁布，2018 年 1 月 1 日起实施
2	《中华人民共和国放射性污染防治法》	2003 年 6 月 28 日颁布，2003 年 10 月 1 日起实施
行政法规 10 项		
1	《放射性废物安全管理条例》	2011 年颁布
2	《放射性物品运输安全管理条例》	2009 年颁布
3	《民用核安全设备监督管理条例》	2007 年颁布，2016 年修订
4	《放射性同位素与射线装置安全和防护条例》	2005 年颁布，2014 年修订
5	《核两用品及相关技术出口管制条例》	1998 年颁布，2007 年修订
6	《核出口管制条例》	1997 年颁布，2006 年修订
7	《核电厂核事故应急管理条例》	1993 年颁布，2011 年修订
8	《放射性药品管理办法》	1989 年颁布，2017 年修订
9	《核材料管制条例》	1987 年颁布
10	《民用核设施安全监督管理条例》	1986 年颁布

在核能领域，还有一些国务院发布的规范性文件，虽然不是行政法规，但具有行政法规的性质。例如:《国务院关于核事故损害赔偿问题的批复》(国函〔2007〕64 号)、《国家核应急预案》(国务院 2006 年发布实施、2013 年修订)、《国务院关于严格执行我国核出口政策有关问题的通知》(国发〔1997〕17 号)、《关于我国中、低水平放射性废物处置的环境政策》(国发〔1992〕45 号)等。

与上述法律法规相配套，我国核能行业主管部门国家国防科工局、国家能源局，核安全监督管理部门国家核安全局，以及国务院其他有关部门，在各自的职责范围内，还发布了 100 多个部门规章，对核电、核燃料、核技术应用产业的发展，对核安全、核安保、核应急、核保障等领域的管理和监督等做出了规范。

1.2 核能法律法规体系的完善

《原子能法》是统领我国原子能领域的基础性法律。制定《原子能法》，是促进原子能事业健康、可持续发展的需要；是贯彻总体国家安全观，确保原子能研究、开发和利用安全的需要；是树立负责任大国形象、有效履行国际义务的需要；也是完善我国涉核法规体系的需要。我国原子能立法工作已持续多年。1984 年，在我国核电发展刚刚起步的时候，在中央领导批示下，我国《原子能法》立法工作就正式起步。但由于核工业管理体制频繁变化等原因，《原子能法》迟迟未能出台。2014 年，习近平总书记对涉核领域立法工作做出重要批示。为落实习近平总书记重要批示，国家国防科工局积极推动《原子能法》立法工作，并将其列入国务院立法工作计划和十三届全国人大常委会立法规划第一类项目。2018 年 9 月 20 日，司法部向全国各单位和各界人士公开征求对《原子能法（征求意见稿）》的意见。

此外，为适应我国核电发展的需要，国家能源局起草了《核电管理条例（征求意见稿）》；为进一步规范和加强我国核安保工作，国家国防科技工业局起草了《核安保条例（征求意见稿）》，已先后向社会公开征求意见，目前正在进一步修订中。

2. 管理核能的政府机构与职责

核能管理关联范围广、覆盖面大，涉及多个国家部委。国务院核工业主管部门、国务院能源主管部门及其他有关部门在各自职责范围内负责原子能研究、开发和利用活动的规划管理、协调指导；国务院核安全监督管理部门负责核安全的独立监督管理。我国负责核能行业管理与安全监管的政府部门主要有国家国防科技工业局、国家能源局、生态环境部（国家核安全局）。

2.1 国家国防科技工业局

国家国防科技工业局（中国国家原子能机构）是国务院核工业主管部门。其主要职能包括核军工科研生产、核科技研发、核燃料循环、核退役治理、防扩散和核进出口管制、核国际合作、核安保、国家核事故应急、军工核设施安全监督管理，以及国家原子能机构的有关工作。主要支撑单位有核应急响应技术支持中心、国家核安保技术中心、核技术支持中心、西南核设施安全中心等。

2.2 国家能源局

国家能源局是国务院能源主管部门。主要职能包括负责拟订核电发展规划、准入条件、技术标准并组织实施，提出核电布局和重大项目审核意见，组织协调和指导核电科研工作，组织核电厂的核事故应急管理工作。主要支撑单位有中国核电发展中心。

2.3 国家核安全局

国家核安全局为独立于核能发展部门的核安全监管机构。主要职能包括负责核安全和辐射安全的监督管理。拟定同核安全、辐射安全、电磁辐射、辐射环境保护、核与辐射事故应急等有关的政策、规划、法律、行政法规、部门规章、制度、标准和规范并组织实施。牵头负责与核安全工作协调机制有关的工作。负责核设施核安全、辐射安全及辐射环境保护工作的统一监督管理。负责核安全设备的许可、设计、制造、安装和无损检验活动的监督管理，负责进口核安全设备的安全检验。负责对核材料管制与实物保护的监督管理。负责对核技术利用项目、铀（钍）矿和伴生放射性矿的辐射安全和辐射环境保护工作的监督管理。负责辐射防护工作。负责对放射性废物处理、处置的安全和辐射环境保护工作的监督管理。负责对放射性污染防治的监督检查。负责对放射性物品运输安全的监督管理。负责对输变电设施及线路、信号台站等电磁辐射装置和电磁辐射环境的监督管理。参与核事故应急处理，负责辐射环境事故应急处理工作。参与核与辐射恐怖事件的防范与处置工作。负责反应堆操纵人员、核设备特种工艺人员等人员的资质管理。组织开展辐射环境监测和核设施、重点辐射源的监督性监测。负责核与辐射安全相关国际公约的国内履约。主要支撑单位有生态环境部华北、华东、华南、西南、西北、东北核与辐射安全监督站，生态环境部核与辐射安全中心，生态环境部辐射环境监测技术中心等。

3. 核能管理活动

3.1 核电发展

大力实施核电消纳行动计划。出台《清洁能源消纳行动计划（2018-2020年）》，2018 年核电机组利用小时数保持较高水平，预计 2019 年核电基本实现安全保障性消纳；2020 年核电实现安全保障性消纳。

持续提升核电安全水平。2018 年 5 月国家发改委牵头四部门联合印发了

《关于进一步加强核电运行安全管理的指导意见》，全面加强核电机组的安全质量管理，确保安全质量可控在控。完成13个核电基地“安全管理提升年”专项行动回头看检查，督促问题整改落实。推动电源、冷源、消防和防人因4个领域行业安全3年行动计划研究制订工作，进一步建立安全隐患排查机制，加强安全管理。

扎实推进核电自主创新。2018年核电重大专项工作稳步推进，印发《国家能源局综合司关于发布2018年度核电重大专项科研设施及验证平台开放共享试点平台的通知》，选出4处科研设施及验证平台试点向社会开放共享。

扎实开展核电行业管理。2018年，组织完成58批次核电厂操纵人员考试，审核通过470位操纵人员取照资格、862位操纵人员换照资格；实施核电消防安全监管，完善消防管理体系，委托开展消防设计和最终验收审查，印发《核电厂初步设计消防专篇内容及深度规定》《核电厂消防工程竣工验收管理办法》《运行核电厂消防安全管理实施细则》等3份文件；继续开展核电科普宣传和公众沟通工作，为核电发展营造良好环境。

3.2 核与辐射安全

核与辐射安全是指对核设施、核活动、核材料和放射性物质，采取必要和充分的监控、保护、预防和缓解等安全措施，防止由于任何技术原因、人为原因或自然灾害造成事故，并最大限度地减少事故情况下的放射性后果，从而保护工作人员、公众和环境免受不当的辐射危害。

全面推动核安全法宣贯实施。2018年为“核安全法实施年”。国家核安全局编制核安全法实施年工作方案，结合日常监管工作，组织举办媒体座谈、专题讲座、专项培训和知识竞赛等形式多样的普法活动宣贯核安全法。推动核设施营运单位落实核安全责任，完善质保体系和安全措施，加强核安全文化建设，落实核安全法有关要求。进一步完善技术法规标准体系顶层设计，升版《“十三五”法规标准制修订规划》，召开法规标准审查会10次，审议法规标准63项次，发布核安全法规标准18项。

着力促进核安全政策规划实施。开展《核安全与放射性污染防治“十三五”规划及2025年远景目标》中期评估，掌握规划实施进展，调查实施过程中的主要问题，编制评估报告上报国务院。加强核与辐射安全管理和技术政策研究，聚焦运行核设施、新型反应堆和网络安全等监管重点领域和关键问题，研究保障核设施运行安全改革措施，印发《浮动核动力装置设计中所选择的外部事件（试行）》。

严格开展核设施安全监督管理工作。一是加强运行核设施安全监管。以运行安全为重点，加大核电厂和研究堆的经验反馈力度，对核电厂、研究堆典型事件开展6次独立评价，积极推进风险指引型监管，强化同行评估，确保28台运行核电机组换料大修期间安全稳定。二是做好新设计核电厂安全监管工作。严格开展AP1000、EPR首堆装料审评监督，颁发台山1号机组，三门1、2号机组，海阳1、2号机组首次装料批准书，实现了全球EPR、AP1000首批项目装料运行。编制华龙一号重要安全问题技术见解，开展高温气冷堆核电站示范工程运行许可证审评。三是依法严格开展研究堆安全监管。开展典型研究堆运行事件独立评价，制定监管要求并督促营运单位落实，加强对钍基熔盐堆等新型反应堆的安全审评监督。2018年全年45台运行核电机组安全业绩良好，未发生一级及以上事件或事故，11台在建核电机组质量受控，研究堆和核燃料循环设施保持良好安全记录。

有效提升辐射安全监管水平。加强核技术利用安全监管，建设了高风险移动源在线监控系统，搭建了实时显示高风险移动源状态信息、国家和各省数据共享共通的在线监管平台，以信息化手段有力防范放射源事故发生。推进第二次全国污染源普查伴生放射性矿普查，完成了山西、贵州、湖南、四川四省八市伴生放射性矿普查试点以及各省全部初测和详查工作，形成超出1Bq/g的伴生放射性矿开发利用企业名录。规范放射性物品运输管理，完善放射性物品运输程序制度，推动乏燃料公海铁联运运输体系建设，优化乏燃料运输容器等审批许可，确保了运输活动合规开展，提升了运输安全水平。加快放射性废物安全管理法规标准制修订，发布《低、中水平放射性固体废物近地表处置安全规定》（GB9132）等5项国家标准。加强乏燃料后处理安全准则和排放要求研究等技术准备工作，开展风险分析和隐患排查，加强现场监督检查，有力保障了后处理设施运行安全。强化电磁辐射环境监管，制修订电磁辐射环境标准5项，努力提升电磁模式预测有效性验证及独立校核能力。2018年全年放射源辐射事故发生率持续降低，全国辐射环境水平保持在天然本底涨落范围内。

持续优化核安全设备和特种人员监管。严格开展了核安全设备监管，组织编制民用核安全设备监造管理要求和执法手册，完善许可动态管理机制，加强事中事后监管。开展进口核安全设备专项排查、核级泵持证单位专项检查，严肃处理违规问题。2018年全年共审批113项国内单位和23项境外单位许可申请事项，审批口岸报检、开箱文件438批。完善人员资质与培训管理，修订无损检验人员、焊接人员管理规定，制定《民用核设施操纵人员执照管理办法》，优化特种人员资格管理。2018年全年共批准1399人操纵人员执照申请、2437项次无损检验人员资格申请、8094项次焊接人员资格申请、545人注册核安全工程师注册申请。

加快推进核与辐射安全监管能力建设。国家核与辐射安全监管技术研发基地一期工程初步建成，新建大气辐射环境监测自动站96个，在建110个，国控网大气辐射环境监测自动站实时数据获取率稳定在98%以上，为建成全面覆盖、要素齐全、数据精准、运转高效的国控网络打下了坚实基础。强化核设施监督性监测，完成海阳、三门核电厂等监督性监测系统最终验收。强化应急体系和能力建设，督导各核电集团推进应急支援能力建设，指导监督站组织6省辐射事故综合应急演习，省级辐射事故应急演习实现全覆盖，提高了应急演习实战化水平。

夯实核与辐射安全基础保障。一是加强精神文化建设，总结提炼并大力弘扬“核安全事业高于一切、核安全责任重于泰山、严慎细实规范监管、团结协作不断进取”的核安全精神，为核与辐射安全监管队伍确立了思想标尺和价值准则，提高了监管队伍的凝聚力、执行力和战斗力。二是加强公众沟通，组织制修订《核与辐射安全监管信息公开方案》，组织开展“4·15”全民国家安全教育日、“6·5”环境日等活动，指导《中国环境报》刊发核与辐射安全专版43期，加强核安全科普宣传，及时回应社会关切。三是加强核安全文化建设，着力健全核安全文化培育机制，分领域推进行业核安全文化建设，将核安全文化融入日常监督检查。发挥核能行业协会的作用，开展核电领域核安全文化同行评估，推动企业将核安全文化融入生产、经营、科研和管理的全过程。

3.3 核安保

核安保是指防止、侦查和应对涉及核材料和其他放射性物质或相关设施的偷窃、蓄意破坏、未经授权的接触、非法转让或其他恶意行为。核安保工作事关国家安全，十分重要。

国防科工局在北京召开 2018 年全国核安保工作会。会议总结分析了当前我国的核安保现状及面临的形势，对下一步工作进行了部署。一是从总体国家安全观的角度，深刻领会核安保工作的重要性；二是完善核领域法律体系建设，推动核安保工作法制化规范化发展；三是加强自主创新，提升核安保能力；四是培育核安保文化，提升我国核安保软实力。

成功举办“风暴 –2018”核安保综合演练。为贯彻落实习近平主席全球核安全峰会讲话精神，推进核安保演练实战化、制度化、规范化，切实提升我国核安保突发事件应对能力和水平，我国首次举办了实兵对抗与桌面推演相结合的综合演练，为核安保演练的实战化、规范化、制度化发展打下了良好基础。

3.4 核应急

核应急是为了控制核事故、缓解核事故、减轻核事故后果，保护公众、工作人员和环境，而采取的不同于正常秩序和正常工作程序的紧急行为，是各方协同、统一开展的应急行动。核应急关系重大、涉及全局，对于保护公众、保护工作人员、保护环境、保障社会稳定、维护国家安全具有重要意义。

完善核应急预案体系建设。在 2017 年核应急预案摸底调查的基础上，加强了对全国各级核应急组织核应急预案制修订情况的监督指导和备案工作，完善了核应急预案管理数据库建设，实现了预案动态化管理。国家批复了浙江三澳核电项目一期工程、海南昌江核电厂 3~4 号机组、辽宁徐大堡核电厂池式供热堆示范工程等厂址区域核应急方案，以及大亚湾核电基地乏燃料、尼日利亚高浓铀微堆乏燃料等公路运输应急预案；组织开展了浙江秦山核电基地场外应急预案专家审查。

加强核应急演习工作。印发全国2018年核应急演习计划并加强统筹指导，全国各级各单位共开展演习55次。编制了《省级核应急场内外联合演习规范》，中核清原公司开展乏燃料运输事故应急演练，广东省完成第十次核事故应急演习暨阳江核电站场内外联合演习评估。作为举办国，与国际原子能机构响应中心联合举办了ConvEx-2e国家公约二级双边演习。

积极促进核应急技术研究工作。针对当前急需，促成了国外核应急管理和技术体系研究、核应急标准体系研究等技术基础科研项目立项。开展了海洋核动力平台、跨区域应急、内陆核电站应急等核应急基础研究，提出核应急管理工作要求。落实了高分、北斗卫星等先进技术手段在核应急工作中应用。中国辐射防护研究院、西南科技大学联合开展了核能开发科研项目的研究，开展了核应急智能机器人、海洋辐射监测技术研究等项目的研究。

推动中国核应急救援队建设。继续按照“五个一流”（设计、设备、标准、效果、纪律）的要求推动项目建设。面临军队改革、核集团合并等现实困难，组织协调了5家建设单位开展建设工作，按计划完成节点有关工作。

（七）核能国际合作

2018年，是我国改革开放40周年。博鳌亚洲论坛、上海合作组织成员国元首理事会、新一届中非合作论坛、首届中国国际进口博览会四大主场外交活动举世瞩目；“一带一路”建设，构建人类命运共同体得到越来越多国家的认同和参与。

中国核工业的发展成长一直紧密伴随着我国改革开放的历史进程。新时代，中国正在推动更高水平的对外开放，促进开放型世界经济的构建，给中国企业走向世界带来了重大战略机遇。中国核工业秉持开放合作、互利共赢的基本原则，克服贸易保护主义抬头的影响，在产业链合作、核科技创新、铀资源贸易开发、核安全等领域取得了新的突破。

1. 核电国际合作

1.1 加大国内核电市场开放力度

中国核电市场的大门始终对外敞开，与俄罗斯、法国等世界核能先进国家的国际合作贯穿着我国核电发展的历史进程，大亚湾 1~2 号机组、岭澳 1~2 号机组和田湾 1~4 号机组都是我国核电市场对外开放合作的重要标志。

2018 年，在坚持“互利共赢”合作原则的基础上，我国核电市场的对外开放又取得了重大成果。6 月 8 日，在两国元首见证下，中俄双方签署了田湾 7~8 号、徐大堡新厂址、示范快堆等一揽子合作政府和企业间共 7 份文件，项目金额超过 200 亿元人民币，总造价超千亿元人民币。根据合同约定，中俄将在田湾和徐大堡厂址合作建设 4 台 VVER-1200 型三代核电机组，双方将在中国示范快堆项目中开展设备供货和技术服务合作。一揽子协议的签订标志着中俄核能合作达到历史新高度，两国务实合作的科技含量和水平有效提升，两国利益进一步深化融合。

1.2 海外在建核电项目顺利推进

（1）巴基斯坦 K2 项目

2018 年 4 月 24 日，华龙一号海外首堆巴基斯坦卡拉奇 K2 机组反应堆厂房内层安全壳穹顶结构顺利封顶，实际工期比国内同类电站施工工期缩短约 12 天。4 月 26 日，K2 机组主管道冷热段焊接工作圆满完成。10 月 28 日，K2 机组预应力工程比计划提前 3 个月完成。

（2）巴基斯坦 K3 项目

2018 年 4 月 25 日，K3 机组核岛环吊环梁、环轨顺利吊装就位。8 月 23 日，K3 机组第三台蒸汽发生器成功吊装就位，三台蒸汽发生器吊装仅用时 6 天，创造了世界核电建造史的蒸汽发生器吊装最快纪录。9 月 5 日，K3 机组压力容器成功吊入反应堆厂房。9 月 29 日，K3 机组成功实现穹顶吊装。

（3）英国一揽子核电项目

中广核集团参股的欣克利角 C（HPC）项目建设总体按计划推进，合同采购总体处于收尾阶段；现场施工方面，12 月 4 日，完成了 1 号机组核岛筏基浇筑第一罐混凝土的里程碑计划。布拉德维尔 B（BRB）项目和塞斯维尔 C

（SZC）前期准备工作正在按计划推进。

（4）阿尔及利亚项目

阿尔及利亚 B-1、B-2 项目相继完成 101 子项电仪设备安装、数字化控制系统（DCS）安装、屏蔽冷却系统冷却套管安装、靶件智能转运装置安装等关键节点，为全面系统调试工作赢取了时间。

1.3 海外核电市场开发取得积极进展

加大了华龙一号海外市场开拓力度。中核集团与巴基斯坦新签署 1 台百万千瓦核电机组合同——巴基斯坦 C5 项目，标志着华龙一号再次落地海外；阿根廷压水堆项目完成 9 轮合同谈判，基本具备签署条件；约旦华龙一号项目已签署合作框架协议。华龙一号在英国的通用设计审查（GDA）正式进入第三阶段，预计 5 年左右完成全部审查，将为后续正式部署布拉德维尔 B 项目奠定坚实基础。

新堆型为核电国际市场注入了新动力。国家电投通过高层推动、双边互访等方式，积极在土耳其、南非等市场重点推介具有自主知识产权的我国三代核电品牌——国和一号（CAP1400）。中核集团加大了高温气冷堆出口推动力度，约旦高温气冷堆项目签署合作框架协议，获得约旦政府全力支持；沙特阿拉伯、阿联酋等国家的高温气冷堆合作协议得到落实；印尼高温气冷实验堆项目取得积极进展。

推动海外示范项目落地。针对有核技术研发应用需求的国家加强了核研究中心建设，促进了示范效应的形成。阿尔及利亚 B-3 项目除合同价款外的主合同条款及技术附件达成一致；塔吉克斯坦核研究中心合作协议取得进展。泰国微堆项目于 2018 年 7 月完成初步设计报告、第一次工程设计报告，均获泰方认可。

2. 产业链国际合作

2.1 对欧产业链合作取得新进展

中核集团与德国、法国等国家放射性废物管理机构续签合作备忘录，加强了高放废物地质处置领域的国际合作；与法国欧亚诺集团签署商用后处理大厂项目小合同，2019 年将力争尽早签署商务合同。中广核集团与英国罗尔斯－罗伊斯公司和英国铀浓缩公司（URENCO）在仪控和浓缩铀供应领域的合作有序推进。进博会期间，中广核旗下相关公司分别与法马通、英国傲创、法国斯蒙克斯等公司签署项目合同及合作协议，涉及智能及高端装备以及新兴技术等。

2.2 核电装备出海取得新突破

我国核电装备企业，以海外核电项目为依托，积极推动高端核电装备“走出去”，不断提升中国制造的国际影响力。

巴基斯坦华龙一号全球首堆装备供货顺利推进。哈电集团承制的卡拉奇K3项目蒸汽发生器于2018年4月1日完成制造并已交付现场，11月19日卡拉奇K2项目稳压器成功发运，反应堆主冷却剂泵正进行出厂试验和清理包装。西仪公司为卡拉奇K2、K3项目生产的最后一批辐射监测系统设备发货。核动力院完成卡拉奇K2项目堆芯冷却监测系统（CCMS）功能性能试验。

海外核电装备出口能力在国际合作中不断夯实。我国核电装备企业积极扩展与法国法马通、美国西屋、韩国斗山、西班牙恩萨等国际知名核电企业在核电设备方面的国际产能合作，实现优势互补。上海电气核电设备有限公司承接法国法马通公司分包的南非KOEBERG项目6台蒸汽发生器，标志着我国首次实现核岛主设备的完全商业化出口。在HPC项目上，共计21家中国企业通过资格预审，还有25家企业正在资格审查中，12家企业获得HPC合同或者分包合同。中英法企业共计签署约10份合作备忘录或框架合作协议。其中，东方电气分别同法马通公司和美国GE公司签订了英国欣克利角C核电项目核岛设备与常规岛设备采购订单，将为英国欣克利角C核电项目提供核岛设备重型支撑及两台汽轮机的低压外缸。中核控制研发的非安全级DCS产品NicSys 2000出口阿尔及利亚，应用于B1、B2改造项目。

借助专业领域国际展会积极推介核电技术和装备。3月，中核集团、中广核集团、国家电投集团等核工业企业携华龙一号、高温气冷堆、泳池式低温供热堆、和睦系统等多项核科技创新成果参展第十五届中国国际核工业展，受到各方关注。6月，中国核工业企业在法国世界核能博览会展示了华龙一号、数字化仪控系统、核电机器人等重大科技产品，吸引了来自世界各国核电领域专业人员的关注。

核电技术服务领域不断扩大。中国核电工程公司于2018年4月中标英国欣克利角核电站废气排放设备总承包项目。中辐院顺利完成巴基斯坦K2、K3项目通风系统HEPA过滤器和碘吸附器验收试验技术服务合同，恰希玛核电站废物焚烧项目合同顺利推进，新签K2、K3项目环境事故后果评价及堆芯损伤评价软件订货合同。

2.3 海外铀矿资源投资合作取得新进展

2018年以来，国际市场天然铀价格处于“筑底”阶段，已低于近70%铀矿企业的生产成本，海外优质铀资源投资面临良好的战略机遇。我国铀资源开发发挥两种资源、两个市场的作用，积极推进铀资源海外开发及铀贸易。

积极谋划海外优质铀资源布局。中广核集团在中亚、北美、大洋洲、非洲等全球富铀地区完成了资源布局，截至2018年12月，已在海外控制铀资源量超过30万吨，2018年中广核海外在产项目设计产能6700吨铀/年，实际产量超过3900吨。中国铀业加强与纳米比亚、澳大利亚、加拿大、哈萨克斯坦优质项目洽谈合作，统筹罗辛、LH、欢乐谷项目，重点推进罗辛项目并购。2018年11月26日中国铀业与力拓公司正式签署罗辛项目股权收购协议，以较好的条件获取了新的优质铀资源和产能。成功交割后，中核集团掌控的海外铀资源将由7.13万吨增加到26.33万吨，控制产能由850吨铀/年增加至近4700吨铀/年，实现重大突破。

积极拓展铀矿勘查海外市场。深化与沙特合作，完成沙特Ghuthayra地区音频大地电磁（AMT）测量项目野外数据采集任务；沙特铀钍资源调查评价项目保质、保量全面完成了7万米钻探任务以及合同规定的各项野外工作量，圈定了多处靶区，有望落实铀、钍、铌、钽、稀土大型矿床；沙特海水提铀项目按计划实施，铀矿加工实验室项目、国家数据库项目等取得积极进展。中国铀业与约旦原子能委员会、约旦铀业公司实现了互访，双方签署了铀资源开发合作谅解备忘录。进一步加强了与俄罗斯、澳大利亚等国家在铀矿勘查技术领域的国际合作交流。

铀资源贸易行业再添新军。国家电投集团下属国核铀业取得开展天然铀进口所需的全部资质，结合自身需求制定了天然铀采购策略和计划，并与国际上的天然铀生产、销售企业建立了广泛的联系，建成了稳定的供应渠道，未来将通过与国际天然铀供应商签订中长期协议及现货合同的方式保障集团核电项目所需的天然铀。

3. 核科技创新国际合作

先进核能技术国际协同创新结出新硕果。2018 年，核西物院承担制造的国际热核聚变实验堆磁体支撑首批产品在贵州遵义正式交付，全球首台国际热核聚变实验堆真空室内部件热氦检漏设备通过验收。中法联合研制的硬 X 射线成像系统在中国环流器二号 A（HL-2A）装置上投入实验运行并首次获得结果，该诊断系统为国内首套先进的超热电子成像诊断系统，对于未来聚变燃烧等离子体中的高能电子行为研究、电流剖面控制和长脉冲运行等具有重要意义。8 月 9 日，由中广核工程有限公司牵头的国际热核聚变实验反应堆核级压力容器蒸汽冷凝罐（VST）设计供货项目完成最终产权交接。第四代核能技术国际合作继续深入，中国核能行业协会组织的国际铅基快堆技术发展研讨会、GIF 方法学培训研讨会顺利召开。

核科技创新国际科技合作持续推进。沙特铀钍资源调查评价项目第三次成果交流研讨会、中俄铀矿床类型和勘查方法对比研讨会等学术交流会相继召开。中国铀业受 IAEA 委托承办“原地浸出实例国际研讨会（从勘探到关闭）”，圆满完成巴基斯坦原地浸出采铀在职培训项目。中核环保承办中国—经合组织核能署核设施退役与放射性废物管理国际论坛，与英国国际贸易部共同召开“中英核环保技术交流会”和“中英核设施退役研讨会”，与意大利安萨尔多核电公司、法国纽维亚公司等企业在退役治理领域的互换项目合作持续推进。

积极争取国际核行业标准话语权。核工业标准化所代表中国承担国际标准化组织核能、核技术及辐射防护标准化技术委员会反应堆分委员会（ISO/TC85/SC6）秘书处的具体工作。核动力院牵头制定的《压水堆核电厂一回路系统主设备及管道保温层设计规范》，中核运行牵头制定的《核电厂冰塞冷冻隔离技术导则》和《红外光谱法测量重水浓度》三项核电国际标准在国际标准化组织（ISO）成功立项。上海核工院《核电厂－安全重要仪表和控制系统－地震停堆系统推荐性设计准则》成功在 IEC（国际电工委员会）立项。

核科技创新国际合作网络持续扩大。中核集团与中国国家原子能机构，大不列颠及北爱尔兰联合王国商务、能源与产业战略部在伦敦签署通过中英联合研发与创新中心开展民用核研发合作谅解备忘录。中核集团相继与俄罗斯杜布纳联合原子能研究所、加拿大国家核实验室签署合作备忘录，深化与法国 EDF 的核科技创新合作，继续推动中加先进重水堆研发、中比 MOX 核燃料研发、中欧放射性废物处置等技术和项目合作。IAEA 核与辐射应急准备与响应能力建设中心正式落地中辐院。

积极参与国际组织会议，提升国际影响力。中核集团参加 WANO 东京中心理事会会议，WANO 上海中心阶段方案获得理事会通过，上海中心建设获得各方高度认同和支持。中国核电接受 WANO 对公司进行的首次重点领域评估，获得了评估组的良好评价。由中辐院牵头的国际原子能机构第四个核与辐射应急准备与响应能力建设中心落户中国。中广核集团先后出席 WANO（世界核运营者协会）巴黎中心第 73 届、第 74 届理事会，在英国伦敦出席 WNA（世界核协会）主办的 2018 年度世界核能大会，并与 WNA 理事、主要核燃料供应商进行会谈。上海核工程研究设计院在 2018 年 3 月和 8 月先后承办了 IAEA 加强核电厂安全、运行和寿期服务能力地区研讨会，及先进核电厂建设管理的挑战和机遇技术会议，同时作为 ASME 锅炉和压力容器标准第三卷委员会中国国际工作组的主席单位，牵头组织 ASME BPV III 中国国际工作组会议。

行业质量管理成果摘取国际奖项。江苏核电申报的《降低 1/2 号机组烟囱取样装置故障率》《缩短核电站核级电缆采购周期》，海南核电申报的《减少 DEH 与 DCS 通讯故障次数》《降低 JDT 消防系统报警次数》等四项 QC 成果获 2018 年国际质量管理小组大会金奖。

4．核安全国际合作

不断拓展核安全国际合作广度。参加《乏燃料管理安全与放射性废物管理安全联合公约》缔约方第六次审议大会，圆满完成履约任务，7 项良好业绩获得国际社会充分肯定。落实习近平主席“推广国家核电安全监管体系”“实施加强放射源安全行动计划”倡议要求，主办亚欧会议第五届核能安全研讨会，在中美核安全对话等重要机制中发挥积极作用，推进核电厂多国设计评价机制（MDEP）“华龙一号”工作组工作，全面宣传“华龙一号”设计建造和审评监督经验，通过了多份共同立场和技术报告。加强与阿联酋、巴基斯坦、越南等“一带一路”国家的核安全合作，稳步推进与美、俄、法等核电发达国家合作，与16个“一带一路”国家签订合作协议18份。

践行大国承诺，中国支持尼日利亚微堆低浓化改造。2018年6月，中国和尼日利亚政府签署了《关于从尼日利亚共和国返回中国制造的高浓铀微中子源反应堆材料到中华人民共和国的谅解备忘录》。8月，国际原子能机构、尼日利亚及中国政府签订《国际原子能机构、尼日利亚共和国政府和中华人民共和国政府关于在保证研究堆低浓铀供应方面提供援助的协定》。在国家原子能机构等有关部委的支持与领导下，10月20日，中核集团顺利向尼日利亚出口低浓铀新燃料；11月27日，使用低浓铀燃料的尼日利亚微堆达到满功率运行。在实施尼日利亚微堆低浓化项目期间，中国国家原子能机构、外交部、生态环境部、公安部、商务部、海关总署等国家有关部委和地方相关部门，国际原子能机构、美国、俄罗斯、捷克、英国、挪威等给予了大力支持。

大力促进国际合作，核安保示范中心的国际影响力不断提高。2018年中国积极开拓了与欧盟、日韩等亚太地区周边国家的合作。全年举办国际核安保培训研讨活动10次，来自41个国家的312名国外学员参加了培训；接待外宾访问20余批近550人次；首次获颁国际上有一定影响力的NTI“核安保知识传播与经验推广突出贡献”奖。同时，加强核安保课程开发，全年新开发核安保培训教材12种；组织开展各类国内核安保培训及技术交流活动50余次，培训学员约1100人次，接待国内来访130批约1900人次。

拓展核应急国家交流与合作。中国国家原子能机构和巴基斯坦原子能委员会于2018年10月25日在北京共同签署《中国国家原子能机构和巴基斯坦原子能委员会关于在核应急管理系统与应急准备和响应领域开展合作的谅解备忘录》，中巴核应急合作取得标志性成果。2018年10月在我国举办“打击核恐怖主义全球倡议公共事件应急响应和准备研讨会”，参加“打击核恐怖主义全球倡议核应急研讨会暨桌面推演”，以及“2018 年度执行与评估小组会议”。

三 形势与展望

党的十九大报告关于加快生态文明体制改革、建设美丽中国等一系列阐述，彰显了以习近平同志为核心的党中央对于人类文明发展规律、经济社会发展规律的最新认识，提出了必须树立社会主义生态文明观，践行绿水青山就是金山银山的理念，推动能源生产和消费革命，构建清洁低碳、安全高效的现代能源体系。核能作为我国现代能源体系的重要组成部分，在助力生态文明建设、推动可持续发展、确保国家能源安全、实现我国能源转型、提升经济发展质量效益、提升中国在全球能源治理中的话语权、兑现大国承诺等方面具有重要的作用与地位。

（一）我国清洁能源产业稳步壮大，核能在能源转型中的作用不断提高

随着国际社会对保障能源安全、保护生态环境、应对气候变化等发展问题的日益重视，加快能源的清洁化、低碳化发展，已成为世界各国的普遍共识和一致行动。认真贯彻党的十九大精神，加快能源转型和结构调整，扩大清洁能源开发利用，推动绿色发展，已成为我国新时代能源革命的重要任务。

中国已经成为全球第一大能源生产国和消费国，也是当前乃至未来全球能源清洁化、低碳化转型的最大贡献者。2017 年，中国在可再生能源方面的投资总额达 1260 亿美元左右，占全球绿色能源投资的 45%。截至 2018 年年底，中国大陆全口径发电装机容量 19 亿千瓦，其中非化石能源发电装机占比提高到 40.8%。2018 年，全国新增发电装机容量达 1.2 亿千瓦，其中新增非化石能源发电装机占比为 73%。

核电作为清洁能源发电中的重要一员，在我国能源转型中地位不断提高。2018 年我国核电发电量为 2865.11 亿千瓦时，约占全国累计发电量的 4.22%，

比 2017 年上升了 15.78%，在非化石能源发电量中的占比达到 15.83%。考虑到风电、光伏发电等可再生能源的间歇性、波动性，核电在维持电力系统安全稳定、加强能源多元化保障方面也发挥着重要作用。

“十三五”时期是我国实现碳排放达峰目标的关键期。根据《能源生产和消费革命战略（2016–2030）》，到 2020 年我国单位国内生产总值二氧化碳排放比 2015 年将下降 18%，非化石能源占一次能源消费的比重将达到 15%；到 2030 年单位国内生产总值二氧化碳排放比 2005 年将下降 60%~65%，非化石能源占一次能源消费比重将达到 20% 左右，二氧化碳排放将在 2030 年前后达到峰值并争取尽早达峰。核能在推进我国能源结构向清洁低碳转型、努力实现上述目标方面将发挥不可或缺的作用。

（二）我国电力需求仍将不断增长，核电仍有很大发展空间

今后十余年是我国现代化建设承上启下、全面实现建成小康社会和现代化目标的关键阶段。一方面，我国经济总量将持续扩大，人均能源消费水平将不断提高，继续工业化、新型城镇化、“一带一路”建设、京津冀协同发展、长江经济带发展等对能源保障提出了更高的要求，能源刚性需求将长期存在。另一方面，我国经济发展进入新常态，经济结构不断优化，新旧增长动力加快转换，粗放式能源消费将发生根本转变，我国能源发展将进入从总量扩张向提质增效转变、由传统化石能源向非化石清洁能源转型的新阶段，加快推进能源革命将是我国的一项长期战略任务。

清洁替代和电能替代是能源变革的必由之路。随着工业、建筑、交通等各部门的电气化、自动化、智能化发展，清洁电力的优势将逐步显现，电能在终端用能结构中的占比将持续提升。根据相关研究，电能在终端用能结构中的占比将从 2015 年的 21% 提高至 2035 年的 32%~38%，2050 年有望增至 47% 左右。到 2035 年，全社会用电量预期目标为 11.4 万亿千瓦时，其中非化石能源发电在总发电量中的比重将由目前的 26.65% 提高到 50%。

核电具有清洁低碳、能量密度大、换料周期长、高负荷因子、供给可靠性高等特点，在“两个替代”和能源生产与消费革命的转型中具有突出优势。

作为目前唯一可以大规模替代化石能源的稳定低碳能源，核电将与风电、光伏发电等清洁能源形成互为补充、协同发展的局面。

（三）核电消纳有待继续保障，进一步开放竞争的电力市场对核电提出了新的要求

核电带基本负荷实现安全保障性消纳，有利于最大限度地发挥核电环保减排的优势，促进清洁能源利用。近年来，包括核电在内的清洁能源消纳问题受到国家高度重视。国家发展改革委、国家能源局先后印发了《保障核电安全消纳暂行办法》《清洁能源消纳行动计划（2018–2020年）》。在一系列措施推动下，2018年我国核电设备平均利用小时数为7498.96小时，设备平均利用率为85.60%，均实现两年连续增长。但与《清洁能源消纳行动计划（2018–2020年）》提出的“2019年核电基本实现安全保障性消纳、2020年核电实现安全保障性消纳”的要求相比，部分省区还要付出更大的努力。

2015年新一轮电力体制改革以来，我国电力市场化改革逐步加快，在增量配电改革、电力现货市场建设、交易机构股份制改革等方面都取得了积极进展。2018年全年市场化电量达到2.1万亿千瓦时，占全社会用电量的比例达30%，比上年提高4个百分点。随着改革推进，市场化因素将在电力系统中占据更重要的地位，核电参与市场化交易的进程也将加快。依据《关于有序放开发用电计划的实施意见》，国家鼓励核电参与电力市场竞争和开展辅助服务交易，核电上网电价将面临更为直接的市场竞争。在争取落实国家保障核电安全消纳政策、保障核电上网电量的同时，核电企业需要加快适应进一步开放竞争的电力市场的新要求，从技术改造更新、降低造价、提高安全运行能力等各方面积极采取应对措施。

（四）三代核电的批量化、规模化建设，将推动核电经济性持续提升

2018年，我国首批三代核电项目（三门核电、海阳核电、台山核电）陆续建成并投入商运，其中三门核电1号机组、台山核电1号机组分别是

AP1000全球首堆和EPR全球首堆。为了满足更高的安全标准和60年设计寿命的要求，三代核电采用了更高性能的设备、材料和更高安全水平的系统设计，同时由于首堆工程的一系列技术引进费用、研发费用以及工程建设中的设计变更、工期延误等因素，工程费用大幅增加，三代核电首批依托项目单位造价明显高于二代改进型核电。

随着三代核电首批项目建成，系统设计、关键设备制造、施工建造、调试等各阶段的技术、工艺流程均得到验证和固化，后续三代核电的关键设备国产化、标准化具备了良好的基础；同时国内外6台“华龙一号”机组工程建设经验持续反馈，后续工程设计不断优化，近期批量化建设的三代核电项目造价可大幅降低，远期规模化建设的三代核电项目在单位造价和上网电价上能够逐步接近二代改进型核电的水平。

（五）自主掌握核心技术对我国更为关键，核能发展仍需大力投入和协同创新

与发达国家相比，我国核电发展起步较晚，但通过自主创新和引进、消化、吸收、再创新，较快地掌握了世界先进核电技术。自主三代华龙一号、国和一号的研发成功，标志着我国在由“二代技术”向“三代技术”的跨越中取得了重大进展。与此同时，我国高温气冷堆示范工程已进入全面安装阶段，预计2020年投入运行；快堆示范工程已开工建设；小型模块化反应堆、四代反应堆和聚变堆研发都取得了重要进展。我国核电自主创新能力迈上了新台阶，但是我国核电科技创新能力还不能满足全面自主发展的要求。与核电强国相比，核级泵阀、数字化仪控系统、关键零部件和基础材料等核心技术依然存在短板，受制于人的局面尚未得到根本改变；在先进核能系统的研发上，多为跟随模仿，原始性、前瞻性创新少。当前，国际上贸易保护主义抬头，美国能源部发布《美中民用核合作政策框架》，调整了对我国技术出口、设备和部件出口、材料出口的政策。全球经济与贸易环境发生的剧烈变化，将给我国核电国际合作带来新的挑战。

习近平总书记指出：“核心技术是国之重器，最关键最核心的技术要立足

自主创新、自立自强。市场换不来核心技术，有钱也买不来核心技术，必须靠自己研发、自己发展。”核能技术政治敏感性强，核领域关键核心技术是要不来、买不来、换不来的。世界核能技术在持续快速发展，在核能技术水平上我国仍有待进一步提高。我国应发挥后发优势，瞄准世界核能科技前沿，加大投入，通力合作，加强创新体系建设，强化基础研究，突出关键技术、核心技术的自主创新，为实现核电强国的目标提供有力支撑。

（六）核能全产业链稳步发展，但部分环节亟须加快推进

经过 30 多年的发展，我国已成为拥有自主三代核电技术并形成全产业链比较优势的国家。在核燃料供应方面，我国核燃料产能已跻身世界第一阵营，可以满足国内核电和核电“走出去”对各种型号燃料的需求；在核电装备制造方面，形成了每年新开工建设 8~10 台核电机组的主设备制造能力，百万千瓦级三代核电机组关键设备和材料的国产化率已达 85% 以上；在核电工程建设方面，全面掌握了压水堆等多种堆型的核电建造技术，具备同时开工 30 台核电机组的建设能力。过去的一年，在核电发展的带动下，我国核能全产业链继续保持稳步发展。但受国内外市场环境的影响，我国核燃料产业、核电装备制造、核电工程建设领域都面临许多挑战。其中，核燃料循环后段、放射性废物处置能力不足，亟须加快推进。

核燃料产业是高科技战略性产业，是核工业发展的基石，是核电发展的“粮仓”。经过 60 多年的发展，我国已经建立起只有少数几个国家才拥有的比较完整的核燃料循环体系，保障了核燃料的可靠供应。但是，随着核电的快速发展，乏燃料产生量、放射性废物产生量持续增加，对核燃料循环后段、放射性废物处置能力提升提出了新的更高的要求。党中央、国务院对乏燃料后处理、放射性废物处置高度重视，有关政府部门正在积极协调沟通，紧锣密鼓开展工作，加强规划和政策引导，推动重大项目实施；有关企业正在加强创新发展，协同发展，加快产业科技攻关，推进产业高水平发展，补齐产业链发展短板，努力实现核能产业全面、协调、可持续发展。

（七）核能与地方经济融合发展成为核能发展新常态，公众沟通与核科普宣传尤为重要

从北到南，我国已建成辽宁红沿河、山东海阳、山东荣成、江苏田湾、浙江海盐、浙江三门、福建宁德、福建福清、广东大亚湾、广东台山、广东阳江、海南昌江、广西防城港等13个核电基地。在核电厂所在的地区，核电不但成为地方经济的重要组成部分，为提升当地经济实力、推动经济高质量发展做出了突出贡献，并且拉动了当地科技、产业、社会、人文、旅游、商业与服务业等各方面的进步与发展，得到了当地社会公众的广泛认可和支持。这些核电基地与当地经济社会深度融合发展，已经成为共同创造共同繁荣、共同进步共享利益的命运共同体。

随着我国生态文明建设的深入推进，公众对于“绿水青山就是金山银山”的认识逐步增强。而福岛核事故导致公众对核电安全的疑虑有所增加，公众接受度日益成为核电发展必须面对的重要问题。因此，核电企业必须更加重视核安全，重视信息公开及与公众沟通，并积极承担社会责任，重视与地方经济的融合发展，以获得公众的理解和支持。实现与地方利益共享、融合发展，是今后核电发展的必然要求。如何结合周边发展规划与地方协同实现产业共融，如何保护当地公众切身利益，实现对群众利益的合理补偿，如何尽可能提供就业机会和服务让周边公众与核电发展共赢共享等，成为今后核电发展中必须妥善解决的问题。

融合发展与良好的公众沟通密不可分。核电作为一种高度复杂的现代科技，具有事故概率极低、但一旦发生事故危害巨大的特点。由于核知识的专业性和复杂性，公众对核电的安全性不易理解，容易产生疑虑和误解。基于此，核电的公众沟通必须首先在科普宣传上下功夫，提高社会公众对核安全的认知。同时，核电是国家作为建设美丽中国重要措施之一而发展的战略性产业，也希望在各级政府积极支持下，各方通力合作，不断提高公众沟通工作水平，建立起有利于核电发展的良好社会环境。

综合国际能源署（IEA）、中国工程院等机构的预测，我们判断：2030年

前，我国核电发电量将有望超过美国和其他国家；核电在我国发电量中的占比将从现在的 4.2% 上升到 2035 年的 10% 左右。我国核电发展的总趋势没有变化，核电仍然是我国能源清洁化、低碳化发展的理性、现实的选择。展望未来，核能必将在我国优化能源结构、保障能源供应安全，改善空气质量、助推美丽中国建设，优化电源布局、缓解能源输送压力，促进经济发展、带动科技进步等方面发挥更大的作用。

专题报告

Expert Reports

B.2
中国核电在改革开放中起步发展

郑玉辉　陈　荣*

摘　要：改革开放以来，我国核电经历了起步、适度发展、积极发展和安全高效发展四个阶段，从无到有，从小到大，已使我国跻身世界核电大国行列，实现了由“二代”向“三代”的技术跨越，建立了完整的核电产业链，积极开展国际合作与交流，具备了从“核电大国”向“核电强国”迈进的条件。

关键词：核电大国　技术跨越　全产业链　国际合作

我国核工业创建于1955年。改革开放前，主要为国防建设服务，成功研制了原子弹、氢弹、核潜艇，打破了核大国的垄断，为保障国家安全、提升我国国际地位做出了历史性贡献。党的十一届三中全会以来，我国对核工业

* 作者简介见文前《编写说明》。

实行战略调整，把工作重点转到为国民经济建设和人民生活服务上来，坚持安全发展、创新发展、融合发展，开创了核工业改革开放与核能和平利用的新局面，在核电领域也取得了举世瞩目的成就。

一　我国核电发展历程

1970 年 2 月 8 日，周恩来总理在听取上海市工作汇报时指出：从长远来看，要解决上海和华东地区用电问题，要靠核电。但是，由于历史原因，我国核电的实际起步是在改革开放后的 20 世纪 80 年代，迄今走过了起步、适度发展、积极发展和安全高效发展四个阶段。

起步阶段。1985 年 3 月 20 日我国自主设计建造的第一座 30 万千瓦压水堆核电站在浙江秦山开工建设，1991 年 12 月 15 日成功并网发电，结束了中国大陆无核电的历史，被誉为“国之光荣”。1987 年 8 月 7 日引进法国技术建设的广东大亚湾核电站开工建设，1994 年 5 月 6 日两台百万千瓦压水堆核电机组全部投入商业运行，开创了引进国外技术、利用外资建设大型商用核电站的新路子。实践证明，在核电起步阶段，以秦山一期和大亚湾核电站为代表的两条道路都取得了成功，为我国核电后续发展积累了十分宝贵的经验。

适度发展核电阶段。20 世纪 90 年代中后期，国家确立了“适度发展核电”的方针，国务院先后批准了浙江秦山二期、广东岭澳一期、浙江秦山三期和江苏田湾一期共 8 台核电机组的建设，把我国核电发展推上小批量建设的新台阶。其中，浙江秦山二期是在消化吸收法国 M310 技术基础上我国自主设计建造的 60 万千瓦压水堆核电站，广东岭澳一期采用了大亚湾核电站技术翻版加改进的方案，浙江秦山三期是引进加拿大技术的重水堆核电站，江苏田湾一期是引进俄罗斯技术的 VVER 压水堆核电站。

积极发展阶段。2005 年 10 月，根据中共中央关于“十一五”规划的建议，我国核电的发展方针由“适度发展”转变为“积极发展”。同年 12 月 15 日，广东岭澳二期核电站正式开工建设。2006 年 12 月，在继续建设二代改进型核电机组的同时，我国做出了引进世界先进第三代核电技术的决策，开启了三代核电自主化进程。通过公开招标，国家最终做出了引进美国西屋公司 AP1000 技术和进口法国 EPR 技术的决定，并开工建设 4 台 AP1000 机组（浙江三门一期 2 台、山东海阳一期 2 台）作为自主化依托项目，另建设 2 台 EPR 机组（广东台山核电站）。2007 年 3 月，国务院召开常务会议，审议并原则通过《核电中长期发展规划（2005–2020 年）》，确定了到 2020 年核电发展目标（建成 4000 万千瓦、在建 1800 万千瓦），这是我国首个核电中长期发展规划。在“积极发展核电”方针的指引下，我国 2005~2010 年新开工核电机组累计达到 30 台。

安全高效发展阶段。2010 年 10 月，中共中央在关于“十二五”规划的建议中提出了“在确保安全的基础上高效发展核电”的方针。2011 年 3 月 11 日，日本福岛核电站发生严重泄漏事故后，国务院常务会议决定：立即组织对中国核设施进行全面安全检查，切实加强对正在运行核设施的安全管理，同时对新上核电项目要严格审批，在核电安全规划批准之前不上新的核电项目。经过 9 个月的核安全大检查，2012 年 5 月国务院常务会议听取了安全大检查情况的汇报，认为：中国核设施选址对地震、洪水等外部事件进行了充分论证，对核电厂设计、制造、建设、运行各环节均进行了有效管理，总体质量受控。运行和在建核电厂能够满足中国核安全法规和国际原子能机构（IAEA）最新标准的要求，具备一定的严重事故预防与缓解能力，风险受控，安全有保障。检查中也发现个别核电厂防洪能力不足、严重事故预防与缓解规程不完善、对海啸风险评估能力不足等问题。2012 年 6 月，国家核安全局发布了《福岛核事故后核电厂改进行动通用技术要求》，分别对运行核电厂和在建核电厂提出了安全改进要求，各项改进行动顺利实施。同年 10 月 24 日，国务院常务会议审议并通过《核电安全规划（2011–2020 年）》和《核电中长期发展规划（2011–2020 年，调整）》，对当前和今后一个时期的核电建设做出部署，要求稳妥恢复正常建设，合理把握建设节奏，稳步有序推进。调整后的《核电中长期发展规划（2011–2020 年）》将发展目标调整为：到 2020 年，运行核电装机达到 5800 万千瓦，在建达到 3000 万千瓦左右。2011~2018 年我国新开工核电机组累计达到 16 台。

二 跻身世界核电大国行列

在党中央、国务院的正确领导下，经过30多年的不懈努力，我国核电从无到有，从小到大，快速发展，取得了累累硕果，已经使我国跻身世界核电大国行列。截至2018年12月31日，我国大陆在运核电机组44台，分布在浙江、广东、福建、江苏、辽宁、山东、广西、海南等沿海8个省区、13个核电基地，总装机容量4464万千瓦，仅次于美国、法国，位列世界第三。其中，AP1000自主化依托项目浙江三门1~2号机组、山东海阳1号机组、EPR首堆广东台山1号机组在2018年先后投入商业运行，是世界上首批投入运行的三代压水堆核电机组，是我国三代核电发展中的重大成果。

在广东、福建、浙江等东南沿海省份，核电在电力结构中的比重持续提升。2018年福建、海南、广东、辽宁和浙江省核能发电占比分别达到24.52%、21.68%、17.92%、14.68%和14.05%，均超过世界平均水平；广西为9.33%，已接近世界平均水平。

自1994年我国首台核电机组投入商业运行至2018年底，核能发电量已累计达19674.75亿千瓦时。与燃煤发电相比，核能发电相当于减少燃烧标准煤约6.02亿吨，减少二氧化碳排放16.10亿吨、二氧化硫排放约512.78万吨、氮氧化物排放约446.42万吨，相当于植树造林约6858万公顷。核电对我国优化能源结构、保障能源安全、减少温室气体排放发挥了重要作用。

我国核电机组始终保持安全稳定运行，从未发生国际核事件分级（INES）表中二级及以上的运行事件，与世界核电运营者协会（WANO）规定的性能指标对照，在全球400多台在运核电机组中，我国运行机组80%的指标优于中值水平，70%达到先进值，且整体安全指标逐年提升。

与此同时，我国还有13台核电机组正在建设中，装机容量1403万千瓦，已连续多年保持全球领先。在建项目的安全、质量得到有效控制，其中我国自主三代福清核电厂5、6号机组，防城港核电厂3、4号机组均顺利推进，成为世界上少有的按计划进度建设的项目。

三 实现了由“二代”向“三代”的技术跨越

创新是引领发展的第一动力，是我国核电实现跨越发展的战略支撑。与核发达国家相比，我国核电发展起步较晚，但在党中央创新驱动发展战略的指引下，通过自主创新和引进、消化、吸收、再创新，我国较快地掌握了世界先进核电技术，成功地实现了由“二代”向“三代”的技术跨越。

20 世纪 80 年代，我国引进法国 M310 技术成功建设了大亚湾核电站。在积极学习国外技术、消化吸收再创新的基础上，我们按照更高安全要求对 M310 技术持续进行了技术改进。中广核集团和中核集团分别研发成功 CPR1000、CP1000 二代改进型堆型，并实现了批量化建设。在我国正在运行的核电机组中绝大多数采用的是这种堆型，为我国核电的快速发展做出了重要贡献。

日本福岛核事故后，中核集团和中广核集团又充分借鉴国际三代核电技术先进理念，汲取福岛核事故的教训，在自主研发的 ACP1000 和 ACPR1000 机型的基础上，研发出满足当今国际最高安全标准的“华龙一号”技术，目前已在福建福清、广西防城港和巴基斯坦开工建设，工程进展顺利。

2006 年，我国做出从美国西屋公司引进 AP1000 技术，建设我国第三代核电站的决策。此后，又将“大型先进压水堆和高温气冷堆核电站”列入国家科技重大专项，充分发挥我国集中力量办大事的优势和市场机制的作用，广泛吸纳国内各方面优势力量开展核电设计、设备制造、材料研制、工程技术等关键问题攻关。在国家科技重大专项的支持和带动下，我国全面掌握了三代非能动核电技术，自主攻克了具有四代安全特征的高温气冷堆技术，自主创新能力得到显著提升。其中，作为国家重大科技专项支持的高温气冷堆核电站示范工程已在山东石岛湾开工建设；通过对 AP1000 技术的引进、消化、吸收和再创新，已完成自主三代 CAP1400 型号研发、工程设计和安全评审，具备了开工建设条件。

以“华龙一号”开工建设和 CAP1400 研发成功为标志，我国已成为世界上少数几个拥有独立自主三代核电技术的国家。就在建规模和发展前景而言，我国已成为全球三代核电发展的中心。未来20~30年，自主三代核电在我国将成为核电发展的主力堆型，在国外也有着较为广阔的市场空间，为我国从“核电大国”向“核电强国”迈进奠定了坚实基础。

与此同时，我国按照“压水堆—快堆—聚变堆”三步走战略，从1987年起将快堆技术纳入了国家“863”计划。2009年中国实验快堆实现首次临界，2010年实现并网发电，标志着我国在三步走发展战略中的关键第二步上取得突破性进展。2017年12月29日，国家重大核能科技专项中国示范快堆工程在福建霞浦开工建设。

小型反应堆技术研发也取得积极进展。国家发改委已批复将海上核动力平台纳入能源科技创新“十三五”规划，并同意中船重工和中广核开展示范工程实验堆建设。陆上多用途小堆——中核的ACP100、国家电投的CAP150/200，海上小堆——中广核的ACPR50S，均入选了IAEA小堆创新发展路线图。低温供热堆方面，中广核与清华大学正在积极推进NRH200-Ⅱ的工程应用，中核集团启动了“燕龙”低温供热堆“演示验证—示范工程—商业推广”三步走战略，2018年已完成初步设计。

我国还积极参加了国际热核聚变试验反应堆（ITER）研究，以及第四代核能系统国际论坛（GIF）国际合作框架，承担了ITER采购包有关设备和部件制造任务，参与了超高温气冷堆（VHTR）、钠冷快堆（SFR）、超临界水堆（SCWR）、铅冷快堆（LFR）和熔盐堆（MSR）等先进堆型的相关活动，并在国内积极开展钍基熔盐堆、铅基快堆等四代堆的研发工作，取得了重要进展。

四　建立了完整的核电产业链

经过30余年不间断发展，我国不仅成为世界核电大国，实现了由“二代”向“三代”的技术跨越，而且在核电的带动下，建立了完整的核电产业链。

在核燃料供应方面。我国已经建立了国内生产、海外开发、国际贸易、战略储备“四位一体”的天然铀保障体系，国内北方可地浸砂岩盆地的铀矿地质勘查工作不断取得突破，新发现探明一批大型和特大型铀矿床。天然铀产业转型升级步伐进一步加快，新疆伊犁首个千吨级绿色铀矿山基地已经正式投产。我国铀纯化转化、铀浓缩、压水堆核燃料组件产能大幅提升，核燃料组件的制造能力从2008年的年产400吨（铀）提高到2018年的1400吨（铀），其中AFA3G组件达到1000吨（铀）/年、AP1000组件达400吨（铀）/年、重水堆元件达200吨（铀）/年、高温气冷堆元件达30万个球/年，正在国外建设200吨（铀）/年压水堆元件生产线，核燃料产能已跻身世界第一阵营，完全可以满足国内核电和核电“走出去”对各种型号燃料的需求。与此同时，我国核燃料循环自主创新能力持续提升。由中核集团自主研发、具有完全自主知识产权的我国新一代铀浓缩离心机大型商用示范工程通过国家竣工验收；全球首条高温气冷堆核燃料生产线实现规模化生产；采用N36包壳材料的CF3自主燃料组件研发已进入工程化应用阶段，STEP-12系列先导组件实现入堆考验，CAP系列燃料组件加快研制；乏燃料后处理中试厂热调试取得圆满成功，200吨乏燃料后处理示范工程已经开工建设。

在装备制造方面。通过消化吸收国外先进技术，大力推进自主创新，我国核电关键设备和材料国产化取得重大突破，掌握了核岛和常规岛关键设备设计、制造核心技术，发展壮大了一批为核电配套的装备和零部件生产企业。目前，我国已形成以中国一重、中国二重和上重铸锻为产业龙头的大型铸锻件制造基地，以东方电气、哈尔滨电气和上海电气为产业龙头的大型核电设备制造基地，以沈阳鼓风机集团、中核苏阀、上海电气凯士比核泵和大连大高阀门为代表的核级泵阀制造基地。压力容器、蒸汽发生器、主管道、控制棒驱动机构、数字化仪控等关键设备，以及大型锻件、核级锆材、690U形管、核级焊材等核心材料，基本实现自主设计自主制造。百万千瓦级三代核电机组关键设备和材料国产化率已达85%以上，形成了每年开工建设8~10台核电机组的核电主设备制造能力。

在核电工程建设方面。作为世界上唯一一个30多年不间断建设核电的国家，我国在核电工程建设管理能力和总承包能力方面不断提升，成功实现了多项目、多基地同步建设，全面掌握了压水堆、重水堆、高温气冷堆、快堆等多种堆型，30万千瓦、60万千瓦、100万千瓦、170万千瓦等不同功率的核电建造技术，拥有国际一流的先进核电建设经验和能力，在建核电项目质量得到有效控制，可以满足同时开工30台以上核电机组的需求。

完整的核电产业链，为我国三代核电规模化、批量化建设和“走出去”奠定了坚实的基础，为我国核电产业健康、可持续发展提供了可靠的保障。

五　积极开展和平利用核能领域的国际合作与交流

改革开放40年的实践告诉我们：开放带来进步，封闭必然落后。全球核电界在推动核能事业发展方面，有着共同的愿景和一致的行动。广泛深入开展和平利用核能领域的国际合作，共同应对全球核能事业面临的挑战，将加速全球核能事业发展进程，有利于世界能源清洁化、低碳化转型，对推动建立人类命运共同体具有重要意义。

改革开放以来，我国以开放的姿态积极参与和平利用核能领域的国际合作与交流。在多边合作领域，我国于1984年正式加入国际原子能机构（IAEA），相继批准加入了《及早通报核事故公约》《核材料实物保护公约》《核安全公约》《不扩散核武器条约》《乏燃料管理安全和放射性废物管理安全联合公约》《制止核恐怖行为国际公约》等国际公约，不断深化与国际原子能机构等国际多边组织的全方位合作。在双边合作领域，我国先后与30多个国家签署政府间和平利用核能合作协议，在核电工程、核燃料供应、核设备制造、核技术应用、人才培养等方面开展了互利务实合作。其中，我国与法国、俄罗斯、加拿大、美国等在核电领域的合作，既促进了中国核能产业的发展，也为世界核能产业的发展做出了中国贡献。

我国核电“走出去”起步于20世纪90年代。1991年12月31日，在秦山核电站并网发电的当月，我国就与巴基斯坦签订了向巴基斯坦出口30万千瓦核电站的合同。1993年8月1日，中国出口巴基斯坦的恰希玛核电站1号机组开工建设。2017年9月8日，恰希玛核电站4号机组竣工，标志着恰希玛核电一期工程 4 台压水堆机组全面建成，总装机容量超过 130 万千瓦。恰希玛核电项目的成功，为我国核电“走出去”树立了良好信誉、奠定了良好基础。

随着我国核电规模化发展，核电“走出去”上升为国家战略。近年来，习近平、李克强等国家领导人在出访时，多次将核电作为我国高技术产业的名片向世界推介。2015 年，中国企业在非洲推介华龙一号时，国家主席习近平亲临视察并指出：“这是我们自己的技术，我们要把它推向非洲和全世界。”在核电“走出去”战略和“一带一路”倡议的推动下，我国核电领域国际合作稳步推进，取得了积极进展。

在亚洲市场，采用我国自主三代华龙一号技术的巴基斯坦卡拉奇 K2、K3 核电项目于 2015 年、2016 年先后开工建设，始终按计划顺利推进，已全面转入安装阶段。2017 年 11 月，中核集团与巴基斯坦原子能委员会签署恰希玛核电 5 号机组商务合同，这是我国华龙一号成功“走出去”的第 3 台核电机组，也是我国向巴基斯坦出口的第 7 台核电机组。

在欧洲市场，2016 年 9 月，中广核集团与法国电力公司签署了英国新建核电项目的一揽子合作协议，由中法共同投资建设欣克利角 C、赛兹韦尔 C 和布拉德维尔 B 项目。其中，拟采用华龙一号技术的布拉德维尔 B 项目将由中方主导，目前正在进行厂址适应性评价及可研工作。按照英国政府的要求，华龙一号在英国的通用设计审查（GDA）已正式进入第三阶段。国电投集团与西屋公司合作，拟采用 AP1000/CAP1400 技术，联合开发土耳其第三核电项目，已经签订项目可研备忘录。

与此同时，国内企业积极推进核电全产业链对外合作。在核电装备制造领域，除积极为我国出口核电站供货外，上海电气作为法国阿海珐公司的分包商，为南非 Koeberg 核电站提供了 6 台蒸汽发生器，用于更换旧的设备；与德国凯士比集团公司成立合资企业，为英国欣克利角 C 项目提供了 4 台上充泵。在核燃料供应领域，中核集团为出口核电站提供了优质核燃料组件，保证了核电站安全稳定运行；中广核集团投资收购的纳米比亚湖山矿 2016 年产出第一桶铀，达产后将成为世界第二大铀矿山。

此外，我国还与阿根廷、罗马尼亚、南非、沙特阿拉伯、埃及、伊朗、捷克、巴西、保加利亚、西班牙、印度尼西亚、泰国等国分别签署有关协议，积极推进核电和相关领域合作。

六　开创更加美好的未来

党的十九大做出了加快生态文明体制改革的战略决策，强调必须树立社会主义生态文明观，践行绿水青山就是金山银山的理念，推进绿色发展，壮大清洁能源产业，推动能源生产和消费革命，构建清洁低碳、安全高效的现代能源体系。

2015年1月，习近平总书记在我国核工业创建60周年之际做出重要批示：“核工业是高科技战略产业，是国家安全重要基石。要坚持安全发展、创新发展，坚持和平利用核能，全面提升核工业的核心竞争力，续写我国核工业新的辉煌篇章。”

面对党中央、习近平总书记对新时代核能发展的新要求，我国的核电发展还存在发展不充分、不平衡的问题。从总量上看，目前在运核电装机仅占全国总装机的2.3%，核电发电量仅占全国总发电量的4.2%，远低于10.3%的世界平均水平。从布局上看，虽然东南沿海大部分地区核能发电占比接近或超过世界平均水平，但多数省份，尤其是内陆地区没有核电。与核电强国相比，我国在核级泵阀、数字化仪控系统、关键零部件和基础材料等核心技术上依然存在短板，核电科技创新还不能满足全面自主发展的要求。从公众认知上看，核能发展的公众宣传与沟通工作相对薄弱，部分非科学、非理性的反对核电的言论，对社会公众的核电认知度及接受度以及对政府的涉核决策产生了不良影响。

核能作为一种清洁低碳、安全高效、可大规模利用的非化石能源，是我国清洁能源体系中的重要一员，对保障国家能源安全、优化能源结构、减少温室气体排放、推进绿色发展、服务“一带一路”建设等具有重要的作用，对我国政治、经济、社会、生态文明建设具有重要的战略价值。展望未来，我国电力需求仍有较大增长空间，预计到2035年我国核电装机规模有望达到1.5亿~1.8亿千瓦，核能发电在全国总发电量中的占比可达到10%左右，我国核电具有美好的发展前景。

改革开放40年，我国核能行业同心同德、攻坚克难，不忘初心、砥砺奋进，谱写了核能和平利用的辉煌篇章。站在新的历史起点上，我们将在党的十九大精神指引下，继续坚持改革开放，积极推进绿色发展、创新发展、安全发展、高效发展、协调发展、开放发展，让核能更好地造福人民，造福社会，造福国家，续写我国核能和平利用新的辉煌篇章，为建设“清洁低碳、安全高效”的能源体系、建设美丽中国做出新的更大的贡献！

参考文献

［1］郑玉辉:《40年，谱写核能利用辉煌篇章》，《中国能源报》，2018年8月27日。

［2］陈荣、郑玉辉:《2018年战略性新兴产业发展展望》，中国计划出版社，2018。

［3］赵成昆:《辉煌40年，前进中的中国核电》，《中国电力企业管理》2018年第9期。

B.3

我国核能发展政策40周年变迁

白云生　周超然*

摘　要：本报告回顾了40年来我国核能发展政策的演化过程，概述了核电发展起步的历史背景，将核能政策发展分为四个阶段，分别是起步发展阶段、适度发展阶段、积极发展阶段和安全高效发展阶段。同时对未来核能发展政策提出建议，要高度关注核电经济性，统筹整合核燃料循环产业，加快核动力科技创新，坚持国际化发展方向，加强核科普及公众宣传，完善核领域法律法规体系，推进内陆核电发展建设。

关键词：核能发展政策　压水堆　国产化　自主化　三代核电技术

核工业是国家战略性高技术产业，对于确保国家战略安全、能源安全、科技安全都具有十分重要的战略意义。40年前，面对改革开放的形势和要求，核工业做出了“保军转民”的战略调整，把重点转向服务国民经济建设，开启了核能建设的新征程。核能作为一种清洁低碳、安全高效、可大规模利用的非化石能源，能满足经济社会发展不断增长的能源需求，实现能源、经济和生态环境协调发展，是推进绿色发展、建设美丽中国的重要能源选择。核

* 白云生（1965~　），男，研究员级高级工程师，中国核科技信息与经济研究院（中核集团技术经济总院）副院长，主要从事能源（核能、核工业）战略规划、政策法规、管理和核经济等研究工作；周超然（1988~　），工程师，主要从事能源核工业战略规划、政策法规等研究工作。

能发展起步伴随着中国改革开放的全过程，40年来，我国核能发展政策根据当时历史环境不断调整修订，经历了不同的发展阶段，以更好地保障并促进我国核能安全高效发展。

一　核能发展政策初步形成

我国核电发展起步较晚，但发展历程体现出涉及面广、决策层次高的特点。20世纪70年代，全世界出现石油危机，我国东部城市也出现了能源短缺的问题，1970年2月，上海市领导到中央向周恩来总理汇报说，上海许多工程由于缺电轮流停产。周恩来总理指出:“从长远看，要解决上海和华东地区的用电问题，要靠核电。”仅1970年，周恩来总理就曾四次提出要搞核电站建设、要和平利用核能的问题。

1983年1月，原国家计委、原国家科委联合在北京回龙观召开“核能发展技术政策论证会”（即回龙观会议）。会议对发展我国核能的重大技术政策，包括引进技术、堆型选择、单堆功率等问题进行了探讨论证，“一致支持国务院发展核电的决策”。会议确定了核电技术发展方向，即“以发展压水堆为主”的技术路线，在压水堆堆型中允许多种机型并存，即“一种堆型、多种机型”。根据会议的论证意见，原国家计委和原国家科委联合拟定了《核能发展技术政策要点》，经国务院批准下达有关部门和单位，作为制定核能发展规划的依据，为我国核电起步奠定了基础。

1983年9月，为加强对核能发展的领导，国务院决定成立核电领导小组。经国务院批准，秦山核电站和广东大亚湾核电站两大核电工程正式开工，标志着我国核能发展的正式起步。

二　核能发展政策逐步调整

《核能发展技术政策要点》1985年颁布以后，在实践过程中得到了较好的贯彻。针对实际中存在的问题，国务院和有关部门在对重大事项的决策、讲话和批示中提出了处理意见，事实上对部分条款做了补充调整。总体而言，我国核电发展政策大致经历了起步发展、适度发展、积极发展、安全高效发展等四个阶段。

（一）起步发展阶段（20世纪80年代中期至90年代中期）

经过约 10 年的发展，我国核电“开好头、起好步”，实现了开门红：1991 年 12 月，第一座由我国自主设计、自主建造的原型核电厂秦山一期核电站（310MW）并网发电，实现了我国大陆核电零突破。广东大亚湾核电厂是中港合资引进的法国 M310 机型（2×984MW），由外国承包商提供技术与设备，并负总技术责任，中方参与工程建设管理，于 1994 年并网发电。在本阶段，核能政策如下。

（1）坚持以压水堆为主的技术路线

1983 年初，国家在组织全国性技术政策论证中，即已确定：“根据中国核工业技术发展现状和经济合理的原则，中国第一代核电站堆型应主要采用压水堆。”这条技术路线一直得到很好的遵循，是核电发展最现实、最有效的途径。

（2）形成“国产化和引进再消化”两条路径并行状况

我国在起步过程中采用了“国产化和引进再消化”两种模式。一种是“国产化”，即自力更生模式，以我国自己设计、自己制造为主，适当采用部分国外先进的设备和技术。秦山核电厂一期、二期工程是该模式的成功典范，极大地提高了我国核电的科研、设计、制造、建设和生产运行水平。另一种是“引进再消化”，即由国外提供成套核电设备，并提供相应的买方信贷，用建成发电后所获得的资金来偿还贷款。在引进国外先进设备的同时引进先进技术和先进管理经验，不断增大国内制造厂家的设备分交比例，以壮大我国制造核电设备的能力，为我国自行建设大型先进核电机组创造了条件。广东大亚湾核电厂很好地践行了这个模式。

（3）自主建设核电的单机组容量由百万千瓦改为 60 万千瓦

1986 年，国务院领导研究决定以“以我为主、中外合作”的方式建设秦山二期核电站。综合考虑我国电力装备制造能力，将我国自主建设核电的单机组容量由百万千瓦级改为60万千瓦起步级，并把60万千瓦定为一段时间内我国核电建设的主力机型。后续核电建设的实践证明，通过秦山二期工程建设掌握的60万千瓦技术，为我国自主建设百万千瓦机组打下了扎实基础。

（4）坚持“以我为主、自主设计”的技术引进方式

1989年秦山二期技术引进遇到困难，为此我国对技术引进方式做了调整，由拟议中的联合设计改为自主设计，即设计工作全面由中方承担，同时通过引进技术、自主研发攻关、聘请外方专家咨询、购买国外软件资料等手段，综合解决设计技术问题。

（二）适度发展阶段（20世纪90年代中期至2003年）

20世纪90年代中后期，我国先后又启动了四个项目（秦山第二核电厂、广东岭澳核电厂、秦山第三核电厂和江苏田湾核电厂）共八台机组的建设，装机容量为660万千瓦，把核电发展推上了一个小批量建设的新台阶。尽管如此，国务院有关领导仍多次强调“适度发展核电”的政策，并且将其写进了2000年召开的党的十五届五中全会文件中。1996年，原国家计委核电办在上海主持召开了“核电国产化和技术政策研讨会”，进行广泛的讨论，取得了较好的成果，在一些重大问题上取得了共识，核电发展的技术政策又有了新的进展及调整，主要成果如下。

（1）确定了我国核电发展“两步走”技术路线

面对国际上对先进核电机型的推介，我国根据自身实际，制定了核电发展“两步走”的技术路线：第一步，当前核电建设机型确定为国际上已成熟且我国已基本掌握技术的，并做适当改进的机型（同时要跟踪研发国际先进核电机型）；第二步，在基本掌握先进核电机型技术后建设先进核电机型。“两步走”的技术路线是坚持“以压水堆为主”技术路线的发展和深化，同时解决了先进机型和成熟机型的关系。

（2）确定了国产化方针和自主化目标

国产化方针指的是“以我为主、中外合作、引进技术、推进国产”，主

要目的有三：一是掌握技术，跟踪世界发展；二是降低造价，提高经济效益；三是实现自主，摆脱对外国的依赖。同时，中国也有能力跟踪世界先进水平，走出一条“自主设计、自主制造、自主建造、自主运营”发展核电的路子来，逐步实现核电国产化、标准化和系列化。

（3）确定以核养核、滚动发展的方针

1994 年 2 月，有关部门在深圳讨论广东核电合营公司体制问题时，国务院决定广东核电实行“以核养核、滚动发展”方针，第一期利润全部用于二期建设。90 年代后期，秦山一期的收益也滚动用于秦山二期的资本金投入。

（三）积极发展阶段（2003~2010年）

为适应能源结构调整、满足电力需求，从 2003 年起，国务院采取一系列措施，部署、推动我国核电加快发展。2003 年 10 月，国务院发文成立国家核电自主化领导小组，统一研究决定核电发展的重大问题；2004 年 3 月，同意启动秦山二期扩建和岭澳核电二期工程项目，同时决定抓紧开展三代核电技术的对外合作谈判；开展核电发展规划研究，初步提出到 2020 年建成 4000 万千瓦的规划目标；2005 年 10 月，党的十六届五中全会正式确定“积极发展核电”的方针，取代 2000 年党的十五届五中全会确定的“适度发展核电”的方针。至此，“积极发展核电”已成为共识，发展核电是我国电力发展的基本方针，也是国家能源建设的必然选择。

2007 年 10 月国务院正式发布我国第一部核电发展中长期规划——《核电中长期发展规划 (2005—2020)》，明确核电发展目标为 2020 年中国大陆核电装机容量将达到 4000 万千瓦，在建容量为 1800 万千瓦。自 2005 年底以来，国家先后核准了辽宁红沿河、福建宁德、福建福清、广东阳江、浙江方家山、浙江三门（AP1000）、山东海阳、广东台山（EPR）、海南昌江、广西防城港等 13 个核电项目，包括美法两国开发的 AP1000 和 EPR 三代机型均获准在中国开建。我国核能发展政策体现如下。

（1）核电国产化道路的调整为一步到位

2003 年，国家发展改革委组织召开了核电自主化工作座谈会，对工作做了进一步安排部署，提出并着力推动“招标引进、发展三代、一步到位、跨越发展”的核电建设道路。在国际招标选择技术方向上，以“一步到位”发展世界上国际三代（尚处建设首堆工程阶段）水平为目标，通过“国际招标选定”，选择我国今后一系列核电发展机型（美国AP1000、法国RPE等）。在核电建设进程上，通过招标引进，先建4台，作为依托项目。紧随其后实行批量规模的后续项目建设，以满足2020年达到4000万千瓦的目标。

在此期间，我国为实现国外第三代先进核电技术（AP1000）的引进、消化、吸收、研发、转让、应用和推广，通过自主创新，形成自主品牌核电技术，于2007年5月成立了国家核电技术公司（简称“国家核电”）。至此形成了中核、中广核、国核技三足鼎立的核电项目企业发展态势。

（2）核电发展规划进一步明确核电发展技术路线

2007年，我国颁布的《核电中长期发展规划(2005—2020)》明确了核电发展技术路线：核电发展坚持“热堆—快堆—聚变堆”的“三步走”路线；坚持发展百万千瓦压水堆核电技术路线；在对三代核电技术完全消化吸收掌握之前，以现有二代改进型核电技术为基础，通过设计改进和研发，仍将自主建设适当规模的压水堆核电站。

（3）事实上的“两步走”，促进了我国核电进入批量化发展阶段

自2005年12月岭澳二期开工建设（结束了过去四年没有核电机组开工的状况）至2010年底，累计30台机组开工建设，其中引进三代技术项目（三门、海阳 和台山）6台，其余24台均为二代改进型核电技术，打破了中长期发展规划提出的“适当规模”的限制，事实上走的是“两步走”的路子。上述24台二代改进型核电机组已于2016年底全部建成，成为我国跻身世界核电大国行列的奠基石。

（四）安全高效发展阶段（2010年至今）

2010年党的十七届五中全会明确提出“安全高效发展核电”的方针。2011年3月，福岛核电事故发生后，我国立即开展核电安全全面检查工作并对《核电中长期发展规划(2005—2020)》进行调整完善，将核电目标调整为：

到 2020 年建成 5800 万千瓦，在建 3000 万千瓦。自 2012 年起，我国先后核准了田湾二期三期、石岛湾高温气冷堆、阳江三期、红沿河二期、福清三期、防城港二期、福建霞浦示范快堆等项目。2018 年一年就投运 7 台机组，分别是田湾核电站 3、4 号机组，阳江 5 号机组，三门 1、2 号机组，海阳 1 号机组和台山 1 号机组。截至 2018 年 12 月 31 日，我国（大陆）在运核电机组达到 44 台，装机容量达到 4465 万千瓦（额定装机功率），在建核电机组 13 台，总装机容量 1403 万千瓦（额定装机功率）。核电发展政策大致经历了以下调整。

（1）因“福岛核事故”核电发展短暂停顿及全面整改

2011 年 3 月 11 日，日本福岛发生核事故，使我国的核电建设陷入暂时的停顿，对我国能源发展部署决策产生了重要影响。2011 年 3 月 16 日，国务院常务会议明确指出：“调整完善《核电发展中长期规划》，《核安全规划》批准前，暂停审批核电项目包括开展前期工作的项目。”同时会议强调，要充分认识核安全的重要性和紧迫性，核电发展要把安全放在第一位，形成国四条：“一是立即组织对我国核设施进行全面安全检查。二是切实加强正在运行核设施的安全管理。三是全面审查在建核电站。四是严格审批新上核电项目。”

（2）新建核电机组必须为三代核电技术

2012 年 10 月 24 日，国务院常务会议讨论通过《核电安全规划（2011-2020 年）》和《核电中长期发展规划（2011-2022）》。会议指出，2011 年 3 月以来，在对运行、在建核电机组进行综合安全检查的基础上，国务院两次讨论这两个规划，对待核电安全和发展十分严肃和慎重。会议对当前和今后一个时期的核电建设做出部署：一是稳妥恢复正常建设。合理把握建设节奏，稳步有序推进。二是科学布局项目。“十二五”时期只在沿海安排少数经过充分论证的核电项目厂址，不安排内陆核电项目。三是提高准入门槛。按照全球最高安全要求新建核电项目，新建核电机组必须符合三代安全标准。这标志着我国核电建设重启，核能发展稳步向前。

此后至 2018 年国家先后颁布一系列涉核政策，具体见表 1。目前，我国始终坚持在保障核电安全的基础上稳步发展核电的基本方针。

表 1　2012~2017 年核能发展政策

文件	时间	发布单位	主要涉核政策
核电中长期发展规划（2011–2020）	2012 年	国务院	到 2020 年，核电装机容量达到 5800 万千瓦，在建达到 3000 万千瓦，发电占比从目前的 2% 提升至 4%
能源发展“十二五”规划	2013 年	国务院	加快建设现代核电产业体系，打造核电强国。到 2015 年，运行核电装机达 4000 万千瓦，在建规模达 1800 万千瓦
能源发展战略行动计划（2014–2020）	2014 年	国务院办公厅	加强技术攻关，力争新一代核电等核心技术取得重大突破。到 2020 年，核电装机容量达到 5800 万千瓦，在建容量达到 3000 万千瓦
电力发展“十三五”规划	2016 年	国家发改委 国家能源局	“十三五”期间，全国核电投产约 3000 万千瓦，开工 3000 万千瓦以上，2020 年装机达到 5800 万千瓦
2017 年能源工作指导意见	2017 年	国家能源局	2017 年的重点工作任务是年内计划建成三门 1 号机组，福清 4 号机组，阳江 4 号机组，海阳 1 号机组，台山 1 号机组等项目，新增装机规模 641 万千瓦。积极推进具备条件项目的核准建设，年内计划开工 8 台机组。扎实推进三门 3、4 号机组，宁德 5、6 号机组，漳州 1、2 号机组，惠州 1、2 号机组等项目的前期工作，项目规模 986 万千瓦
关于进一步加强核电运行安全管理的指导意见	2018 年	国家发改委 国家能源局 生态环境部 国防科工局	提出核电运行安全始终处于受控状态，运行安全水平始终保持国际前列并持续提升等总体目标。核电厂要建立健全隐患排查治理制度，开展定期检查和专项检查等，实行自查自改闭环管理，严格重大隐患挂牌督办制度。建立完善核电厂自我监督、核电集团监督指导的监督体系，提升企业内部监督的有效性，形成自我检查、整改、提升的良性循环和长效机制

三　未来核能发展政策建议

（一）高度关注核电经济性，进一步提升市场竞争力

近年来，核电面临其他能源品种的激烈竞争，在绿色发展思想的指导下，风光电等可再生能源技术不断突破，部分地区实现风电平价上网，可再生能源发电的经济性对核电发展空间造成了严峻挑战。核电厂应通过延长寿命、反应堆设计优化、核电设备自主化、工程建设总承包模式优化等多种提升经济性措施，进一步提高自身的市场竞争力。

（二）统筹整合核燃料循环产业，为核能可持续发展保驾护航

核燃料循环产业是核能发展的大动脉，其前段为核电提供“工业粮食”，后段为核电用料提供最终归宿，整个核燃料循环产业为核电安全、高效、可持续发展提供了坚实的基础。为促进国内核燃料产业的发展壮大，应继续坚持核燃料供应严格立足国内的产业政策，通过专业化发展、产业化经营的思路，不断提升核心竞争力。加快推进核燃料产业股权多元化，打造由一个经营主体、多个投资主体组成的核燃料产业体系。尽快实施后处理规划，加快乏燃料后处理等相关项目的研究开发。尽快完成高放射性废物处置的国家规划以及技术处置路线、环境评价标准，为核电的可持续发展提供可靠的保障。

（三）加快核动力科技创新，推动小型堆产业应用落地

小型模块化反应堆具有固有安全特性及模块化设计、用途广泛、对厂址要求低等特点，有巨大发展潜力。在雾霾压力下，我国清洁供暖工作加快推进，核能供热存在机遇，小型反应堆作为一项清洁、低碳、安全、成熟、可靠的核能供热技术，如推广应用于采暖供热，将有望大大缓解北方燃煤供暖引发的雾霾问题，有助于缓解我国天然气荒。应加快小型模块化反应堆科技研发，进一步降低造价成本，优化系统设计，提高设备国产化率，开发出多种应用型号，如泳池式供热堆、海洋核动力浮动平台、破冰船等，提升市场竞争力。

（四）坚持国际化发展方向，推动核能全产业链“走出去”

从引进到出口，中国核电产业将实现新的跨越。应以“一带一路”为主要方向，推动核能全产业链“走出去”。发挥自主三代核电技术“华龙一号”在“走出去”中的龙头作用，在出口核电站的同时，提供天然铀、转化、浓缩、元件、乏燃料后处理、废物处理处置等一揽子解决方案。推进国际核燃料供应中心建设。强化与国际核电企业的合作，联合开发第三方市场。

（五）加强核科普及公众宣传，营造良好发展环境

核电企业应在主流媒体上积极发声，正确引导公众舆论，普及核科学知识，树立公众对核电的信心。核能主管部门要进一步发挥其在公众沟通、公众参与、舆情控制和群体事件管控等方面的重要作用。创新科普宣传工作，提高公众沟通有效性，营造促进核电安全高效发展的良好社会环境。

（六）完善核领域法律法规体系，落实发展政策保障

目前我国核领域最高法律《原子能法》尚未出台，相关配套政策仍须加强。应加快制定符合我国国情和引导、促进核电发展的《原子能法》，通过法律明确政府和企业的责任和义务，为核行业发展奠定坚实的法律基础。出台核电相关配套政策，如核电消纳、核燃料免税、乏燃料后处理及运输保障等优惠政策及支持文件，加快核准一批核电项目，促进核电安全高效有序发展。

（七）推进内陆核电发展建设，突破核能发展瓶颈

随着国家经济发展向中西部延伸，内陆地区对电力需求已越来越大。为了确保长期能源供应安全，调整和优化能源结构与电力布局，建设内陆核电是必然选择。国家应在充分论证、充分沟通公众以后，尽快明确内陆核电建设的规划和安排，为加强内陆核电厂址保护和开展项目前期工作提供依据和指导，把“积极开展内陆核电项目前期工作”要求落到实处。同时要做好厂址储备工作，为尽早启动内陆核电建设做好准备。

参考文献

［1］中国核电产业发展与政策研究课题组：《中国核电产业发展与政策研究》，《管理世界》1999 年第 6 期。

［2］曾建新、杨年保：《我国核电技术发展的路线选择问题演变与启示》，《学术界》2013 年总第 177 期。

[3] 李小萍:《我国核电产业发展政策分析》,《企业经济》2012 年第 5 期。
[4] 刘谦:《我国内陆核电选址决策思考及安全环境问题探讨》,《南方能源建设》2015 年第 4 期。
[5] 温鸿钧:《我国核能发展技术政策的演变和启示》,《中国核工业》2006 年第 3 期。

B.4 秦山核电：从“国之光荣”到新时代核电发展示范

吴　岗*

摘　要： 本报告简要回顾秦山核电从实现中国大陆核电“零的突破”到全面建成的发展历程，概述了秦山核电在推动我国核电自主化发展、企地融合发展、核电“走出去”等方面取得的重要成就，揭示了秦山核电实现高质量发展的成功基因，指明秦山核电发展必须坚定不移贯彻创新、协调、绿色、开放、共享的新发展理念，继续发挥好示范作用，为我国核工业发展贡献秦山智慧。

关键词： 核电发展　国之光荣　秦山核电

2018年12月15日，秦山核电30万千瓦核电机组迎来并网发电27周年，当天《人民日报》微信推送的《震撼150秒！40年，中国人就是这样干出来的！》列举的1991年重要事件就是秦山核电站并网发电。而在1991年12月18日，该机组并网发电后第三天，《人民日报》在报眼显著位置报道了这一书写我国核工业发展新篇章的历史事件。由此上溯到20世纪70年代，在周总理的亲切关怀下，我国开始筹划自主建设核电站；党的十一届三中全会做出了改革开放这一决定当代中国命运的关键选择后，中央对国防科技工业实施

* 吴岗（1964~　），男，正高级工程师，中核集团浙江联络部主任，秦山核电董事长、党委书记，主要从事核电厂运行管理工作。

战略调整，作为核工业“保军转民”战略调整标志性工程的秦山核电，建设发展加速推进，并取得了辉煌成就。

如今，与我国改革开放事业同步蓬勃发展、历经近40年建设的秦山核电基地拥有9台核电机组并全部建成投产，成为我国目前最大的核电基地并始终保持安全稳定运行。可以说，秦山核电是我国改革开放40年以来和平利用核能的最大成果之一——“中国核电从这里起步”，被誉为“国之光荣”，树立起民族核电自主化发展的一面旗帜，在我国核电事业发展中发挥着重要的示范作用。

从“零的突破”到重大跨越

改革开放40年，秦山核电从30万千瓦原型堆起步，一步一步跋涉，不但实现中国大陆核电“零的突破”，树立了国产商用核电站发展的里程碑，还实现了从30万到百万千瓦核电自主发展的重大跨越。

1985年3月20日，是中国核电事业“开天辟地”的日子，我国自行设计的第一座30万千瓦级压水堆核电站在秦山开工建设。中国大陆核电从零起步，面临人才、技术、经验匮乏等难题。面对压力，中核人不辱使命、不负众望，克服了一个个“短板”，1991年12月15日，秦山30万千瓦核电机组成功并网发电，结束了中国大陆无核电的历史，使我国成为能够自行设计、建造、运行、管理核电站的国家。该机组投运后，我国每年对其投入技改资金数千万元、完成技改项目130多项，将一个原型堆成功改进为商用堆，并创造连续安全运行469天的优异业绩和18.12天国内核电大修最短工期纪录，WANO综合指数排名逐年提高，曾两次位列同类机组世界第一。这些在世界上都是具有首创性的。

秦山二期工程于1996年6月2日开工建设，为两台60万千瓦级压水堆机组。工程建设伊始面临着投资经费不到位、设计图纸滞后以及国内大型设备研发制造等问题。面对困难，中核人创造性地采用“安装提前介入土建”“调试提前介入安装”等一系列突破常规的大胆举措，保证了工程重要节点顺利实现。该工程首次实现了我国商用核电站的自主设计、自主建造、自主管理、自主运营，“走出了一条核电国产化的路子”。

随着我国改革开放不断推进，核工业发展方式也由独立自主走向开放合作。秦山三期核电站采用加拿大坎杜6核电技术，为两台70万千瓦级重水堆核电站，1998年6月8日开工建设。中核人始终坚持自主原则，不断强化业主权责，充分利用国内积累的核电工程建设经验，深度介入最初设计、设备制造、安装调试等关键环节，实现核电工程管理与国际接轨。工程准备充分，缩短了两台机组①建设的时间间隔，总体工程比中加主合同规定的期限提前112天建成，创造了国际重水堆核电站建设周期最短的佳绩，被誉为“中加合作的成功典范”。

秦山二期扩建工程3、4号机组设备国产化率达到75%，3号机组提前6个月零23天投入商业运行，创造了国内同类核电机组建设工期最短纪录。方家山核电工程是我国目前国产化程度最高的百万千瓦级核电机组之一，设备综合国产化率达到80%，创造了我国核电机组从装料到并网再到商运的最短工期纪录以及罕见的两台机组投产间隔仅仅2个月的纪录。

如今，秦山核电基地总装机容量为660.4万千瓦，年发电量约500亿千瓦时，累计安全发电量相当于少消耗标准煤约1.6亿吨，减排二氧化碳约4.97亿吨、二氧化硫约297.2万吨，相当于造林189.47万公顷，为改善浙江省电力供给结构、助力浙江创建国家清洁能源示范省、推进长三角区域大气污染防治做出了积极贡献。

从艰难起步到核电自主化发展的成功实践

创新是改革开放的生命，创新是引领发展的第一动力。改革开放40年来，秦山核电坚持创新发展，树立起民族核电自主发展的一面旗帜。

秦山30万千瓦核电机组是我国第一座原型压水堆核电站，推动了我国核

① 秦山三期实际工期：1号机组，1998年6月8日FCD，2002年12月31日商运，工期54个月；2号机组，1998年9月25日FCD，2003年7月24日商运，工期58个月。

电装备的自主设计建造，形成了核电自主调试运营管理经验，使我国成为世界上少数拥有核工业完整体系的国家之一，对我国自主设计第二代改进型60万千瓦、百万千瓦级压水堆核电站以及“华龙一号”自主三代核电技术具有重要的借鉴意义。从该机组建设开始，我国坚持“以我为主、中外合作”的核电发展方针，在自主创新和引进吸收再创新的基础上，全面掌握了先进压水堆核电技术，形成了大规模批量化建设中国品牌核电站的能力。

在二期建设60万千瓦级压水堆核电机组过程中，1、2号机组取得包括核心技术在内的300多项技术创新和改进，压力容器等设备首次在该机组实现国产化，电站55项关键设备中有47项基本实现国产化；通过参与工程建设，上海电气、东方电气等一大批国内装备制造企业形成了核电关键设备自主化生产能力，大幅度提升了中国核电自主化发展能力。我国自主研制应用于“华龙一号”的先进核燃料原件（CF3）在秦山经过入堆考验，为我国自主三代核电技术发展和核电“走出去”提供了坚强保障。

在外方供货商先行修复三年没有成功并按照合同进行赔偿的基础上，秦山核电对两台重水堆机组汽轮发电机组出力自主实施了提升改造并分别提升功率8兆瓦，成为我国企业对国外技术消化吸收再创新的成功范例。利用重水堆大规模生产钴-60同位素，并成功跨越工业用和医用两个平台，填补了国内技术空白并进入国际市场；自主开展回收的铀燃料技术先后应用在重水堆核电机组上，对完善我国核燃料闭式核燃料循环体系具有重要意义。在建设秦山百万千瓦级压水堆核电机组过程中，秦山核电自主实施了18项重大技术改进和14项福岛核事故后技术改进，为我国核电主泵、应急柴油机等关键设备国产化做出了积极贡献。

截至目前，秦山核电已经形成完整的自主创新体系，形成了以“何少华”工作室、院士工作站为代表的24个科技创新中心；拥有专利286项，其中发明专利69项。

从“融合发展”到核电“走出去”先锋

改革开放为核工业发展带来了难得的机遇，秦山核电加快“引进来、走出去”，不但促进了企地融合发展，还成为我国核电“走出去”的先锋。

秦山核电是国家重大项目建设与地方经济社会和谐发展的范本。对秦山核电的建成和发展，上海市、浙江省等省市给予了大力支持，参与投资，加工设备，供水供电，提供核电建设和后勤保障用地，为核电职工和施工队伍解决户口，提供住宅用地，为秦山核电建设发展做出了巨大贡献。同时，上海核工程研究设计院、核工业第二研究设计院、四川核动力设计研究院和华东电力设计院等发挥了重要作用，核工业土建安装公司一直是建设的主力军。秦山核电积极融入地方经济社会发展，累计纳税超过360亿元，每年向地方缴纳教育附加费超过1.1亿元，利用自身优势有效带动了地方产业转型升级，依托秦山核电开发建设的“海盐·中国核电城”发展核电关联产业，不仅成为海盐县经济支柱产业，还被列为浙江省重点扶持的新兴产业，已培育85家核电关联企业，总产值超过270亿元，海盐“核电小镇”成为浙江省首批37个省级特色小镇。到2020年“海盐·中国核电城”基本建成，将形成技术水平高、产业功能全、服务范围广、设施配套优的核电产业体系。

秦山核电积淀了丰富的科普宣传资源、经验和品牌优势，立足秦山，深耕海盐，面向浙江，辐射全国，具有卓著的全国示范效应和“可复制”的路径模式，是“全国青少年科技教育基地”“全国科普教育基地”“军工文化教育基地”“全国中小学生研学实践教育基地”。秦山核电还建成了我国目前国内最大的核电专题科技馆，已接待公众超过12万人次以及40多个国家地区的外宾5000多名。

秦山核电是我国核电“走出去”的先行军。1991年12月31日，在秦山30万千瓦机组并网发电仅15天后，我国与巴基斯坦签订了建造同样堆型的两台30万千瓦级机组的合同，实现了向国外“原装”出口核电机组，创造了当时国内单项工程出口资金最大、科技含量最高的纪录，开创了我国核电“走出去”的先河，为我国核电“走出去”积累了丰富的经验，中国核电也迎来了新的国际化发展时代。目前，巴基斯坦恰希玛核电基地4台30万千瓦机组已投入运行。之后，恰希玛核电站人员培训、机组大修以及专项维修和技术支持成为秦山核电的又一发展使命。从1996年至今，秦山核电持续派员进行技术指导、工程调试和维修支持，圆满完成了恰希玛核电站的人员培训及机组调试、试运行和换料检修等对外技术服务；成功实施了恰希玛核电站1号机组水下修复，不但创造了可观的经济效益，也使我国成为国际上少数几个掌握该技术的国家。

出口建设一台核电站，与之配套的机组调试、检修、运行支持、人员培训等相关服务也实现了随之出口。作为中国最大的核电基地，秦山核电基地优势明显：拥有9台机组、4种机型，基本掌握了除AP1000机组外国内所有运行机组的运行、维修、调试等经验，形成了包括生产准备、调试/试运行、换料大修、专项维修、专业培训、技术支持、重水堆支持、核电信息化服务等在内的对外服务“八大产品”，成为支撑秦山核电发展的重要一翼，有望将其打造成“第10台机组”，为秦山核电新发展布局新动力。

从“国之光荣”到新时代核电发展示范

从学习借鉴到对外输出，秦山核电从杭州湾畔出发，在改革开放的风起云涌中拥抱了更为广阔的天地，在改革中发展，在开放中崛起，始终保持“国之光荣”的自信和底气，努力当好新时代我国核电发展的典范。

秦山核电将坚决落实党中央的要求和部署。秦山核电的成功实践，得益于党中央的英明决策和关心关怀，得益于坚决贯彻落实党中央、国务院的部署和中核集团的各项要求。秦山核电始终以确保核安全为生命线和最大责任，保持着良好的安全运行记录，在运机组先后10次在WANO综合指标排名中位列世界第一，安全运行超过100（堆·年），安全发电超过5000亿千瓦时。新时期，秦山核电将始终按照党中央的决策部署推进各项工作，以清洁安全的核电能源守护祖国的“绿水秦山”，勇做创新发展、协调发展、绿色发展、开放发展、共享发展的典范。

秦山核电将始终坚持改革创新。秦山核电坚守民族核电重任，大力推进技术创新，不但探索建立了30万千瓦、60万千瓦、100万千瓦压水堆自主核电技术路线，形成了以反应堆“水下检修”技术、动态刻棒技术等为代表的核电技术品牌，还持续推进体制机制创新和流程更新，于2017年成功实现了一体化管理，成为中核集团成功实施专业化改革的先锋地和试验场。秦山核电将以改革开放40年来积累的经验和成果为基础，致力于服务中国核电发展，输出技术规范，输出管理标准，为全球核电做出秦山贡献。

秦山核电继承和发扬“两弹一星”精神。伟大的梦想不是等得来、喊得来的，而是拼出来、干出来的。秦山核电秉承“两弹一星”精神和“四个一切”核工业精神，培育造就了一支高素质的核电人才队伍，建立了一整套完善的核电人员培训体系，走出了以“两院院士”欧阳予、叶奇蓁、彭士禄和“工人院士”何少华等为代表的一大批核电领军人才。秦山核电将充分发挥改革开放40年来形成的人才培养优势，致力于成为在全国乃至在全世界有一定影响力的核电人才培训基地，以新作为、新业绩、新形象打造世界一流核电专业化运行基地。

实践发展永无止境，解放思想永无止境。新时代的秦山核电，将以习近平新时代中国特色社会主义思想为指导，认真学习贯彻党的十九大精神，积极落实习近平总书记关于核工业创建60周年的重要指示精神，坚持“一体两翼”发展战略，坚持高质量、高水平运营管理核电站，深化改革创新，牢记使命，不忘初心，奋发有为，努力建设安全秦山、开放秦山、清廉秦山、幸福秦山，谱写“国之光荣”新篇章，为实现中华民族伟大复兴贡献秦山力量和秦山智慧。

B.5

持续探索、与改革开放同行的大亚湾核电

濮继龙*

摘　要：本报告回顾了大亚湾核电的发展历史，概述了大亚湾核电的建设背景、技术路径、商业及发展模式，介绍了大亚湾核电在中港合资、现代企业制度管理方面的实践和成就，阐述了大亚湾核电在国际先进大型工程组织管理方面的做法和经验，肯定了大亚湾核电在我国核电产业链体系培育方面的贡献，总结了大亚湾核电在粤港合作、大湾区经济发展和生态治理方面的业绩，展望了中国核电基于自主三代核电技术“华龙一号”的国际合作前景。

关键词：大亚湾核电　工程管理　核电产业链

广东大亚湾核电站，是我国改革开放伟大政策的产物。广东核电 40 年的建设运营发展历程，与我国改革开放事业的过程同步，是这一伟大事业的见证者。今天，我们回顾这一历史进程，内心充满自豪感、荣誉感，充满激情。认真总结这一段辉煌历史，将为我们留下极为宝贵的精神财富，激励我们继续奋勇前行。

---

*　濮继龙，原中广核集团公司副总经理。

一　市场需要催生核电，改革开放闯出新路

40年前，邓小平同志站在历史的高度，做出了“和平与发展是当今世界的主题”的论断，在世界上率先突破了“冷战思维”的藩篱。在这一理论判断的基础上，1978年，中共中央十一届三中全会胜利召开，决定“把全党的工作重点转移到社会主义现代化建设上来”“以经济建设为中心”。这是我国历史上具有深远意义的伟大转折，从此开启了我国改革开放的新时代。

在党中央的鼓励和支持下，敢为人先的广东地区大胆探索和实践，改革开放，先行一步。特别是珠江三角洲地区经济建设以前所未有的势头蓬勃发展，“三来一补”企业迅速增加，电力需求随之急剧上升，供电形势极为严峻，成为制约经济发展的瓶颈。当时，广东每天要从香港进口电力100万千瓦时，电费高达8600万港元。1980年底，广东全省电力装机容量仅为187万千瓦。即便在深圳特区，许多企业也只能每周“开三停四”。走在街头，小自备燃油发电机的轰鸣声从各个店铺传出，不绝于耳。

而当时的香港，电价也随世界石油价格的暴涨而上升了55%。安全经济的电力供应，成为粤港两地经济发展的共同期盼。

在一次能源极为匮乏的粤港地区，如何解决可持续的能源供给，市场需求提出了这一不容回避的问题。时任广东省委书记、常务副省长的王全国回忆称：“我是长期在广东主管工业和经济的，广东能源非常缺乏，电力一直相当紧张，什么办法都用了，还是解决不了问题。当时，我想或许广东建设核电站是解决能源、电力匮乏的一条出路。”考虑到向香港供电的实际需求，我国最终决定“将核电站的厂址确定在大亚湾大鹏半岛的大鹏湾畔麻岭角”，我国大型商业核电站就此走上了舞台。

核电是一门高技术，如何建设大亚湾核电站？一个宏大而又具体的路径问题摆在了我们面前。

无论是革命时期还是建设阶段，我们一直秉持“两条腿走路”的方针，也就是依靠“自力更生，力争外援”来发展自己。然而，在20世纪80年代

以前，我国的实际情势是被列强强力打压，严密封锁，在技术上几乎被隔绝为孤岛。在此情况下，我们只能放下依靠外援的幻想，自力更生，依靠自己的力量发展强国利器，取得世界大国的地位。

小平同志对世界发展主题的判断与随后的改革开放政策，使我国向世界打开了大门，也使世界向我们开了门。我们有了实现两条腿走路的真实可能性，于是，抓住历史的发展机遇，充分利用两个市场、两种资源，走出了一条“引进—消化—吸收—再创新”的高起点起步与坚持“以我为主、自力更生”的原创路径并行不悖而且互为补充的全新的技术进步路径。

大亚湾核电站走的正是这样一条路。1978 年年底，邓小平在会见法国外贸部长弗朗索瓦一行时，正式宣布中国已决定向法国购买两座核电站设备，我国大型先进核电技术发展之路从此起步。

决定了路径，随后的一系列问题，比如资金、人才、设备、管理、服务等，经由思想的解放，都找到了出路。老一代的大亚湾建设者们，开创了“借贷建设、售电还钱”的电力建设新模式，利用英法两国政府的出口信贷和必要的商业贷款，在我国外汇储备不足 2 亿美元的情况下，不用国家一分钱投资款，解决了 40 亿美元的建设资金问题，突破了我国重大项目由国家投资的旧模式。

1994 年，大亚湾核电站成功投产，15 年后，不仅还清了基建贷款的本息，还成功实现了“以核养核，滚动发展”，在大亚湾的基础上，发展出岭澳、岭东、红沿河、宁德、阳江、台山、防城港等一批核电舰队。

两条腿走路的这一条“引消吸创”之路，走得扎实，也走得很成功。

二　中港合资树规范，企业治理见真章

中央领导同志曾经指出，广东核电不仅建成了大陆第一座大型商用核电站，而且为我国建立现代企业制度做了有益的尝试。

改革开放之前，严格来说在我国大陆并没有真正意义上的现代企业（公司），所有的只是“单位”。这样一种体制，显然很难促进生产力的高速均衡

发展，实现“四个现代化”，很难适应以市场为导向的社会经济活动。因此，如何建立适应市场经济规律的现代企业制度，是在改革中必须解决的大事之一。

大亚湾核电站是粤港双方以“中外合资经营”为基础的，可以说从一开始我们就是“混合所有制经济”。由于港方合作伙伴的参与，大亚湾核电站有可能率先在全国成为现代企业管理制度的试点。

1985 年达成的建设大亚湾的合资协议，约定以广核投和港核投为股东，成立当时我国最大的中外合资企业——广东核电合营有限公司。通过学习港方的成功管理实践，公司全面引进了西方成熟的现代企业制度，建立起一整套法人治理结构和相应的管理制度，其中包括关键的“三会”和以逐级授权为特点的总经理部运作机制。合营公司的授权制度、审计制度、质量保证管理制度、核安全监管制度，也开了我国现代管理实践和核工业管理的先河，是第一批在中国大陆面世的先进管理工具。

从历史记录中我们可以看到，合营公司在上百次的董事会和执委会上，对于董事会职责范围内的所有事项，无一不“真刀真枪”“斤斤计较”。可以说，合营公司董事会在大亚湾核电站的建设中发挥了核心作用，是一个“真正的”、名副其实的董事会。一系列精准的制度设计，使董事会会议真正做到了“会必议，议必决，决必行，行必果”。广东核电由此形成了良好的企业管理规范，这一规范深深植入了企业管理层内心，成为他们的行为习惯，形成了企业可遗传可复制的优秀基因。

公司建立了一套科学、健全的内部控制体系，这在当时也是一项重要的制度创新。合营公司内部控制体系以内部审计为核心，与质保、检查等部门构筑起一道道严密的、公司管理的“铜墙铁壁”。作为总投资 40 亿美元的大型核电项目，合营公司从一开始就编制了《公司政策手册》，建立了一整套公司治理的规章制度。通过分级授权，将职能分解落实到相应的部门和员工岗位上，各个业务领域都建立了全面、细致的程序和制度，“按程序办事”成为广大员工的工作习惯，切实做大“四个凡事”（凡事有章可循，凡事有人负责，凡事有人监督，凡事有据可查），得到了国家审计署、国家电力公司等单位的认可和推广。按照合营合同，审计部直接对董事会负责，总审计师由港方派人担任，这种股权多元化的制衡机制是大亚湾核电站内控体系有效的最根本保证。即使是合营公司的总经理，也在这个内控体系的监督之下，不能例外。公司与国际接轨建立了招投标、承包商资质评审、合同管理、按里程碑支付等制度，严谨而规范的管理制度，权责分明，像一道又一道堤坝，堵住了种种可能发生资金流失的漏洞。建设过程中，没有发生一起重大经济问题。大亚湾核电站的廉政建设经验，主要有三条："不想贪，不敢贪，不能贪"，其中核心是"不能贪"。中纪委对此给予了高度肯定，随后这一口号便传遍了神州大地。

广东核电的良好实践，成了兄弟企业竞相仿效的模板。以大亚湾核电站为"起家资本"的中广核，成为央企管理创新的重要试验田，不断创造出新鲜的、可复制的管理产品。这是大亚湾核电站在改革开放大潮中除发电之外为社会创造的又一项重要贡献。

三　中外协作筑合力，众志成城夯基石

大亚湾核电站是合营公司和众多兄弟单位通力合作的结晶。大亚湾核电现场，不仅是合营公司的展示舞台，也是国内各兄弟单位实现成功转型的犀利磨刀石。这些准军事化管理的老央企，经过挫折、失败乃至有些屈辱的磨炼，在这里华丽转身，成为能享誉国际的核电建设队伍。

低头需要勇气，转型是从承认自己的不足开始的。过去若干年来，由于外部的封锁，我国的核工业只能凭自己的准军事化管理模式，依靠员工的无私奉献、拼命精神，打造出一支能征能战的队伍，依靠大力协同全国一盘棋，攻坚克难，做出了伟大的成绩。

然而，我们过去的成功经验，显然与国际核能界的科学管理有着巨大的差距。当时，世界上已有几十个国家和地区建成了几百座核电站，核电已然成为一项市场化的工业活动。现代化、市场化运作所依赖的规则与实践，对我们来说都十分陌生。

20世纪70年代末80年代初的中国，百废待兴。基础工业能力、大型装备制造能力和大型复杂工程管理队伍都极其缺乏，为中国核工业做出贡献的科技工作者仍未完全释放出活力。为了实现高起点起步，我们必须先请“老师”，低下头来老老实实当学生。

大亚湾核电站全面引进设计、建造、安装和调试运营技术，同步高水平引进国际上先进的工程管理体系，运用国际化人才，组建起当时国内并不多见的“多国部队”。

按照“高起点起步”的方针，大亚湾电站建设选择了国际一流的核电供应商：法马通公司FRA和英国通用电气公司GEC；选择了兼备工程管理和工程设计能力的法国电力公司（EDF）作为工程服务商（Project Service）负责工程服务，具体实施项目管理协调和技术支持，承担工程项目管理的总体责任，工程设计、工程建设（建造、调试）和供货全部由法方负责；选择了国际一流的美国柏克德公司为质保顾问公司。外方带来了先进的工程项目管理理念和体系，建立了以三级进度计划控制和安全质量控制为基础的五大控制体系，实现了计划和资源配置的有效衔接。

作为投资者，合营公司要建设好这样一座大型复杂工程，离不开中方企业的管理和配合。大亚湾核电项目启动之初，国家再次吹响了社会主义“大协作”“大会战”的号角，从有关部门、高校等单位抽调成百上千的专家和骨干，参与大亚湾核电站的前期研究、工程建设和运维，让懂行的专家、骨干与外方谈判、对话与合作，提高了中外合作的水平。这一举措既使我们很好地掌握了技术、质量和进展状况，为项目成功把好关，又为中国核电的后续发展培养了人才。在这一过程中，中国企业和干部员工体现了大协作的无私精神，国内所有参战单位无所保留，所有参与者积极合作，无论是正式调入的干部员工，还是借用协助的干部员工，大家都把大型商用压水堆项目当作国家民族共同的事业，为能参与这项宏伟工程而骄傲自豪，要为项目完成竭尽全力。

然而，尽管参加会战的都是中国这一行业的精英，并且还有外方先进的管理体系和经验支撑，但大亚湾在建设工作中，还是遭遇了很大的挑战。中方参建单位和员工从观念到方法，都表现了对现代科学管理的不适应。如何让习惯了国内传统大会战、自主奉献赶进度的队伍，适应国际先进的大型工程组织管理方式，切实掌握和应用好先进技术，是一个亟须解决的大难题。电视连续剧《世纪之约》以大亚湾基地为背景，恰如其分地描述了当时我国核电产业对于核电质量管理程序的最初认知水平。现实中实际发生的漏筋事件和核岛辅助管道安装工期延误，给了中方参建者极其深刻的教训。

以往“大兵团、大会战”的粗犷式施工管理方式远不能适应现代化大工业处理复杂系统的需要。要严格尊重外方管理、严格按程序执行才可能合作成功建成大亚湾。为此，中方参建单位和干部员工真正虚心低下头，向外方学习。作为核电站业主的合营公司只能在“干中学”，学习工程管理先进经验和技术；中方的工程建设单位也只能在法方的指挥下承担合同分包任务下的工程施工；经验丰富的中国工程技术人员甘当副手、助理；生产管理培训实行“影子培训”，中方人员虚心拜外国专业人员为师。为了真正取得“消化、吸收”的成果，初期的大亚湾核电站把英语定为“工作语言”，投产之后才逐步演进为中英双语。双语人才，甚至多语种人才，是大亚湾的又一宝贵财富。

低头不是目的。低头靠勇气，抬头靠实力。中方参与者正是由于忍辱负重、潜心学艺，才逐步熟悉并理解了国际上通用的核电工程管理流程，成功消化、吸收了外方关于核电建设严格的产品和过程质量标准体系，将“核电工程质量是核安全的基础”的理念植入人心。在大亚湾核电站投产的同时，中国最早的一批具有核安全文化基因的工程管理和建造队伍如中核二三公司、华兴公司等也破茧而出。大亚湾核电的竣工投产，标志着中国核电工程管理现代化的树苗已经长出，中国核电产业“抬起头”引领全球核电工程的基石初步夯实。

历经近八年的风雨建设，大亚湾核电站于1994年5月全面投入商业运行，投产当年即创造出令人瞩目的业绩，全厂机组可用率达到75.8%。当年美国《国际电力》杂志将“1994年度电站大奖”授予了广东大亚湾核电站，其评价意见指出：“大亚湾核电站成功地推动中国进入了商业性核电的竞技场，展示了中国的核电决策者和建设者所具有的惊人的决心、毅力和奉献精神，体现了中国在与外国伙伴一起实施一项复杂的高科技工程项目时克服所遇到的巨大困难和文化差异方面的杰出才干。”大亚湾核电站项目的成功，是“改革开放、中外合作，举国之力、大力协同，赶创先进、优势互补，艰苦奋斗、科学管理”的结果。

四　培育核电产业链，结成战略大团队

总投资40亿美元的大亚湾核电站，其设备材料的国产化率只有1%，这固然有英法两国出口信贷的技术限制方面的原因，也与我国当时工业体系的状况有关。

核电机组是一个复杂的系统工程，顺利发展强烈依赖一个国家的综合技术经济实力。据统计，一座核电站的设备供应，涉及国民经济的36个行业，涵盖了各类工业原材料、大型铸锻件、大型和重型装备、泵、阀门、风机、电机、输变电设备、电气电缆、仪器仪表、控制系统等几乎工业领域所有行业，设备主供应商超过300家，如果考虑分包商，将有5000余家产业链企业参与供货。

从另一个角度来看，核电行业这种极广泛的涉及面，对国民经济发挥着巨大的拉动作用。国务院发展研究中心的研究成果表明，在核电投资建设环节，每1元核电投资可拉动全社会各行业总产出增长3.04元，带动GDP增长1.03元。在核电生产运营环节，全社会每增加1元的核电消耗，可以拉动总产出增长2.22元，带动GDP增长1.18元。

核电由于其核辐射风险与核安全的极端重要性，其设备部件有着“重（体量大）、怪（外形结构不规则）、精（材料要求高，加工难度大）、杂（品种繁多）、少（用量稀少，形不成批量规模）”的特点。在老军工时代，或者以养队伍为主的“适度发展核电”阶段，核设备供货不可能形成产业化规模，相当一部分零部件，只能作为非标准件采用分头攻关试制的方式加以解决，没有必要的市场需求，自然不可能形成产业链。这样的供货方式，是不能用经济性来算账的。这样的方式，当然也很不适应如今市场化运作的环境。

随着2002年国家提出“积极发展核电”的战略，核电建设出现了一个批

量化的小高潮。这就使打造成熟的规模化产业供应体系成为可能。

美国和法国已先于中国30年实现了核电的批量化、规模化，建成了完整的核电标准和核电工业制造体系。利用改革开放的大好国际条件，高比例引进技术和装备材料、管理方法，打造我们自己的核电产业链，自然成了广东核电自觉的追求目标。

根据国家决策，岭澳一期工程在建设中，要以核电站项目为依托，以国产化为目标，培育一整套核电站供应体系。

中广核集团及中方参建团队充分消化大亚湾核电工程建设经验，开始了国产化系列部署。中广核更是勇担责任，充分发挥总体优势，帮助国内相关装备制造企业提升核电设备制造和研发能力，引领了核电国产化产业体系的建设。

正是通过大亚湾核电站的高起点起步，中国核电行业逐步搭建起了自主工程管理的技术和组织体系。在广二核岭澳核电项目上，土建及安装工程中除核岛主回路安装由法马通承担外，前期工程、土建和安装工程的主承包商全部为中国公司，法国电力公司的角色也从项目服务商向项目咨询商转变，为中方提供管理和咨询服务。在这一项目上，中核华兴和二三公司完成了自主施工建造核电站的实践，这些当年在大亚湾核电站建设中的“配角”，从岭澳一期工程开始，真正挑起了中国核电工程建设的大梁，核电设备装备国产化则实现了“从0到1”的飞跃。尽管当时核岛和常规岛主设备仍由法马通和英国通用电气公司提供，但更多的中国设备制造商成为合格供应商，加入了设备供应生态圈，国产化比例从1%增长至30%。而岭澳二期机组设备国产化率则已超过60%，先后实现了蒸汽发生器、汽水分离再热器、反应堆压力容器、常规岛管道、水压试验泵电源系统、反应堆厂房环吊等重大核心部件的国产化供货，标志着我国百万千瓦级核电站核岛主设备的首次自主化。在后续的红沿河、宁德、防城港等项目中，国产化设备的研发制造水平持续提升，设备国产化率达到80%，核电站一回路主管道、压力容器、蒸汽发生器等主要设备的国产化率达到90%以上。部分设备和部件的制造水平和工艺达到国际先进水平。以蒸发器U形管制造技术研发为例，中广核联合相关单位于2010年取得实质性突破并正式投入生产。该技术的国产化有效降低了工程采购成本，打破了该产品长期以来仅由国外少数几个厂家垄断供应的模式，对于我国核电未来发展具有重大的资源保障意义。

2009年初，中广核联合58家国内重要设备制造企业组建了核电设备国产化联合研发中心，积极推动产学研协同创新及成果转化平台建设。2011年，中心成员扩大到63家，2013年进一步扩大到74家。研发中心通过技术融合、联合研发等形式，促进了工艺设计、设备设计、设备制造、设备鉴定、材料评定等环节的协同创新，推进了我国核电的国产化。

目前，国内核电装备制造业产品供应链全面覆盖我国国内建设的各类核电堆型，形成了以中国一重、中国二重和上重铸锻为产业龙头的大型铸锻件制造基地；以中国一重、哈尔滨电气、上海电气和东方电气为产业龙头的大型核电设备制造基地；以沈阳鼓风机集团、中核苏阀、上电凯士比核泵和大连大高阀门为代表的核级泵阀制造基地。这些基地都具有国际先进水平核电装备制造能力。根据不完全统计，目前中国整个核电产业链已汇集了5400多家高校、科研院所、制造和施工企业共同发展，打造了密切配合和精准协作的产业体系。中国已经成为全球少数几个拥有核电产业成套能力的国家之一。

中广核与国内兄弟单位之间，不再是自由资本主义经济模式下“货比三家”的买卖关系，也不再是由国家牵头“全国一盘棋”的以项目为导向的松散合作关系，而是结成了共存共荣的核电发展利益共同体，正在形成核电国家队，一起联手闯世界。

五　粤港联手给力大湾区，中外合作迈向新征程

大亚湾核电站，是粤港双方精诚团结、通力合作的成果。大亚湾核电站的成功安全运行，为香港的社会及经济稳定发挥了积极的作用，是一国两制、粤港合作的典范。到目前为止，大亚湾核电站累计供港电量已达到2000多亿千瓦时，占香港全社会用电量的1/4，相当于使香港减少二氧化碳排放2亿吨以上，为香港的繁荣稳定做出了杰出贡献。

2017 年，中广核和香港中华电力在大亚湾核电站合作 30 余年的基础上，再次在阳江核电项目上携手，中电获得阳江核电 17% 的股权，继续分享在核电发展和运营方面的红利。

建成世界级大湾区的理想与现实，鼓舞着我们为大湾区的建设做出更大的贡献。截至 2018 年底，除大亚湾核电站外，大湾区内已经建设了岭澳、岭东、阳江、台山等核电站，机组数达到 12 台，装机容量达 1330 万千瓦，占全国在运核电装机的 30%，占广东省电力装机容量的 10%。这一串散布在珠江口畔大湾区内的核电明珠，将为大湾区的腾飞提供强有力的动力支持。

2018 年，广东省核电发电量为 890 亿千瓦时，占省内总发电量的 19.47%。核电，已成为粤港两地电网中不可或缺的重要组成部分，两地的核电比例，已经达到或接近发达国家或地区的平均水平。

广东省也在核电的安全高效发展中收获了蓝天碧海。建设核电和西电东送等措施，为有效改善珠三角乃至粤港澳大湾区环境质量做出了重要贡献。2018 年广东省六项空气污染物指标年评价浓度均达到国家二级标准，空气质量连续四年达标。其中全省和珠三角细颗粒物（PM2.5）年均浓度再创新低，珠三角地区已经率先从国家大气污染防治行动计划重点区域中摘牌。粤港澳大湾区也因此成为国内生态环境质量与经济建设和谐发展的示范区。

多年的低头学习，埋头苦干，终于积攒起了我们抬头的雄厚实力，打造出了我们自己具有完全自主知识产权的核电技术。

中广核在大亚湾 M310 技术的基础上，持续进行自主创新。中核也以秦山一期为标志，开启了独立自主探索之路。2014 年，我国核电事业的两大主力军中广核集团、中核集团，通过融合各自核电技术，自主创新与“引消吸”两条路径终于会师，形成了自主三代核电技术“华龙一号”，标志着我国首次拥有了可以自主出口的核电机型，成为世界第四个拥有独立自主知识产权的先进核电技术国家。

“华龙一号”的研制成功，离不开我国 40 年来核电工业发展积累形成的经验、技术和人才优势，离不开对国际先进核电技术的引进、消化、吸收和再创新，推动我国核电实现了从“中国制造”到“中国创造”、从“跟跑者”

向“并行者”的历史性跨越。

2016年9月，中广核与法国电力集团、英国政府签署了英国新建核电项目一揽子协议，正式挺进世界老牌核电强国英国，被中英两国领导人称为中英“黄金时代”的旗舰项目。中核“华龙一号”海外首堆巴基斯坦卡拉奇项目已开工建设，阿根廷项目签署了框架合同。此外，泰国、肯尼亚、印尼、南非、土耳其、哈萨克斯坦等国，先后对中国的“华龙一号”产生了强烈兴趣。

40年埋头苦干，40年筚路蓝缕。从1978年12月，邓小平宣布中国将购买国外设备建设两台核电机组，到2008年7月4日大亚湾核电站完成全部贷款本息的偿还；从低头学习的“小学生”，到跻身世界先进行列的世界核电大腕；从引进国外技术，到拥有自主三代核电设计技术；当年那粒在大亚湾播下的种子，如今已成长为一棵参天大树。大亚湾核电站40年的发展充分说明，没有改革开放就没有大亚湾核电站，“高起点起步、引进、消化、吸收、再创新”是一条核电可持续发展之路，是我国新兴产业高效实现后发领先、跨越式发展的一个重要途径。

强强联手，我国核能行业在世界格局中广泛合作，探索正未有穷期。

B.6
携国之重器，谱核工程出口华彩乐章
——中核中原核工程“走出去”实践经验

杨朝东*

摘　要：本报告回顾了中原公司从 1983 年成立至今所承接的各个海外核工程项目，从项目管理、人力资源、设备国产化、市场开发等方面总结了核工程“走出去”的成功经验——中核集团的强大凝聚力以及中原公司经多年实践与探索形成的“实事求是、海纳百川、持续创新、主动作为、国际视野”的中原精神，并表达了新时期抢抓机遇，继续做好海外核工程的决心。

关键词：海外核工程　中核中原　核工程“走出去”

中核集团中原公司在改革开放的大潮中应运而生，以中核集团及兄弟单位为坚强后盾，在国际市场上砥砺奋进、不断前行，谱写着核工程出口的华彩乐章。

中原公司第一个核工程出口项目是阿尔及利亚比林核研究中心项目（简称“871”工程），该工程以 15MW 重水堆为主体，合同工期 60 个月。阿尔及利亚距离中国 1 万多公里，两万吨建设物资要从国内运到工地，很难及时到位，同时还存在设计人员和制造厂家不能及时到场、协作不便等诸多困难。

---

* 杨朝东（1964~　），男，研究员级高级工程师，现任中原公司董事长、党委书记，中核国际董事局主席。

因此，摆在“871”工程面前最大的难点就是时间紧。而即使这样，“871工程”还是提前两个月完成了任务。这是因为在中原公司的统一领导下，30多个参建单位拧成了一股绳，大力协同，密切配合，采取边设计、边制造、边施工、交叉作业的方式最终保证了工程进度。“871工程”的二期工程，即“911工程”也按时顺利验收。阿尔及利亚国家领导人在验收仪式上表示：“这座和平利用核能的重水堆，有着良好的性能、可靠的质量，是中阿友谊的象征。”

时隔近30年，在同一片土地上，中原公司及各参建单位再次发扬了精诚合作、吃苦拼搏的精神，战胜了重重困难，于2019年3月6日圆满完成了阿尔及利亚比林核研究中心的升级改造。阿尔及利亚原子能署长在临时验收仪式上表示：“中方团队在短短80天内完成系统单调及联调并成功实现满功率72小时运行，这是团队合作的优秀成果，也是中阿努力的美好象征。”

在巴基斯坦，中原公司正在中国国家原子能机构的指导下，根据双方2003年达成的协议，开展核电站建设系列合作。已建成投产的C2、C3、C4项目，均提前合同工期完工，得到了巴方业主的高度评价；正在建设的“华龙一号”海外首堆K2、K3项目，创新实施主设备预引入方案优化工期，在同类型机组中尚属首次。与阿尔及利亚同样的故事也在巴基斯坦上演着：C3、C4项目主泵曾拖期一年到厂，但在各兄弟单位的艰苦努力和团结协作下，两个项目还是分别提前合同工期25天、36天顺利完成；K2~K3项目总包方、设计院、制造厂、施工单位合力克服海外首堆新问题多、不确定性大的困难，实施一系列工法创新，使主系统安装提前合同计划约5个月。……这样的例子在中原公司30多年的海外工程建设历程中比比皆是。

阿尔及利亚核研究中心、巴基斯坦核电站项目的成功，让中原公司成为中国首个成功出口核技术、核电站的公司，在国际核能合作史上留下了浓墨重彩的一笔。但中原公司深知，核工程“走出去”的成功，绝不是中原公司一家的成功，而是所有兄弟单位联手“走出去”的成功，其背后更是集团公司的正确领导和鼎力支持，是整个集团综合实力的表现，“中核一家亲”“团结如一人”的强大凝聚力是核工程项目“走出去”获得成功的首要因素。

海外核工程项目不同于国内项目，30多年的海外拼搏，也成就了中原公司独有的品格。

海外核工程具有物资运输时间长、设备采购周期长、人员服务时间长、存在工作时差等特点，基于这些特点，中原公司强调一定要实事求是，即坚持最适合的就是最好的，一切从实际出发，不好高骛远，不照抄照搬。经过多年的实践与调整，中原公司海外项目管理形成了高效实用的大分包、少接口的管理模式，既有效调动了分包商的积极性，又保证了总包现场人员的精干。同时，中原公司还坚持合理合规增加总包现场决策范围，要求、鼓励分包商给予现场机构充分授权，如对于设计分包商，在合同中明确现场设计负责人、设计代表的要求以及在现场处理问题的比例，以保证现场配备足够的设计力量，尽可能在现场解决问题，缩短决策链。合理的接口与边界使总包商的集成管理优势发挥得恰到好处，保证了项目安全、质量、进度、成本受控。

除了实事求是，中原公司的另一特点就是海纳百川，即积极吸纳外部优秀人才、先进理念，推动公司的成长与壮大。公司注重不同工作经历、工作领域人员的引进，既有来自中核集团内部、中广核集团、国电投集团等具有核电站建造经验的人员，也有来自上海电气、东方电气、中交集团、中水集团等能带来非核领域经验的人员。本着“兼收并蓄、百家争鸣”的原则，鼓励大家将先进的理念和方法带到工作中，鼓励大家从不同的角度提出不同的看法，提倡在辩论中取得共识，在共识中不断进步。人才引进的海纳百川不仅练就了中原公司包容的胸怀，其与“实事求是”的结合，也奏响了公司持续创新的主旋律，使公司能根据实际情况持续改进、创新管理方法。

K2、K3项目是“华龙一号”海外首堆，也是中原公司持续创新的典范。秉持“大胆设想，小心求证”的创新理念，K2、K3项目历经两年时间精心策划了“主设备预引入创新方案”。其中包含堆芯水池模块化、环形吊车轨道支撑梁模块整体吊装、环吊大梁模块整体吊装、e形翻转支架等一系列首创的施工方法，显著缩短了传统施工主关键路径工期。以e形翻转支架为例，其大大简化了传统固定支架翻转抱环安装、拆卸等复杂工作，使K3机组仅用

19 天就完成了 3 台蒸发器和压力容器的吊装，创造了世界核电建造史上主设备吊装的最快纪录。

K2、K3 项目安全管理是在对外学习、交流，继承优秀经验的基础上，充分考虑项目特点及所在国的政策法规、风土人情、宗教信仰后进行的一连串创新。如借鉴国内企业做法，在巴基斯坦推动建立了中资企业首家安全体验馆，为在巴中资企业树立了典范；设计了汉语、英语及乌尔都语三种语言的安全手册、HSE 对错图集、经验汇编、“华龙安全之窗”报纸、电视安全频道等全方位、多维度、成系统的海外安全培训教育体系；创新采用可视化安全管理系统，形成了统一规范的宣传标识系统、全场视频监控系统、门禁控制系统、塔吊定位及防碰撞系统等；成为当地建筑企业中第一家让巴工“穿上工作服、戴上安全帽”的企业。

K2、K3 项目主设备预引入及安全管理创新方案的成功实施，为“华龙一号”及后续其他同类电站建设提供了有益借鉴，被同行评估专家认定为优势强项，也让中原公司实现了由“学别人”到“被人学”的转变。但中原公司深知，创新不一定能成功，创新是有风险的，也深刻体会到了创新的来之不易：在主设备预引入创新方案准备和实施期间，是集团领导给予的坚定支持，解除了公司的后顾之忧；是多位专家反复论证，确保了可靠、安全；是项目设计、施工等分包单位的精诚合作，保证了方案的顺利实现。这些均充分体现了大团队的合作精神，更体现了主动作为的精神。

主动作为是敢于担当的勇气。在巴基斯坦项目中推动核电设备国产化充分体现了中原公司的敢于担当。其将设备科研与产品供货相结合，大力支持国内有能力的设备制造厂进行国产化研制，在 C1~C4 项目中逐步实现了主泵、压力容器、环形吊车、堆芯中子测量系统、反应堆冷却剂主管道、应急柴油发电机组、电气贯穿件等多项核心设备的国产化，K2、K3 项目的设备供货主合同均与国内供应商签订。核心设备的国产化不仅降低了工程造价，提高了我国核电的国际竞争力，还解决了海外采购受制于人的隐患，使我国核电出口的脊梁真正挺了起来。

主动作为是“变不可能为可能，变可能为现实”的韧劲，这一点在中原公司打造核心竞争力及市场开发工作中也有所体现。

C1 工程后长达 5 年的项目中断让中原公司认识到，要想发展壮大，不能“等、靠、要”，而是要主动作为去开发市场。在开展了“什么是核心能力，如何加强核心能力建设”的大讨论后，公司明确提出了紧紧抓住市场开发和项目管理“两条主线”的发展方针。市场开发为项目管理提供业务机会，项目管理为市场开发提供经验反馈和经济支持，二者环环相扣，相辅相成，互相促进。自此，中原公司的国际市场开发业务如火如荼地开展起来。

经过几年的摸索、实践、创新，中原公司的市场开发体系从无到有，开发能力不断增强：建立了区域—代表处—专业组三位一体的市场开发体系，将开发国家划分为一般跟踪阶段、重点跟踪阶段、重点工作阶段，针对不同阶段的不同特点，采取差异化开发策略；建立了拥有 12 个海外代表处的海外营销网络，实现了“以点带面”，畅通了与业主、相关政府部门的公关渠道；建立了与一流财税、工程、法律咨询顾问的战略合作伙伴关系以及含多家成员的核电出口联队，实现了信息共通、成果共享……

随着市场开发主线策略的深入推进，中原公司融入国际环境，国际视野得到不断拓展，利用国际资源、运用国际规则的能力得到不断提升。在沙特项目上通过集团海外基金平台，联合欧洲与沙特本地银行，组建金融联合体，创新金融合作模式，优化投融资方案，提高了竞争力；完胜巴基斯坦反倾销案，挽回了约 2 亿元人民币的直接经济损失；积极应对阿尔及利亚经济纠纷案，取得了反诉的重大胜利，运用国际规则、法治保驾护航水平上了新台阶……

中原公司有一支超过 50% 的人员具备海外留学或海外工作经历的、具有国际视野、经得起考验、挑得起重担的队伍，专业从事国际市场开发的已超过百人，配备了精通英、法、西、俄、阿拉伯、葡萄牙等多国语言的人才；年出国团组近 300 个，出访人次达 1000 余人次；通过“跑马圈地”，已同 60 个国家保持业务联络，基本覆盖全球可开发核电市场；在阿根廷、埃及、沙特阿拉伯、约旦、保加利亚等竞争性核电市场上直面核电强国的竞争，积累了经验；建立了国际市场开发国别信息、工程技术、商务、报价数据库，并形成持续改进机制，提高了能力……

实事求是、海纳百川、持续创新、主动作为、国际视野，经过30多年的浸染，这些已成为中原精神，引领着一代代中原人拼搏着、奋斗着，实现了核工程出口业务从小到大、由弱到强的华丽转身。国家以“一带一路”建设为重点推动全面开放新格局，核电作为“国之重器”“走出去”已上升为国家战略，给我们带来了重大机遇。面向新时代，站在新起点，中原公司将继往开来，在中核集团的坚强领导下，在各兄弟单位的鼎力支持下，不负众望、不畏挑战、抢抓机遇、争创一流，携“国之重器”，续谱核工程出口华彩乐章，擦亮中核集团海外品牌！

B.7

坚持改革创新，不断推进我国天然铀产业转型升级

杜运斌*

摘　要：本报告介绍了我国天然铀产业近年来改革创新发展的背景，具体从科技创新进步、产业优化布局、南方硬岩结构调整、地矿延伸产业发展、国内外开放合作等五个方面，阐述了中国铀业取得的系列重要创新成果。我国天然铀产业在转型升级上迈出了重要步伐，为未来新发展积累了优势，奠定了基础。

关键词：天然铀　南方硬岩　地矿延伸产业

天然铀是满足国防需求、保障国家安全、高度敏感、无可替代的战略资源，是重要的能源资源，是建设核大国、核强国的战略物质基础。党的十八大以来，中国铀业有限公司深入贯彻习近平新时代中国特色社会主义思想和新发展理念，在国家相关部委的大力支持、关心和指导下，按照国家国防科工局、中核集团的决策部署，面对天然铀国际国内市场的供需形势和竞争态势，努力践行高质量发展的新要求，推行“新模式、新标准、新形象、新效益”，持续深化改革，不断开拓创新，切实优化布局，大力开拓市场，深入推

*　杜运斌（1964~　），男，研究员级高级工程师，历任中核金原铀业有限责任公司总经理、中国铀业有限公司董事长、中国核工业地质局局长，现任中国核能电力股份有限公司党委副书记，长期从事天然铀产业发展规划和管理工作。

进提质增效、转型升级，取得了一系列重大成绩。

党的十八大以来，我国核工业迎来了新的发展机遇和历史上最好的发展时期。天然铀产业自身能否跟上核工业发展的要求、适应市场竞争的形势，是摆在我们面前的重大课题。我国天然铀产业经过近 60 年的发展形成了自身的技术能力和体系能力，打造了一支具有光荣传统和“四个一切”①精神的核地矿队伍。同时对我国天然铀产业的现状、自身的问题和矛盾、国家的需求和法规政策、国内国际市场的形势等问题有了更深刻的认识和理解。几年来，中国铀业坚持新发展理念，抓创新发展、深化改革、国际化经营、多元发展等措施，核心竞争力得到了根本提升，经营局面根本改善，走出了一条符合新时代要求的核地矿发展道路。

一　坚持创新发展，大力提高核心竞争力

中国铀业坚持面向创新、面向未来、面向世界、面向需求，进一步强化科技创新的引领作用，围绕天然铀、地矿延伸和海外开发产业领域，启动了核能开发、龙腾计划等系列重大科技专项，铀矿探采基础理论、工程技术和装备能力取得里程碑式进展，为新落实一批特大型超大型铀矿床和千吨级铀矿山建设提供了技术支撑，依靠自主创新实现了历史性跨越。北方砂岩铀资源持续探明和地浸采铀工业试验的突破，为我国加快推进北方砂岩铀矿大基地建设提供了资源和技术基础。

（一）砂岩铀矿找矿理论实现重大突破

我国地质构造动力学背景复杂，基于铀矿勘查的反复实践检验和修正，我国系统建立了四大工业类型铀矿的矿床模式、成矿模式和评价模型，创立了不同于中亚、俄罗斯等矿集区的砂岩型铀矿叠合成矿理论和构造活动带成矿理论，指导落实了纳岭沟、钱家店、蒙其古尔、巴—赛—哈等一批大型及

① 四个一切，即事业高于一切，责任重于一切，严细融入一切，进取成就一切。

特大型铀矿床（带）；幔汁成矿和热点成矿等热液铀成矿理论进一步创新发展，逐步打破了花岗岩型与火山岩型、碳硅泥岩型铀矿找矿的空间界限，推动苗儿山、诸广、相山、龙首山等硬岩铀矿找矿成果持续扩大。

集成创新了以“天—空—地—深”一体化探测和数字化、定量化三维预测为标志的第三代铀矿勘查技术，铀矿勘查深度从 400 米推进到 1000 米左右的第二找矿空间。中国铀矿第一深钻开启超深铀成矿环境探索，先进航空伽玛能谱测量系统、3000 米硬岩钻探、野外移动实验室、绿色数字化勘查系统等特色找矿装备和平台研发成功。采用先进技术和找矿模型，首次定量预测我国铀资源家底有 200 余万吨，夯实了我国作为世界铀资源大国的地位，引领了铀矿找矿向新地区、新层位、新类型和新深度拓展。

（二）铀矿采冶技术实现绿色高效转型升级

我国砂岩铀资源总量较大，但矿性异常复杂，其中低渗透、低品位、高碳酸盐和高矿化度的复杂砂岩铀资源占 70% 以上，采用传统的采冶工艺既难以开采或经济高效利用，也不利于节能减排和绿色发展。通过多年试验和摸索，我国自主研发了 CO_2+O_2 第三代绿色采铀技术并在国内得到了迅速发展，相继破解了钱家店、纳岭沟、蒙其古尔三个千吨级铀矿基地的规模化和集约化开发技术难题，盘活了数万吨“呆矿”资源。创建了我国千吨级铀矿山开发工程技术方案，研究建立了低浓铀溶液化学模型和铀离子交换—沉淀理论，研制出适应我国复杂矿性地浸采铀特点的新型 D–261 大孔树脂、密实固定床吸附塔和高效成井关键设备材料，研发的多层矿协同开采和疏干矿床地浸开发技术属国际首创。目前新疆伊犁千吨级铀矿山和内蒙古巴彦乌拉、通辽铀矿山全部实现了规模化、集约化、数字化、现代化和绿色开发，经济和技术指标国际先进，形成经济发展与环境保护双赢的高质量发展新局面。

在聚焦天然铀主业的同时，中国铀业特别注重地矿延伸产业技术创新发展。放射性共伴生资源综合利用技术取得系列突破，运用自主研发的连续逆流矿浆吸附工艺和设备，全面打通了独居石综合回收稀土、铀、钍的关键工艺流程，有力推进了湖南独居石产业项目建设；加压氧浸新工艺成功应用于沽源铀业技术改造，钼浸出率从40%提升到80%，企业寿命从2年延长到11年，将促进企业脱困转型。在多个矿山开展的从铀铼伴生矿中回收贵金属铼的工艺也取得重要阶段成果。此外，海水提铀、放射性仪器设备、特色生物医药、地理信息系统和航空测绘监测等领域也取得新进展，为地矿特色延伸产业提供了技术支撑，助力产业经济做强做优做大。

（三）科研管理创新不断提升

为更好地破解发展中的技术瓶颈和机制障碍，提高管理效能，近年来中国铀业成立了专门的技术战略委员会和科技委员会，推进探采“一盘棋”集中式管理，谋划实施天然铀技术领先、降本增效、绿色安全、地矿延伸、技术合作与走出去、平台建设和人才强企等十大行动计划，通过实施大项目、创建新平台和获取高质量成果，打造科研与成果转化新体系。有效发挥重点实验室和工程技术中心等各类研发平台的创新引领作用，构建了“首席专家—学科带头人—专业总师—项目总师—地矿青年英才”五位一体人才培养新模式，开创了“人才、项目、工程、成果、宣传”五位一体科研管理新局面。进一步深化开放联合，携手国内多所高校和企业集团协同解决铀矿勘查开发重大技术难题，与IAEA等国际组织机构深度合作，强化技术品牌建设和技术输出，国内市场和海外开发多个项目开花结果。

“十二五”以来，中国铀业获国家科技进步二等奖2项，省部级一等奖7项，中核集团特等奖2项，建立起了覆盖核地矿主要业务领域的100余项技术标准，在地浸采铀、安全环保等优势领域形成了236项技术专利群，有2人入选国家百千万人才工程，1人入选中组部万人计划，7人获李四光地质科学奖、钱三强科技奖和国土资源部科技领军人才荣誉。

二 坚持优化布局，加快北方大基地建设

（一）产业发展方向和政策进一步明确

国家有关部委牢牢把握天然铀的战略定位、行业发展特征和发展规律，

统筹战略布局，为优化产业布局，加快战略重心向北方砂岩转移，建设规模化、集约化砂岩大基地提供了有力的政策保障。

国防科工局高度重视加强天然铀产业的规划、政策引导和发展；着力推进体系完善和能力提升，着力解决制约发展的重大问题；明确了“上大限小、多探少采”的产业政策，规定“原则上不再安排产量低的小铀矿项目”。自然资源部高度重视铀矿矿权问题，出台了铀—煤叠置政策，为铀煤协同开采的合作之路提供了政策支持；切实推进矿产资源全面节约和高效利用，大力支持建立伊犁铀矿综合利用示范基地。中核集团公司高度重视天然铀实体产业的壮大发展，决定由中国铀业作为天然铀产供销储一体化的实施主体，进一步理顺了天然铀产业链业务环节及发展机制。

（二）北方砂岩铀矿勘查成果显著

我国坚持“找大矿、找富矿、找经济可采铀矿”，以北方沉积盆地砂岩型铀矿为主攻类型，统筹部署、优化布局，实施铀矿资源大基地战略和“摸清家底”工程。北方盆地砂岩型铀矿勘查取得重大突破，新探明一批大型和特大型铀矿床，打破了我国铀矿开发长期以来以南方硬岩中小型铀矿为主的格局，重塑了我国铀矿开发以北方地浸砂岩型铀矿为主的新格局。鄂尔多斯、二连、伊犁、松辽、吐哈和巴音戈壁盆地铀矿资源找矿成果喜人，我国砂岩型铀矿资源量占比由 2012 年的 32% 增加到 2018 年的 47%（图 1），为北方铀矿大基地建设提供了资源保障。

鄂尔多斯盆地东北部探明了纳岭沟和大营特大型铀矿床，落实了我国首个十万吨级铀矿资源基地；二连盆地新发现了哈达图特大型铀矿床，巴彦乌拉铀矿床规模持续扩大，有望发展为特大型铀矿床；松辽盆地西南部新探明宝龙山中型铀矿床，新发现了大林大型铀矿产地；伊犁盆地南缘蒙其古尔铀矿床扩大为特大型，新探明了洪海沟特大型铀矿床；巴音戈壁盆地落实了塔木素特大型铀矿床。新区探索也取得重要进展，准噶尔盆地东部、鄂尔多斯盆地南部等发现了新的铀矿产地，有望发展成为新的后备勘查基地。

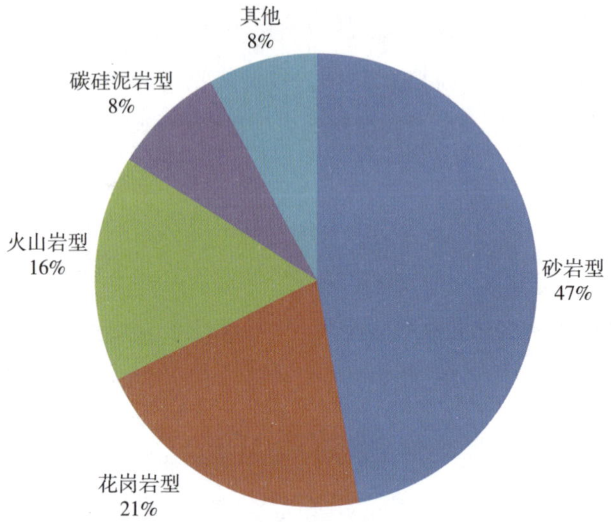

图 1 我国各铀矿化类型查明资源储量占比（2018 年）

（三）北方大基地建设取得重大突破

我国铀矿开发布局优化、战略转移的过程，就是一个从开采南方硬岩为主到开采北方地浸砂岩为主的历史进程。中国铀业深入推进铀矿大基地战略，优化主攻方向和重点，推进北方大矿的规模化、集约化开发，建设新型绿色并与国际接轨的铀矿山，使天然铀产业走出“小”“散”开发模式，地浸矿山生产能力已占全国总量的 70% 以上（见图 2）。

1. 新疆伊犁首个千吨级绿色铀矿大基地全面建成投产

2012~2016 年，新疆蒙其古尔一、二期项目先后开工建设，并顺利实现投产运行，新疆伊犁盆地产能达到千吨级规模，标志着我国首个集规模化、集约化、标准化、自动化、信息化于一体，在高技术、高效率、数字化等方面达到国际先进水平的绿色铀矿大基地全面建成，树立了我国铀矿建设的崭新形象。

2. 内蒙古大基地建设取得重要进展

通过创新发展思路，严格落实“五锁定”项目管控模式，“十二五”期

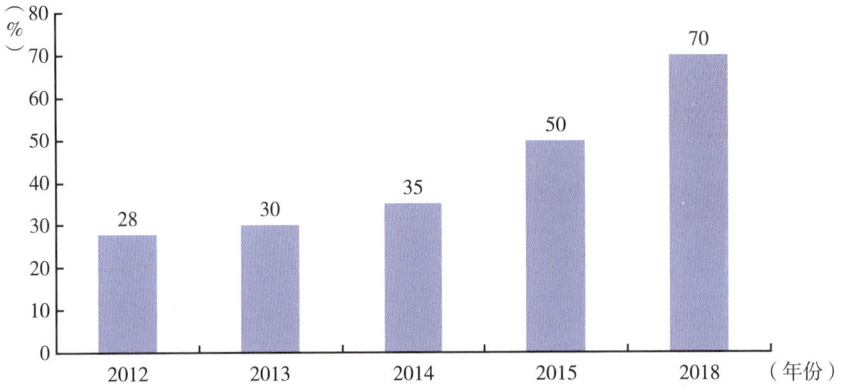

图 2　地浸采铀生产量占天然铀总量的比例

间，内蒙古通辽地区相继建成了钱家店、钱Ⅱ块两期地浸采铀项目，实现了内蒙古地区铀矿开发“零”的突破，为通辽地区建成我国第二个千吨级大基地开辟了道路。同时，二连盆地巴彦乌拉铀矿床项目突破地浸采铀工艺，克服基础设施条件差、年内有效施工时限短等诸多困难，于 2015 年投产达产，开创了内蒙古地区铀资源全面开发的新局面。

3. 国内天然铀产业实现了高质量发展

一是建设规模达到新高度。实现了资源的集约化、规范化开发，最大单矿产能较此前硬岩单矿平均产能增长了 10 倍以上，基地总生产能力达到千吨级，达到国际地浸砂岩型铀矿山的规模水平。二是绿色发展达到新水平。第三代采铀技术对地下水、土壤及周围环境几乎不产生任何有害影响，与传统采矿方式相比，做到了三废无排放、环境无破坏、生态可持续，矿区始终天蓝、地绿、水净，实现了铀矿的绿色开发。三是生产工效迈上新台阶。采用先进的三维可视化技术，实现了开采作业的远程控制；装配先进、大型、高效的工艺设备，采用全流程自动化控制技术，实现了无人值守；设置数字化集中控制中心，实现了矿区经营、生产决策、环境监测治理、安全生产管理和设备控制的信息化，轻点鼠标就能实现全流程操控；人均劳动生产率大幅提升，砂岩铀矿达到人均3吨，是此前硬岩铀矿人均0.28吨的10倍，新设计项目产能达到人均5吨，达到了国际先进水平。

三 坚持深化改革，大力推进南方硬岩结构调整

党的十八届三中全会做出了全面深化改革的总体部署，2015年中央提出实施供给侧结构性改革。中核集团深入贯彻落实党中央、国务院关于推进国企供给侧结构性改革精神，站在国际市场核能发展高度，综合分析天然铀供需形势和市场趋势因素，将南方硬岩铀矿结构调整改革纳入集团公司“十三五”规划，2015年7月确定给予调整改革资金支持，并成立集团公司地矿调整改革领导小组及办公室，党组成员、副总经理和自兴任地矿调整改革领导小组组长，先后8次召开调整改革领导小组专题会议。中国铀业遵照集团公司硬岩铀矿结构调整改革决策部署，以对事业负责、对企业负责、对职工负责的使命感，以时不我待的紧迫感，抢抓国家处置“僵尸企业”政策机遇，统筹谋划，举全系统之力，以钉钉子精神扎实推进调整改革实施工作，以抓铁留痕、踏石留印的韧劲狠抓落实，打赢了一场场“攻坚战役”，人员分流安置任务三年目标两年实现，取得了7户硬岩铀矿山企业调整改革的重大阶段性进展。

（一）南方硬岩铀矿结构调整是贯彻落实“三去一降一补”要求的具体体现

衢州、金宏、锦原、金安、金瑞、北方、蓝天铀业公司等7户企业，截至2015年末共有从业人员3981人，平均资产负债率113.65%，企业亏损严重。单个矿井资源量小、生产规模小、队伍庞大，存在“三低两高”突出问题，即机械化程度低、本质安全度低、生产效率低、成本高、资产负债率高。企业资金链断裂、债务违约风险大，处于停产、半停产状态，不改革，就难以生存，更谈不上发展。尤其是日本福岛核电站“311”核事故发生后，全球天然铀市场供大于求，国际天然铀价格持续下行，国内硬岩铀矿山运营更是

步履艰难，已沦为“僵尸企业”。

同时，随着近年来北方可地浸铀资源勘查工作和地浸采铀技术的突破，北方已具备建设较大规模低成本地浸铀矿山的条件。对硬岩铀矿山实施结构调整改革是优化布局结构、建设大基地，实行上大限小、建立先进铀矿冶体系，提升本质安全度、推进绿色安全发展，应对市场挑战、提升经营绩效的必然要求。南方硬岩开采技术的瓶颈必须要通过产业技术的转型与升级来突破，铀矿采冶产业由南方向北方转移势在必行。

2016 年上半年，7 户调改企业被国资委列入“僵尸企业”处置范围。按照“一企一策”的原则，中核集团逐个批复了“僵尸企业”处置专项方案。

（二）以“壮士断腕”的决心和毅力，打赢人员分流攻坚战，三年任务两年完成

中核集团党组统筹谋划，果断决策，为调整改革指明了方向。中国铀业成立领导小组和专门机构，加强组织领导，层层落实责任；以党建统领调整改革，凝聚强大动力，思想先行，明确宣传重点；深入调查研究，构建改革路径，经过前后 30 多轮的讨论，形成了“1+10”方案体系；争取政策支持，关心关爱职工，先后 10 余次到国资委、人社部咨询，收集钢铁、石化和煤炭等行业人员分流做法，依法依规，统一人员分流政策，保障过渡期职工基本生活；坚持问题导向，领导靠前指挥，及时解决企业历史欠薪和拖欠农民工工资等突出问题；中国铀业领导先后 26 次带队赴企业与班子、骨干和部分职工代表等谈心交流 300 多人次；抓住“关键少数”，发挥企业班子表率作用和中层骨干作用；制定专项考核方案，层层签订责任书，强化执纪问责。本着“先易后难、梯度推进”的原则，制订实施工作计划，对照路线图，倒排时间节点。制定职代会前准备工作要点（30 条），因企施策开好职代会；制定人员分流安置工作流程和操作模板，多渠道分流安置人员。主要领导接访，部分职工虽有诉求，但因渠道畅通，处置得当，矛盾得到及时化解。

2016 年 8 月 26 日，衢州铀业率先启动人员分流工作，截至 2017 年 8 月，调整改革 7 户企业，共分流安置各类人员 3180 人。提前完成 7 户企业人员分

流目标任务。同时，加强矿山蹲点值守、巡视检查，提高一线维持维护人员待遇，投入2000余万元隐患整治资金，确保矿山安全环保受控，调整改革期间未发生安全事故和环境污染事件。

南方硬岩调整改革的典型经验和成功做法3次被国资委编入简报。其中，国资委2017年第27期《国企改革简报》刊登的《中核集团聚共识，善安置，超额完成“僵尸企业”处置任务》，被呈报给马凯副总理、王勇国务委员等领导。国资委为“僵尸企业”处置人员分流提供了补助资金，并于2016年给予了中核集团加分奖励。2017年，中核集团授予中国铀业业绩突出贡献奖。财政部、人社部、国防科工局等国家部委在多方面给予了大力支持和帮助。

四　坚持多元发展，积极发展地矿延伸产业

中国铀业充分发挥60多年铀矿勘查开发形成的技术、资质、装备、人才等比较优势，积极把握国家经济结构调整的新变化，按照“以铀为本、同心多元”的发展思路，坚持“大资源观、大地质观、大生态观”的发展理念，瞄准国家“一带一路”倡议、区域发展战略等重大需求，更加注重从供给侧发力，通过规划引领、龙头牵引、平台搭建，推动从满足需求向创造需求转变，推进产业由服务型向主导型、由打工型向业主型、由粗放型向集约型转变，积极谋划发展具有核心竞争力、有优势资源、能提供有效社会需求的地矿延伸产业。稳住并扩大地质技术服务等传统产业市场；以放射性共伴生资源为切入点，积极培育打造资源综合利用产业；积极推进环保、油气、生物医药产业、地理信息系统等新的主导产业，地矿延伸产业实现快速发展，与2012年相比收入和利润快速增长，成为产业结构中不可或缺的重要组成部分。

五　坚持开放发展，加快走出去步伐

（一）国内大联合格局不断巩固

中国铀业以开放的姿态全力推进对外合作，按照“一个责任主体、多方

参与投资、股份合作开发”的原则，开展顶层、区域、项目等三个层次的合作，集聚形成地方政府、相关企业的共识。相继与石油系统、属地化地勘队伍合资成立了7家股份制铀矿开发企业，尤其是与内蒙古自治区政府、中石油分别建立了开发大营铀矿和通辽铀矿的利益共同体，成为中国铀业开展跨行业合作的典范。

（二）海外开发取得重大突破

1. 海外铀资源开发取得重要进展

中国铀业深入贯彻落实“一带一路”倡议，紧紧抓住国际市场深度调整出现的重大投资机会，按照资源禀赋优、开采成本低、投资环境好、对华关系善的原则，积极布局海外优质铀资源开发，加强了同纳米比亚、澳大利亚等国家和地区开展铀矿项目合作。

2. 铀矿勘查开发技术和能力走出国门

2017年3月，在习近平主席和沙特阿拉伯国王的见证下，中核集团与沙特地调局签署铀钍资源合作谅解备忘录，落实了铀钍资源调查评价技术服务合同，标志着中国铀业在世界铀矿勘查开发领域的影响力不断增强，实现了从单一的技术交流合作向勘查开发一站式服务转变。目前项目进展顺利，成功圈定了多处靶区，有望落实铀、钍、铌、钽稀土大型—超大型矿床，得到沙方的高度评价。同时，不断强化与沙特地调局、核能城、科技城、矿业公司、阿美石油等5大主体的合作，形成了海外天然铀勘查开发技术服务的“沙特”模式，打造了包括天然铀勘查、水冶、工程总包、油气服务等在内的地矿全产业链国际化样本，积极为世界提供铀矿勘查开发的中国技术、中国方案。

3. 延伸产业走出去多点开花

柬埔寨乡村供水一期项目进度、质量、安全环保等工作均达到预期目标，得到了当地政府的良好评价，二期项目基本锁定。老挝钾盐详查勘探项目、赞比亚航测项目、埃塞俄比亚航测项目、巴基斯坦油服项目等取得较好的经济效益和社会效益。

经过多年来的持续改革、创新发展，我国天然铀产业逐渐摆脱了队伍庞大、机制不活、结构臃肿、产业结构不合理的局面，基本形成了完整、精干、高效的组织体系、队伍体系、技术体系、能力体系、信息资料体系，在转型升级上迈出了重要步伐。中国铀业在铀矿勘查方面，是国家队和主力军；在铀矿采冶方面，是国内唯一拥有矿山设计、科研、开发、建造、运营能力的矿业单位，能够为世界铀矿勘查开发提供技术解决方案和工程服务，在铀共伴生资源开发方面，是国内唯一具备含铀共伴生矿回收能力的单位，在铀钼、铀铁、铀磷、含铀稀土等回收方面具有全国领先的技术研发和工程应用能力。

当前，我国核工业进入新的战略发展机遇期，中国铀业也已经具备了坚实的发展基础和显著的竞争优势，相信中国铀业必将立足新的起点，切实担负起新的历史使命和历史责任，朝着成为具有核心竞争力的世界一流天然铀企业的战略目标奋进，开创我国天然铀产业和延伸产业发展的新局面。

B.8
核燃料自主创新之路

陈宝山*

摘　要： 本报告介绍了我国核燃料产业坚持改革开放，创新发展，坚定不移走自主创新之路，取得了显著成就。核燃料循环产业体系进一步完善，产业能力大幅提升；实现核燃料关键技术重大突破，推动了核燃料产业跨越式发展；坚持体制机制创新，人才兴业，绿色发展；核燃料产业为我国国防和经济建设做出了重要贡献。进入新时代处于大有作为战略机遇期的中国核燃料产业，要抓住机遇，大力推进创新驱动发展，实现我国由核燃料大国向核燃料强国转变，建设世界一流的中国核燃料产业。

关键词： 核燃料　循环产业　核工业

核燃料是在核反应堆中进行核裂变释放大量核能的放射性物质，主要有铀、钚、钍等。核燃料进入反应堆前的制备以及出反应堆后的处理的完整过程，包括天然铀的采冶、铀纯化转化、铀浓缩、燃料元件制造，反应堆卸出的乏燃料后处理，放射性废物处置等的全部环节，即构成完整的核燃料循环。核燃料产业是包括核燃料循环全部环节的科研、设计、生产制造、服务等的集合。不言而喻，核燃料产业是战略性高科技产业，是国家核工业的基础，

* 陈宝山（1941~　）男，汉族，研究员级高级工程师，曾任宜宾核燃料元件厂厂长，中核集团科技委委员，国核宝钛锆业股份公司董事长。现为中国核能行业协会专家委员会核燃料组组长。

是发展核能不可或缺的重要保障和支撑。

2018年是我国改革开放40周年。40年来，大力弘扬“两弹一星”精神的中国核工业，坚定不移地坚持改革开放，坚定不移地走自主创新之路，攻坚克难，闯关夺隘，我国核燃料产业也取得了前所未有的快速发展，产业面貌发生了巨大变化，核燃料为我国国防建设和经济建设做出了重要贡献，也为做优做强，使我国由核燃料大国向核燃料强国迈进，建设世界一流的中国核燃料产业奠定了坚实基础。

1. 坚持自主创新，建立完整的中国核燃料循环产业体系，产业能力大幅提升

早在20世纪50年代党中央就决定建立中国核工业，到改革开放前经过20多年发展，由最初建成的“五厂三矿”，到适应战备需要抢建的三线核工程，初步形成了我国核燃料循环总体架构和基本能力，适应当时国防急需。改革开放后，核燃料产业经过战略调整，既要保证国防需求，也要为国民经济建设服务，核燃料产业进入了全新的发展期。

我国国民经济迅速发展、对能源的需求及能源结构的调整推动了核电产业的发展。从自主设计建造的秦山一期300MW核电站1991年并网发电，到引进法国技术于1994年建成商业运行的大亚湾核电站，其后相继建成秦山二期、岭澳、秦山三期、田湾核电站等，核电产业的快速发展，对核燃料提出了迫切需求。核燃料供应必须立足国内，这给核燃料发展带来了重大机遇，经过自主创新，不懈努力，新型核燃料产业体系更加完善充实，水平和能力大幅提升。

以核燃料元件制造为例，通过自主创新，我国建立了完整的核电燃料研发、设计、制造、服务体系。

为提供核电站所必需的核燃料，1987年宜宾核燃料厂建成了我国自主研发设计的第一条核电燃料元件生产线，制造秦山一期300MW核电燃料元件，于1990年装堆，这是我国核燃料循环体系正式生产核电燃料元件的开始，填补了我国核电燃料元件制造的空白。为制造引进法国技术建设的大亚湾核电站所需AFA2G燃料组件，宜宾核电燃料元件生产线实施了改造升级和产能扩

大，其后，为满足岭澳等核电站的燃料需求，元件生产线扩产到 200 吨铀 / 年以上，到 2008 再次扩大到 400 吨铀 / 年。2015 年应用新技术设计建成了 400 吨铀 / 年规模的全新生产线，使宜宾厂的年总生产能力达到 800 吨铀 / 年，成为能够制造 AFA3G、全 M5- AFA3G、VVER-1000，以及华龙一号 CF3 等燃料组件，全球最大最完整的核燃料元件厂之一。

位于包头的中国北方核燃料元件有限公司于 2002 年底建成我国重水堆核电燃料元件生产线，为秦山三期提供 CANDU-6 型棒束燃料组件。2010 年又建成投产具有 200 吨铀 / 年能力的压水堆燃料生产线，并预留了扩产 400 吨铀 / 年规模的接口。2008 年组建的中核包头核燃料元件股份有限公司，在包头新建 400 吨铀 / 年压水堆燃料生产线，制造三代核电 AP1000 燃料组件。目前我国已具有中核建中、中核包头两个燃料元件生产基地，总产能达到 1600 吨铀 / 年。中核北方核燃料元件有限公司还建有年产 30 万个球形燃料的中国高温气冷堆燃料生产线，并于 2016 年 3 月正式投产。此外，中国广核集团利用海外铀资源在哈萨克斯坦合资建设了境外第一个核燃料元件厂。纵观核反应堆必不可缺的核电燃料元件制造，在改革开放后，尤其是近 20 多年，其取得了快速发展，形成了完整体系，产能大幅提升，为核电站提供了优质产品和服务，保证了中国核电的快速发展。

核电对核燃料需求量的扩大，有力地促进了天然铀资源、铀转化、铀浓缩产业的发展。

在铀转化方面，我国建成了南北两个铀纯化转化基地，铀转化能力达到 12000 吨铀 / 年；在铀浓缩方面，实现了由扩散法向离心法的转化，建设了兰州铀浓缩有限公司和陕西铀浓缩有限公司，形成了离心机研发制造，离心工程设计、建造和运行的完整铀浓缩研发生产体系。

在核燃料循环前端，除主要能力得到实质提升外，另一个突出成就是各环节产业本身的配套得以完善。除了铀浓缩离心机自主制造配套外，另一个显著亮点是建成了我国完整的核级锆材产业。

水堆燃料元件制造，用于包覆核燃料的核级锆合金材料是制造燃料组件不可或缺的关键材料。燃料棒的包壳管、端塞、燃料组件的导向管、格架都是核级锆合金材料，美国、法国、俄罗斯的核燃料制造业都有自己配套的核级锆材产业链。我国以前主要依赖进口。2007 年国家核电技术公司与宝钛集团有限公司共同组建了国核宝钛锆业股份公司，在国家能源局、国家国防科技工业局的大力支持下，整合国内已有锆业资源，借鉴国外技术，自主研发建成了包括核级海绵锆生产、锆合金熔炼、坯料制造、板材带材制造、管材棒材制造的核级锆铪材完整产业链，以及国家能源核级锆材研发中心、理化检测中心等研发配套体系。按满足 1 亿千瓦核电装机容量所需核级锆材，设计产能海绵锆一期工程为 2000 吨 / 年、锆合金熔炼 2000 吨 / 年、板带材 80 吨 / 年、管棒材 1000 吨 / 年。2013 年锆产业链建成投入运行，奠定了我国核级锆材的产业基础，生产线和研发平台为锆合金材料制造及自主品牌新锆合金研发提供了保障。其后，中核集团等单位建成了又一条锆材加工线以及核级海绵锆生产线，核级锆能力进一步增强。

同时，元件的研发体系进一步完善。国家能源先进核燃料元件研发（实验）中心、核级锆材研发中心，中核集团核燃料元件及材料研发中心等一批研究所、重点实验室、事故容错燃料技术工程实验室，以及燃料组件检验测试平台等相继建立，我国核燃料产业研发能力显著提升。

在核燃料循环后端，建设了低放射性废物处置场和低放废液水泥固化生产线等一批废物处理设施，在中核 404 建成了我国第一座动力堆乏燃料 60 吨规模的后处理中试厂。我国已经掌握了乏燃料后处理重要工艺流程，自主建设的 200 吨乏燃料后处理示范工程项目已经获批复，配套水池已开工建设。正在筹划中法合作建设大型商业后处理厂。

坚持创新发展，我国已成为当今世界令人瞩目的核燃料产业大国。

2. 强化科技创新，实现核燃料加工关键技术重大突破，推动了核燃料产业跨越式发展

改革开放，解放思想，大力推进自主创新，我国核燃料技术取得了突破性的发展，许多技术达到国际先进水平。

在铀转化环节，完成“铀转化工程关键设备和技术研究”，解决了流化床脱硝、还原、氢氟化，以及氟化、冷凝等关键工艺技术和设备，成功研制

了单线 3000 吨铀 / 年转化能力的先进工艺流程和关键设备，实现了铀纯化转化一体化，控制技术、安全环保水平大幅提高，产能不断扩大，成本显著降低。实现了铀纯化转化的跨越发展。

铀浓缩技术是核燃料产业体系的关键技术，也是最敏感技术。铀浓缩离心机具有高转速、强腐蚀、连续运行等特点，对材料要求高，技术难度大。国际上真正实现铀离心机工业化生产与应用的有西欧 Urenco 合资公司和俄罗斯 Rosatom 公司。中核集团经过多年联合攻关，成功攻克了铀离心机研制中的多项关键技术，2012 年实现了离心机的自主化和工业化应用。铀浓缩离心技术的重大突破，对保障国家能源安全和我国核电可持续发展有重大战略意义。2018 年我国新一代铀浓缩离心机大型商用示范工程全面建成，标志着我国铀浓缩离心技术实现升级换代，技术水平、经济性进一步提升。现在，中核集团已成为世界上第三家能够研发制造离心机的公司，将与 Urenco、Rosatom 同台竞技铀浓缩业。

在核燃料元件技术领域，科技创新最显著的业绩包括如下几个方面。

一是实现了引进核电反应堆所用燃料全部本地化制造。

在改革开放大背景下，中国核电在发展过程中引进了国外多种堆型技术，在引进核电技术的同时，也一并引进了燃料组件制造技术。关于这一点，正如李冠兴院士所强调的：核电技术的多样性实质带来了核燃料元件的多样性和严重的技术壁垒。反应堆核燃料的制造不同于其他核燃料产业，天然铀、转化和浓缩提供的产品属于通用产品，具有原材料的特征。而燃料组件是核反应堆的核心部件，是非常复杂的工程产品，要通过详细的设计、严格的审评以及实验检验。作为专用产品的核燃料组件是专门为某一特定的堆型，甚至有时是为某一个反应堆设计制造的。这是核燃料元件制造在燃料循环产业中的特殊性。通过技术引进、消化、吸收、再创新，我们完全掌握并改进了与 CANDU-6、M310、VVER、AP1000 等堆型对应的各种燃料组件制造技术，实现了燃料组件全部国内自己制造供应，质量优良。通过自主创新，在制造技术上实现重大进步。化工转化由湿法 ADU 工艺上升为干法水解还原一体化先进工艺。自主攻关研制出 UF_6 干法转化炉应用于 UO_2 粉末制备，技术水平达到国际先进。自主研制的骨架焊接机器人等一批先进装备以及生产线自动化、无损检测技术得到发展，我国核电燃料制造达到国际先进水平。

二是自主品牌大型核电燃料元件的研发。

虽然我们可以制造多种高质量的燃料组件，但制造的是国外品牌的产品。我们必须生产出完全自主知识产权的燃料组件，必须能制造和提供自己品牌的锆合金材料。这是我国核电、核燃料发展的需要，更是“走出去”的迫切需要。近十多年来，业内开始全力研发中国自主知识产权的燃料组件和自主知识产权高性能锆合金。

我国正在研发的大型压水堆核电燃料组件有：CF 系列燃料组件、STEP 系列燃料组件、“国和一号”燃料组件、环形燃料组件等。以用于三代压水堆为目标，在燃料组件设计、关键材料研制、制造工艺开发、试验验证装置建立、堆内外试验等环节开展了全方位的研究，突破了一系列关键技术，取得了丰硕的成果。

其中，中国核工业集团公司自主研发的 CF 系列燃料组件是集团实施创新驱动发展战略的重要组成部分。集团组建联合攻关团队，形成高效的协调机制，充分发挥各自优势，凝聚成强大的创新合力，研发完全自主知识产权的 CF 系列燃料组件。突破国外知识产权约束的 CF2 先导组件已在秦山二期 2 号堆内完成全寿期辐照考验。为“华龙一号”研制的 CF3，对格架、导向管、管座等进行了全新设计，包壳材料用中核集团研发的自主品牌 N36 新锆合金。CF3 先导组件已完成了两个长循环的辐照考验，改进的 CF3A 先导组件将在方家山百万千瓦核电机组堆内进行小批量应用，以验证性能，随后，将在“华龙一号”反应堆内实际应用。自主创新的 CF 系列燃料组件已获得丰硕成果——完成了结构设计、试验设计、制造技术、入堆辐照考验、池边检查以及 N36 新锆合金等相关专利申请，形成了系统完整的知识产权成果包。综合性能更高的 CF4 燃料组件，对应更先进的 N45 锆合金，正在联合研制中。

与此同时，中国广核集团开展了自主知识产权 STEP 系列燃料组件（STEP-12、STEP-14、STEP-S）及 CZ 系列锆合金的研发。STEP-12 先导组件及 CZ 锆合金样品管组件已于 2016 年初入堆开展商用堆辐照考验，目前已完成两个循环辐照考验，池边检查结果表明，燃料组件及锆合金的堆内性能完全符合预期。第二批 STEP-12 及 CZ 锆合金先导组件也于 2018 年初入堆，运行情况良好，目前正在策划更大规模辐照考验及批量化工程应用。燃料性能分析软件的研制在同步推进，并取得了一批自主产权成果。

国家电力投资集团有限公司针对国家大型先进压水堆重大专项——CAP1400 核反应堆（国和一号）所用燃料组件，系统研发了自主知识产权新燃料组件，这是 14 英尺长的先进燃料组件，采用自主研发的 SZA 新锆合金。“国和一号”试验组件已于 2016 年末完成制造，进行堆外试验后，启动了先导组件在商业堆中的辐照考验，以验证其在 CAP1400 反应堆中的堆内性能，力争达到商业化应用。

三是掌握完整核级锆材产业技术，新锆合金研发取得突破。

如上所述，自主品牌燃料组件必须采用自主品牌的锆合金材料。我国三个系列的自主品牌新锆合金产品（N36、CZ1/2、SZA4/6）均通过了堆内考验，近十年来的发展成绩已经超过之前半个世纪我国核级锆材的发展。新型锆合金的研发应用是一个十分复杂漫长的过程，从合金成分筛选、实验室验证、工业生产技术开发、堆外性能试验、辐照考验以及先导组件入堆考验到完全商业化应用一般要用 20 多年时间。其中，中核 CF 系列组件所用 N36 新锆合金早在 20 世纪就开始研制，限于当时条件，其工程化制造技术开发和考验在我国完整核级锆材产业体系建成之后才得以迅速推进。核动力院研制组与国家能源核级锆材研发中心等联合，迅速推进了 N36 产业化加工技术开发，实现了大铸锭微量合金元素高精度控制、低温挤压及管材热处理等技术突破，圆满完成了 CF3 及 CF3A 两轮次先导组件用 N36 锆材的研制生产。2017 年 10 月核动力院正式将 N36 锆合金管棒材制造技术转给西部新锆公司开始批量化制造。2018 年 11 月西部新锆 N36 锆合金产业化首批产品成功下线通过验收，交付核燃料元件厂，标志 N36 新锆合金开始批量应用。

以国核锆业和国家能源核级锆材研发中心为代表的我国核级锆材产业链通过引进消化吸收再创新实现了 AP1000 反应堆用 ZIRLO 锆合金、VVER 反应堆用 E110 锆合金等的国产化。2016 年开始 ZIRLO 包壳管国内批量生产，已用于海阳1号核电机组AP1000首次换料燃料组件的制造。在核级锆材制造技术上，我国坚持创新发展，已具有以锆铪分离为主要特征的核级海绵锆制备，到锆合金熔炼，锻造挤压加工，产品管棒材、板带材的轧制，热处理等完整产业技术，近年来又自主开发出一系列新技术，包括锆铪分离新工艺技术、锆铪萃取分离环保技术、不同合金低温锻造与返回料回收处理技术、管材冷轧工模具设计制造技术以及无损检测等。围绕核级锆材腐蚀机理、计算机加工模拟、锆合金相图等方面开展了相关基础研究工作，有力支持了新锆合金加工工艺的开发及改进。在国产化制造和自主品牌新锆合金研制中形成了一批知识产权成果。大力实施自主创新，我国核级锆材取得历史性突破。

四是高温气冷堆燃料研发。

高温气冷堆作为国家科技重大专项，具有第四代核电技术安全特征。其燃料元件的研发制造是核燃料产业自主创新的又一亮点。高温气冷堆燃料元件是由清华大学研发的具有完全自主知识产权的高性能核电燃料元件。该元件是直径60毫米的球形燃料。200MW示范堆球形燃料元件已完成堆内辐照考验。2016年投产的高温气冷堆球形燃料元件生产线已为200MW示范型高温气冷堆制造了首批燃料，这是世界上第一个实现商业化应用的高温气冷堆球形燃料元件，为我国高温气冷堆技术走向世界提供了重要的技术基础。随着高温气冷堆技术的发展，研发适应更高温度和燃耗的高温气冷堆燃料元件的工作已经展开。

五是ATF燃料研发。

日本福岛核事故后，新一代压水堆核电燃料概念被提出，即ATF燃料（Accident Tolerant Fuel），业内称为耐事故燃料（或事故容错燃料）。目标是与现行的UO_2-Zr燃料相比，提高燃料性能，在反应堆一旦出现高温事故的状况下，可消除或减少锆水反应，缓解事故后果。ATF已成为当前国际上核燃料研发的又一热点，我国也将ATF列为新一代燃料研发的重点之一。中广核集团2013年组织了国内首次ATF技术研讨会，并于2014年完成能源局ATF软课题研究。随后，与中核集团、国家电投、安审中心、中物院、中科院等单位联合开展了国家科技重大专项“事故容错燃料关键技术研究”课题的实施。目前，研究工作主要集中在燃料芯体材料和包壳材料。2017年底，中广核启动了ATF材料级候选样品的研究堆中子辐照考验，并于2018年开展了第二批次包壳芯块小样品研究堆辐照测试，目前正在推进ATF小棒研制和入研究堆辐照。中核集团开展了SiC、FeCrAl材料入堆辐照及其他包壳、芯块材料的研究测试。在国际合作方面，中广核代表中国加入经济合作与发展组织核能署OECD/NEA于2014年正式成立的事故容错燃料专家委员会（EGATFL），与国际同行共同开展ATF设计准则、筛选标准、概念分析等顶层设计研发工作。

除上述核电燃料元件之外，中核集团开展了快堆MOX燃料研发，在组件设计、MOX芯块研制等方面相继取得重要突破，为我国CFR-600示范快堆建设提供了技术支撑。正在开展研究的其他燃料还有压水堆环形燃料组件、铅冷快堆燃料、钍基熔盐堆燃料、各种小型堆燃料等。

自主品牌燃料元件研发的快速进展，使燃料组件即将由“中国制造”升级为“中国创造”。

在核燃料循环后端，后处理技术实现突破。中核集团自“七五”开始确定将核燃料后处理研究从以生产堆为主转向以动力堆为主。经过多年科技攻关，自主攻克了乏燃料后处理系列关键技术，建成了核燃料后处理放化试验设施，建成了我国第一座动力堆乏燃料后处理中试厂，打通了核燃料闭合循环关键技术，后处理科研专项获国家批复。高放废液新型玻璃固化技术取得重要进展。2017年，中核集团成功研发了具有自主知识产权的大型商用乏燃料运输容器原型样机（龙舟—CNSC），并具备了批量化生产能力。

3. 坚持机制创新，人才兴业、绿色发展

40年来，中国核燃料产业体制机制发生了深刻变化，负责核燃料产业的二机部于1982年更名为核工业部，1988成为中国核工业总公司，即如今的中国核工业集团公司。核燃料产业管理体制与时俱进，原来行使职能管理的二局更名为核燃料局，2010年改为核燃料事业部，2012年在事业部的基础上成立中国核燃料公司，2017年11月中国核燃料有限公司与承担核燃料进出口贸易的中国原子能工业有限公司进行体制优化整合，形成核燃料产供销及服务一体化完整产业板块的新的中国原子能工业有限公司，以推动核燃料产业做

优做强做大。

核燃料循环后端，2009 年中核集团成立核设施退役与治理部，2011 年在此基础上成立了核环保工程事业部，统筹管理核设施退役治理、乏燃料运输、后处理及废物处置等相关业务。2017 年 11 月中核环保有限公司成立，职能部门变为独立经营的企业。坚持“专业化、市场化、国际化”核环保发展理念，按照“小核心、大协作”，吸收各方优势力量，打造具有较强国际竞争力的大型环保企业。

核燃料企业内部，完善公司法人治理结构，引入竞争机制，充分发挥市场配置资源的作用，建立适应现代企业制度需要的人事、用工、分配制度，建立精干高效的管控体系，产业内各板块一派生机勃勃。在开放、包容、合作、共赢的理念下，核燃料产业积极与俄罗斯、欧洲、日本等国家开展了相关合作。

“核安全”是核行业的特殊安全责任，核产品的质量是核安全的保障。核燃料产业按照《核工业质量管理体系要求》建立了完整有效的质量管理体系，并在实施中持续改进。

以核电最关注的燃料组件为例，它不仅是堆中发生核反应的热源，也是防止放射性物质外泄、保障核安全的第一道屏障，燃料元件的质量保证极为重要。质保体系运行以全过程控制为主线、以三大鉴定为特点的中核建中核燃料元件有限公司经历了由管理条例到安全法规，再到国际标准认证的过渡，持续改进、创新发展为具有中国核工业鲜明特色的先进质保管理体系，蕴含了核安全文化和质量文化的深厚沉淀。弘扬“四个一切”的核工业精神，秉承“敬业报国、求精创新”“一切求更好”的企业理念，始终“以质量为本，追求卓越”，使质量体系保持旺盛的生命力。公司先后获全国质量管理先进企业、全国质量效益型先进企业特别奖，是国防科工委授予的“首批质量文化建设示范单位”。公司视质量为生命，以“燃料元件制造零破损”为目标，几十年所生产的燃料组件始终保持了优异质量，得到用户高度赞誉。

以“安全第一”为根本方针、“内化于心，外践于行”的核安全文化，已深深植根于核燃料产业。其遵照“核安全法”“环境保护法”等法律法规要求，坚持以人为本，提高安全意识，强化人员培训，强化精益管理和安全考核。实施预防为主、标本兼治、专群结合、科技兴安。贯彻“本质安全”、清洁生产，核燃料产业安全生产、绿色环保上升到新水平。

人才是创新发展的基础，最宝贵的第一资源。核燃料产业创新人才机制，加强管理人才、专业技术人才、技能人才三支队伍建设，弘扬劳模精神和工匠精神，不断拓展各类人才发展空间。在自主创新中，核燃料产业涌现出以核燃料专家李冠兴院士、陈念念院士等杰出人士为代表的一批科技精英，企业家和有丰富实践经验、勤奋敬业、技艺高超的大国工匠，技术能手。

4. 抓住机遇，迎接挑战，大力推进创新发展，建设世界一流的中国核燃料产业

习近平总书记就我国核工业创建 60 周年提出，“要坚持安全发展、创新发展，坚持和平利用核能，全面提升核工业的核心竞争力，续写我国核工业新的辉煌篇章”，为新形势下我国核工业、核燃料产业发展指明了方向。中国特色社会主义进入了新时代，实现“两个一百年”奋斗目标，在 21 世纪中叶全面建成富强、民主、文明、和谐、美丽的社会主义现代化强国，这是核工业人的使命和责任。

当前，我国核工业、核燃料产业正处于大有作为的战略机遇期。基于能源结构清洁化和大气治理的迫切需要，我国积极发展核能并且要“走出去”。2018 年底，我国大陆在运核电机组已达 44 台，运行装机容量达 4464.5 万千瓦，三代核电 AP1000、EPR 全球首堆核电机组分别投入商运。华龙一号全球首堆福清 1 号机组、海外首堆卡拉奇 2 号机组工程进展顺利。2018 年底，我国在建核电机组 13 台，为全球第一。我国核电形势很好，但在能源中所占比重不大，为满足能源需求的增长和改善能源结构，我国将继续积极发展核电。海外尤其是亚洲地区核能发展较快，加上当前用于供热、制氢、海水淡化、海岛发电等各种用途的小型堆技术的兴起及第四代核能开发，对不可或缺的我国核燃料产业提出了新要求，其不仅要能满足国内需要，同时要成为国际核燃料高水平供应商。广阔的市场前景为核燃料发展提供了大好机遇，也对

核燃料提出了更高要求，加速核燃料产业向更先进技术、更高质量发展已时不我待。

必须清醒地看到核燃料的发展要直面严峻的挑战。俄、美、法的核燃料龙头企业以产能和技术优势一直在抢占中国和世界核燃料市场。俄罗斯先进且更节能的“第九代+”气体离心机通过测试开始被采用，在继续测试轻水堆再生混合燃料和快堆铀钚混合氮化物燃料。西屋公司正加紧耐事故燃料EnCoreTM的研发。国际上正在加速开发以ATF为代表的革新型燃料元件。在乏燃料后处理和再循环方面，法国扩大了将在阿格厂处理的轻水堆用燃料的范围。我国乏燃料后处理商业厂尚在计划筹建中，乏燃料后处理、放射性废物处理处置等后端环节与核能发展的需要及国际水平差距较大。大型压水堆自主品牌先进燃料组件多处于商用前夕。在核燃料产业某些核心技术方面还存在差距。处于世界技术革命、产业革命中的我国核燃料必须继续坚持改革开放，大力推进科技创新，向更高质量加速发展，才能适应核能发展需求，才能使我国从核燃料大国变为核燃料强国。

要贯彻落实党中央和习近平总书记提出的创新发展要求，坚持创新是第一动力、人才是第一资源的理念，坚定不移地坚持改革开放，走创新驱动发展之路。落实国家核工业发展规划及核燃料发展战略，坚定不移地推进科技创新；强化核心技术研究，加快产品研发和产业化应用，开展应用基础与革新性燃料技术等前瞻性研究，提升可持续发展能力；根据市场需求，进一步扩充产能，推进智能制造，降本增效；继续推进体制机制创新，建立科研激励机制，实施核燃料加工产业股权多元化改革；打造适应自主化、市场化、国际化发展的现代企业管理体制机制；坚定不移推进管理创新，优化运营管理架构，创新人才资源管理，有效提高安全生态环保质量管理水平；坚定不移推进文化创新，弘扬核工业精神，为创新发展提供不竭动力。

为适应“走出去”和IAEA倡导的“创新型核反应堆和核燃料循环国际项目（INPRO）”，提升国际竞争力，应进一步优化核燃料产业布局，提升核燃料循环产业效能。在沿海地区建设包含铀转化、浓缩，燃料元件制造等前端产业链的核燃料产业园，打造“一站式”燃料元件生产供应基地，服务于国内外核电市场。补齐后处理短板，实施商用后处理大厂建设，实现核燃料闭合循环。

当今世界科技革命和产业变革方兴未艾，创新是一个民族进步的灵魂，是引领发展的第一动力，“惟创新者进，惟创新者强，惟创新者胜”。我国核燃料产业应继续坚定实施创新驱动发展战略，走自主创新发展之路，攻坚克难，砥砺前行，实现核燃料大国向核燃料强国转变，建成世界一流的中国核燃料产业，为人类和平利用核能做出新贡献。

参考文献

[1] UXC Cousulting Services, *Nuclear Industry Value Chain*, May 2016，99。

[2] 任海梁、官慧:《中国核燃料产业正向做强做优迈进》,《中国核工业报》2018 年 8 月 29 日，北极星电力网，核电。

[3] 李冠兴:《我国核燃料循环前端产业的现状和展望》,《中国核电》2010 年第 3（2）期。

[4] 任永岗:《我国自主品牌核电燃料元件的研发》,《中国核电》2018 年第 11（1）期。

[5] 原诗萌:《中核集团改革开放 40 周年新闻发布会，建立起自主、先进的核燃料循环体系》，北极星电力网，核电，2018 年 11 月 20 日。

[6] 国际原子能机构（IAEA）发布《2018 年核技术评论》，2018 年 10 月 18 日，国家原子能机构，国际新闻。

B.9
起步、发展、跨越
——从 300MW 到 1000MW 核电设备自主化之路

唐伟宝　张 璎*

摘　要： 上海核电产业从 728 工程起步，从无到有，从小到大，走过风风雨雨 40 多年，实现了跨越式发展。本报告从上海电气核电产业发展历程的角度，回顾了 20 世纪 70 年代初至今核电设备制造艰难起步、快速发展和跨越提升的三个阶段，通过自主研发和技术引进相结合，实现了从 30 万千瓦、60 万千瓦到 100 万千瓦级核电设备的自主化发展之路。

关键词： 核电　上海核电　原子能

上海核电产业从 20 世纪 70 年代初周恩来总理指示要搞原子能发电，开始研究部署建设我国第一座核电站——728 工程——起步，至今已经历了风风雨雨的 40 多年。回眸过去，上海核电从无到有，从小到大，取得了长足的进步，实现了跨越式发展。上海电气集团股份有限公司（简称“上海电气”）前身是上海市第一机电工业局（简称“机电一局”）。为了发展中国自己的核工业，从 20 世纪 70 年代起，上海电气所属的 50 余家单位参与了 728 工程的

---

* 唐伟宝，教授级高级工程师，上海电气核电集团有限公司总工程师，中国核能行业协会专家委员会专家，国家能源核电工程建设技术研发中心专家委员会专家，ASME- Ⅲ标准委员会中国国际工作组副主席，上海核电装备焊接及检测工程技术研究中心主任。

科研和试验，并在80年代承接了秦山30万千瓦核电站主要设备的制造任务。90年代中后期，上海电气又提供了首套出口巴基斯坦恰希玛30万千瓦核电站的许多重要设备、广东岭澳100万千瓦核电站部分设备和零部件、秦山二期60万千瓦核电站以及清华大学高温气冷堆主要设备。自2006年起参与国家三代核电技术引进和核电重大专项技术攻关工作，实现了三代核电依托工程核岛主设备的供货，经过40余年的艰苦征程，如今上海电气已经成长为国内核电制造领域中历史最久、业绩最多、配套最全的制造集团。

经历了艰难起步、快速发展和跨越提升三个阶段，上海电气核电产业通过自主研发和技术引进相结合，逐步建立起了比较完善的核电装备制造能力。

第一阶段
大力协同，艰难起步（20世纪70年代初至1990年）

秦山核电厂的建成结束了中国大陆没有核电站的历史，它同时使上海成为我国第一个核电装备制造基地。

为了确保完成国家计委下达的秦山30万千瓦核电站科研、试制计划，当时机电一局按照军工产品科研试制的组织方式，以工艺相近为选点原则，组织局内重要的军工产品制造企业——上海锅炉厂、上海汽轮机厂、上海电机厂、上海先锋电机厂等52余家企业，与上海市七二八工程设计队（现上海核工程研究设计院有限公司）及其他设计院所紧密配合，围绕大型锻件、焊接材料、核电主设备、仪控、泵和阀门等装备方面开展了近200项科研攻关和3200余台件的产品试制工作。

开展了对反应堆压力容器、蒸汽发生器、稳压器用钢及焊接材料的研制。成立了由北京钢铁研究总院、上海钢铁研究所、齐齐哈尔钢厂、上海核工程研究设计院、上海发电设备成套设计研究所、上海重型机器厂、上海锅炉厂、上海电焊条厂、上海焊条熔剂厂等单位参加的联合攻关小组。经过实验室研制到钢厂小炉子半工业性模拟试验，确定了核电锻件采用的电渣重熔工艺方法；从材料化学成分、机械性能、焊接性着手，研究成功用电渣重熔工艺方法冶炼的S271低合金钢锻件，并于1982年8月通过鉴定，满足了反应堆压力容器、蒸汽发生器、稳压器用钢的技术性能要求。在焊接材料攻关上，上海电焊条厂、上海焊条溶剂厂从配方设计、焊条涂料、溶剂冶炼着手，做了大量试验，通过近千个配方，取得了上万个试验数据，终于完成了各种配套焊接材料（主焊缝焊条、焊剂；不锈钢焊条、焊剂；镍基合金焊条、焊剂）的研制。上海焊条熔剂厂市劳模、高级工程师季龙霞同志，在熔剂研制攻关中，承受了丧夫、子幼、身患绝症的磨难，全身心投入熔剂配比、冶炼、试验工作之中，表现出了中国工程技术人员崇高的敬业精神。

进行制造工艺方法的研究。完成了蒸汽发生器管板深孔加工、胀管试验，不锈钢件、镍基合金加工等工艺攻关；攻克了大厚度主焊缝焊接，不锈钢、镍基焊接和堆焊，异种金属接管安全端焊接，导向筒焊接等工艺难题。掌握了氦气检漏、超声波、射线探伤、大直径精密测量和堆内构件对中技术等检测手段。

配合设计院进行工艺验证的样机研制。上海先锋电机厂先后研制了控制棒驱动机构原理样机、模拟样机和产品样机。上海起重运输机械厂研制了装卸料机1∶1的模拟样机。上海水泵厂三种核二级泵（高压安注泵、安全壳喷淋泵和停堆冷却泵）也都进行了多种样机研制。通过样机研制，提高了设备的可靠性。

方案设计研究。上海汽轮机厂、上海电机厂及上海电站辅机厂成立了核电汽轮机组研制攻关小组，经过多种方案比较，最终在引进30万、60万千瓦火电机组设计、制造技术的基础上，采用全速机组方案，解决了核电汽轮机湿蒸汽运行的特殊要求和大型汽轮发电机组轴系振动等难题，圆满地完成了秦山30万千瓦核电站汽轮发电机组及辅机设计。

为满足核电站设备制造特殊的技术、工艺与试验等要求，局属各企业在20世纪80年代实施了必要的技术改造措施。经国家批准，实际投资1.35亿元，建筑面积7.3万平方米。新建400吨级厂房两座，250吨级厂房两座，100吨级、75吨级、30吨级厂房各一座；35千伏、110千伏降压站各一座；

建成了各类试验台架、回路，增添了各类加工、焊接、热处理和测试装置。

值得一提的是，1981 年底国家“三委两部”在上海召开会议，决定把 728 工程堆内构件研制任务从上海锅炉厂转移到上海第一机床厂。虽然当时技改经费已做好全面安排，能给第一机床厂的技改经费非常有限，但该厂许平厂长十分积极，主动接受了研制任务。他们发扬自力更生精神，在调拨的镗铣床上巧施手术，满足了堆芯板的加工要求；还发挥自己的特长，自行设计、制造了三柱多用途吊篮筒体专用加工机床，解决了吊篮筒体的加工难题。为解决上海锅炉厂第一台蒸汽发生器管板的深孔加工，机电一局决定组织上海有关单位进行专用单轴深孔数控钻床和内排屑深孔钻头的研制，以确保管板深孔加工的可行性和深孔的质量。

考虑到核电发展的需要，机电一局在审定下属各厂技改措施方案时，在条件允许的情况下，要求兼顾到百万千瓦核电设备生产的需要。如上海锅炉厂 400 吨级重型容器车间、9 兆电子伏直线加速器、8 米 ×8.5 米 ×30 米大型退火炉、三轴数控深孔钻床等设备；上海汽轮机厂 250 吨级大型汽轮发电机车间、200 吨级超速动平衡试验室；上海第一机床厂三柱多用途吊篮筒体加工机床；上海先锋电机厂控制棒驱动机构台架等装备和设施都能满足 30 万 ~100 万千瓦核电设备的制造要求。

在完成了大量科研和技术措施改造的基础上，1982 年 2 月原国家计划委员会、国家基本建设委员会、国防科学技术委员会、国家机械工业委员会正式将秦山 30 万千瓦核电厂 14 项关键设备的研制任务定点在上海。分别是：上海锅炉厂研制反应堆压力容器、蒸汽发生器、稳压器；上海第一机床厂研制堆内构件；上海先锋电机厂研制控制棒驱动机构；上海水泵厂研制主循环泵、离心式上充泵；上海起重运输机械厂研制环形吊车、装卸料机；上海汽轮机厂研制汽轮机；上海电机厂研制汽轮发电机；上海重型机器厂研制主管道；上海阀门厂研制主安全阀；大隆机器厂研制往复式上充泵。后续由于各种原因，实际工程中所采用的反应堆压力容器、主循环泵、离心式上充泵、环形起重机、主管道、主安全阀改为进口。1984 年秦山 30 万千瓦核电厂设备研制工作全面展开，1987 年产品开始陆续交货，1990 年 4 月全部交秦山核电厂安装。据统计，机电一局所属 27 家企业共承接秦山一期核电厂主要设备 158 项、2707 台件，二次配套 40 项、501 台件，总计 198 项、3208 台件设备的研制。产品分别经国家级、部级和公司级验收，制造质量满足设计要求。

秦山核电厂建设在当时的中国是一项庞大而艰巨的系统工程，这对主要设备制造企业的组织管理工作提出了极高的要求。为保证工程的顺利实施，实现质量、进度的有效控制，机电一局成立了以分管军工的副局长为项目负责人、局总工程师为设备总工艺师的核电领导班子，并专设了两位副总工艺师分别负责核岛和常规岛设备，局军工处设专人负责组织、协调和监督各所属企业的秦山核电设备研制工作。各承制厂也建立了相应的组织机构，明确厂长为核电项目负责人，对项目负全责。厂部下设核电办公室，负责对外联络和对内各部门的协调；确立了设计、工艺、质保负责人等，实施设备研制的技术、经营、管理。为弥补企业中核电专业人才的不足，在市政府和兄弟省市支持下，全局引进了 10 余名关键专业工程技术人才，促进了核电科研和试制工作的顺利开展。

1991 年 12 月 15 日凌晨零点 14 分，这座被命名为“秦山核电厂”的 30 万千瓦压水堆核电站正式并网发电，从而结束了我国大陆无核电的历史，也使中国成为世界上第七个能够自主设计、自主建造核电站的国家。

秦山核电厂的建设使上海电气拥有了一支从事核电设备设计、制造的工程技术队伍，建立并完善了核电设备加工、试验的基础设施，培育了一批从事核电设备生产与组织管理的专业人才，初步建立起了核电质量保证体系，为今后的大型核电装备开发、研制奠定了坚实的基础。

第二阶段
完善提高，快速发展（1991~2005 年）

经历了“728 工程”的实践，上海核电产业格局初步形成，综合实力由弱变强。进入 20 世纪 90 年代，上海核电设备制造由 30 万千瓦向 60 万千瓦、100 万千瓦压水堆和高温气冷试验堆发展，核电产业化步伐明显加快。在改革开放的崭新历史条件下，以秦山二期、巴基斯坦恰希玛、岭澳核电站等工程为依托，上海电气上下以极大热情和发展我国核电装备研制的高度责任感，积极争取担当重任，采取了重要措施，进一步提升了核电装备制造能力。

秦山二期60万千瓦和岭澳100万千瓦核电站是在“九五”期间开工建设的国家重点大、中型商用核电工程，其设备设计、制造的技术工艺要求与30万核电机组有所不同。在秦山二期工程中，上海电气承接了反应堆压力容器、控制棒驱动机构、稳压器、装卸料机等设备的制造和蒸汽发生器、堆内构件的国外技术支持下的返包设备的制造任务。在岭澳核电工程中，又承担了部分核容器及控制棒驱动机构、堆内构件部分零部件的返包制造任务。

为了在秦山二期和岭澳工程实践的基础上不断改进提高，上海电气有关企业再次开展了大量的科研攻关工作。上海锅炉厂根据工艺要求，开展了蒸汽发生器管板深孔枪钻加工试验、反应堆压力容器大接管马鞍型焊接、异种金属接管安全端焊接、小孔径接管内壁不锈钢自动TIG堆焊、控制棒驱动机构管座与封头冷装、进水接管焊缝超声波检测等专项研究。通过科研攻关，基本掌握了反应堆压力容器和蒸汽发生器的技术工艺。根据法国RCC-M规范，上海第一机床厂进行了中子通量测量管热丝TIG焊接、上部导向筒环形真空电子束焊接的技术攻关，提高了焊接工艺水平；上海先锋电机厂则开展了控制棒驱动机构电气线圈绝缘灌封技术及装置研制、可拆接头和钩爪加工工艺优化、清洁度控制与检测方法研究等工作，提高了高温线圈的制造质量和零部件的加工精度，最终保证了控制棒驱动机构产品样机顺利完成280万步热态寿命试验的考验，并累计运行超过850万步，且机构运行正常，大大超过设计指标要求。上述科研工作在中国核动力院的共同努力下，不仅为胜利完成秦山二期供货任务奠定了基础，同时为百万千瓦压水堆核电站国产化突破了关键技术。

在秦山一期、岭澳核电工程设备研制的实践过程中，上海锅炉厂、上海第一机床厂、上海先锋电机厂等一批核电设备制造的骨干企业，通过技术援助与合作、交流培训等方式，学习并掌握了美国ASME、法国RCC-M的相关规范和西屋、法马通、三菱等国际知名核电制造企业的先进技术和管理方法，有效地提高了自身的技术与管理水平，使上海电气核电设备的设计和制造能力在30万千瓦机组的基础上有了很大提高，为百万千瓦级核电设备的开发奠定了坚实的基础。

为适应核电装机容量向百万千瓦级发展的趋势，上海电气积极支持各核设备承制厂进行技术开发、技术储备和技术改造。上海锅炉厂扩建了装配清洁室，研制了大直径马鞍型焊机；上海第一机床厂新建了机加工恒温车间，添置了大型数控键铣床、五面体加工中心、三维测量中心、进口热丝TIG焊机等关键设备，还新建了80吨级立式焊接转台；上海先锋电机厂改建了600平方米的全封闭核级清洁装配、试验区，新建了专用造水站和核级高温线圈灌封、浸渍与烘干房，改建了核电产品材料、加工区域，形成了由多台数控机床、加工中心组成的核电产品生产线，建立了控制棒驱动机构整机冷、热态试验回路；上海起重运输机械厂新建了装卸料机试验回路，能够进行装卸料机的干、湿试验。通过改造，上海电气已基本具备百万千瓦级核岛设备制造的综合能力。

1995年，上海电气有关企业与西屋公司合资成立了上海汽轮机有限公司、上海汽轮发电机有限公司和上海动力设备有限公司。他们将技术、质量、管理和关键岗位操作人员送往西屋公司接受全面培训，通过多年的引进、消化和吸收国外先进技术，已掌握了西门子、西屋公司30万～130万千瓦核电汽轮发电机组的设计和制造技术。他们的计算机系统与西屋公司联网，拥有与西屋公司相同的产品独立开发制造能力和工程技术资料库，具备了核电百万千瓦级机组常规岛设备的开发、制造能力。

清华大学10兆瓦高温气冷试验堆是国家高技术研究发展计划（863计划）能源领域的重点项目，其堆型新颖，性能先进，设备制造技术难度甚大。上海电气迎难而上，有关企业承担了反应堆压力容器、蒸汽发生器、金属堆内构件、控制棒驱动机构、热气导管、主氦风机等核岛主设备、辅助设备和电气仪控仪表设备的研制任务。在清华大学核研院的技术支持和帮助下，各项设备研制取得突破，满足了工程需要。最终，10兆瓦高温气冷堆在2003年1

月成功实现了72小时连续满功率运行，成为世界上首座投入运行的模块式球床高温气冷实验堆。

第三阶段
突破瓶颈，跨越提升（2006年至今）

进入21世纪，为适应国家核电发展战略，上海电气审时度势，以一体化、专业化管理为突破口，开展了核电制造企业的重组改造，逐步形成了以核电集团为代表的核岛板块，以电站集团为代表的常规岛板块，以自仪股份为代表的仪控板块，聚集了十余家专业化核电制造厂。当国家谋划大力发展第三代核电技术时，这些企业在充分挖掘现有潜力的同时，针对第三代核电装备的制造特点、难点，科学决策，提出了新的发展思路和规划设想，特别是针对核电装备制造发展的短板和制约瓶颈，重点建设重型装备制造基地，迎来了跨越发展的新时期。

2005年以来，上海电气累计投资约72亿元，相继建设或改造了临港基地和闵行基地。临港基地按照“国内领先、国际一流、50年不落后”的要求进行基础设施建设，为特大重型和高端装备制造产业发展创造了条件：重型厂房起吊能力1400吨，专用码头最大起吊能力1400吨，可靠泊5000吨级船只。具有承制百万千瓦级压水堆的核电主设备（年产6套压力容器、蒸汽发生器、稳压器等，10套堆内构件和控制棒驱动机构，以及燃料转运装置和12套冷却剂主泵）、百万千万级常规岛半速汽轮发电机机组和200MW高温气冷堆主设备（压力容器、蒸汽发生器和金属堆内构件等）的能力。经十余年运营，临港核电基地已成为全球规模最大、集中度最高、最具专业化的核电主设备制造基地。

闵行基地是华东地区最大的铸锻件研发基地，核电设备配套的铸锻件热加工及制造基地。具备1.65万吨油压机和250~630吨·米锻造操作机。铸锻件一次钢水达到720吨，最大钢锭达到600吨，最大铸件达到450吨，最大锻件达到350吨，压力容器、蒸汽发生器、稳压器等核电主锻件年产可达9

万吨，能够全面满足核电大型铸锻件的生产需要。

上海电气核电产业多年积累的宝贵经验中，以制造技术的自我开发和经验反馈最为难得。在参与技术转让、引进三代 AP1000 等世界先进技术的同时，更加重视核电制造技术的研发和积累，加大企业核电技术研发力度和投入，推动引进技术的消化吸收，以高点起步，以赶超为目标，积极攻克关键零部件瓶颈制约，努力掌握核电设备制造核心技术。核岛板块拥有一家国家级企业技术中心，两个上海市工程技术研究中心，三家上海电气院士工作室和一家博士后科研工作站。借助于科技创新平台，成功研制出了具有四代特征的高温气冷堆核岛主设备（压力容器、金属堆内构件等）；成功开发了代表着汽轮机设计制造最高水平的具有世界最大排汽面积的 1905 毫米末叶片；掌握的汽轮机低压焊接转子技术，打破了红套转子靠背轮锻件国外供应商的掣肘，且具有焊接锻件易于采购、产品质量易于控制等优点。

实现关键材料国产化。逐步实现了二代改进和 AP1000（包括 CAP1400）核岛主设备关键原材料的国产化制造。在核电大锻件方面，在二代改进主设备上实现大锻件全面国产化的基础上，AP1000 压力容器、蒸汽发生器和堆内构件等大锻件已基本实现了国产化；高温气冷堆压力容器、堆内构件的大锻件也实现了配套供应。在其他主要部件上，积极协助或与国内供应商联合开发，推进材料或部组件国产化的实现。通过组建各专项团队，负责材料或部组件国产化的方案制定、技术支持、进度跟踪和成果验证，既要保证国产化产品实现按期交货，又要最大限度地降低采购成本和管理风险，工作取得可喜的成果，如蒸汽发生器 U 形管、AP1000 蒸汽发生器二级分离器、AP1000 控制棒驱动机构驱动杆、钩爪、连杆等以及各类焊材的国产化突破，使核岛主设备的材料国产化率大大提高。2013 年在 AP1000 管子支撑板、抗震条、水室隔板、U 形管和部分焊材国产化的主要工作都取得了决定性成果。

实现关键设备国产化。通过引进、消化、吸收和自主创新，攻坚克难，成果已逐步显现。例如，在岭澳二期工程建设中，经历四年多的努力，共研发了 171 项堆内构件制造专用装置和技术、159 项控制棒驱动机构制造专用装置和技术，制定了 400 余项制造技术规范，最终实现了百万千瓦级堆内构件和控制棒驱动机构的制造国产化，为后续二代改进和三代核电设备的制造提供了宝贵经验。2013年，AP1000关键设备的一些制造难点相继攻克，如堆内构件吊篮筒体与下堆芯支承板精密焊接技术、吊篮筒体薄壁精密加工技术、控制棒驱动机构驱动杆细长轴加工技术等。

自2005年核电进入批量化新一轮发展以来，上海电气累计承接二代改进和三代AP1000、华龙一号、国和一号、EPR以及高温气冷堆等不同堆型的核电主设备（压力容器、蒸汽发生器、稳压器、堆内构件、控制棒驱动机构、主泵、汽轮机和汽轮发电机等）共计315台（套）。面对多堆型、多批量、周期偏紧、资源冲突的态势，保持质量稳定，产品交付满足了工程需要，批量出产能力得到了令人信服的验证。其中尤以2013年上海电气核电设备有限公司完工或交付18台蒸汽发生器的成绩令人印象深刻。核电设备的国产化自主制造初具产业规模，2014年底至2015年实现了AP1000压力容器、蒸汽发生器、堆内构件、控制棒驱动机构等主设备的成套供货；2016~2018年实现了高温气冷堆压力容器、金属堆内构件、控制棒驱动系统、主氦风机、汽轮机等主设备的成套供货，专业基地和产能效益得到有效发挥。

结 语

经历40余年的发展，上海电气核电产业走过了艰难起步、加快发展和跨越提升三个阶段，结出了丰硕的成果。面对新时代，其将在国家核电发展战略指引下，充分发挥上海核电的政策、地理、人才和装备能力的综合优势，与兄弟单位一起，为努力实现我国从核电大国向核电强国发展、实现核电中长期发展战略目标再创辉煌，再做新贡献！

B.10
中法核电合作历程回顾

唐洪驹 *

摘　要：1996年以来，在核电产业的起步和发展历程中，东方电气与法国公司，特别是法马通（Framatome）、阿尔斯通（Alstom）和法国电力集团（EDF）三家核电企业，通过技术转让、分包供货乃至合资建厂方式进行了深度合作，促进东方电气快速形成了国产化能力和完整的主设备成套研制能力。双方的合作经历了岭澳一期、岭澳二期、红沿河、宁德、方家山、福清、台山等项目，不断深入，范围逐步扩大，并在英国HPC项目合作中实现了核电"走出去"的突破。东方电气由核电设备分包商起步，成长为具有自主研发、设计、制造和服务能力的核电站主设备成套解决方案提供商。借助各自优势，东方电气和法方企业将开展更加广泛和深入的合作，共同开拓未来国际核能市场。

关键词：中法合作　核电装备　核电合作

1996年以来，东方电气核电产业从无到有，走出了一条技术引进、消化吸收、自主创新的发展道路。在上述历程中，东方电气与法国公司，特别是法马通（Framatome）、阿尔斯通（Alstom）和法国电力集团（EDF）三家法国核电企业，进行了深度合作，结下了不解之缘。

---

* 唐洪驹（1963~　），男，正高级工程师，东方电气股份有限公司核电事业部副总经理，长期从事核电设备的研制和管理工作。

一　以核结缘，核电设备国产化实现良好开局

东方电气同法国核电企业结缘源于岭澳核电站（一期）项目。岭澳一期项目投资方中广核集团选择了法国法马通和阿尔斯通分别作为项目核岛和常规岛设备总包方，积极推进国产化，对设备国产化提出了专门要求。法马通和阿尔斯通为落实业主设备国产化，对国内相关重型装备制造企业的能力进行了深入考察和全面评估。

经过综合考虑和系统评估，法马通和阿尔斯通选择了东方电气作为岭澳核电国产化的合作伙伴。

1996 年 7 月 15 日，法马通与东方电气正式签订了岭澳核电站核岛主设备分包合同，同时签订了长期合作协议。东方电气承担蒸汽发生器（核一级设备，3 台）、稳压器（核一级设备，1 台）、硼注射箱（核二级设备，1 台）、安注箱（核二级设备，3 台）等核岛重型设备的国产化制造任务。

1996 年 10 月 16 日，阿尔斯通同东方电气签署了岭澳核电站常规岛设备分包合同，东方电气承担了汽轮机高压汽缸、低压内外缸、隔板、主油箱、主汽阀门和发电机外定子等部件的国产化制造工作。

在法马通和阿尔斯通的指导下，东方电气按照法国 RCC-M 标准建立起了符合核电设备制造要求的核质保体系和技术管理体系，结合系统的培训，迅速打造出一支优秀的核电项目管理团队和核电制造队伍。

东方电气在国家有关部门的关心下，在中广核集团的支持下，在法国合作伙伴的全力帮助下，克服了经验不足、生产条件不齐、运输不便等各种困难，实现了核岛重型设备和常规岛汽轮发电机组国产化设备的全部按期交货，创造了首次承担核电设备制造任务全部设备保质按期交付的奇迹。

岭澳一期核电设备国产化制造任务的圆满完成，为后续东方电气与法方企业在国内核电领域合作打下了坚实的基础。

二 深化合作，夯实核电设备制造能力根基

在圆满完成岭澳一期核电设备国产化制造任务后，为了填补国产化的空白，形成完整的国产化能力，东方电气采用资本合作和技术转让并行的方式，掌握技术，提升核电设备制造能力，构建起完整的核电产业。

1. 合资建厂，迅速形成主泵设计制造能力

核反应堆冷却剂泵（俗称主泵），被喻为核电站的心脏，一直被认为是核电设备国产化最难啃的硬骨头。为了攻克这个堡垒，2005 年 10 月，东方电气与法马通下属的热蒙公司 (JSPM) 共同出资组建了东方法马通核泵有限责任公司（以下简称东方法马通），专业从事百万千瓦级压水堆核电站反应堆冷却剂泵及其驱动电机的设计、制造、检测、试验、运行服务业务。

2009 年 12 月，东方法马通完成国产首台百万千瓦级核电主泵设备交付。2012 年 6 月获得国家核安全局颁发的设计许可证，东方法马通全面具备了主泵的设计、制造资质和能力。目前东方法马通具备年产 15~18 台主泵的能力，可满足 5~6 台核电机组的需要。已为国内核电项目提供了 54 台核电主泵；正在研制中广核华龙一号示范项目防城港 3 号、4 号机组主泵，随后进行型式试验，初步试验结果显示，各项性能指标达到设计要求，将于 2019 年 6 月陆续交付。

2. 引进技术，构建完整核电主设备产品链

2007 年 12 月 19 日，东方电气下属子公司东方汽轮机有限公司与法马通下属的热蒙公司（JSPM）签订了用于百万千瓦级压水堆核电站的控制棒驱动机构制造许可协议，热蒙公司向东方汽轮机转让全套制造技术，进行全方位的技术支持。

2009 年底，控制棒驱动机构生产车间、寿命试验台架等制造控制棒驱动机构所需的生产、试验装备在东方汽轮机德阳新基地建成，具备年产 4~6 套控制棒驱动机构的生产能力；2011 年 3 月 19 日，东方汽轮机获得了国家核安全局颁发的制造许可证；2012 年 5 月，东方汽轮机开始产品生产。已完成两台机组控制棒驱动机构的交付，在红沿河 4 号和阳江 4 号上运行良好，性能优

异，制造质量和产品性能达到国际先进水平。

2000 年，东方电气开始核电常规岛设备设计制造技术引进工作。经过反复磋商，2005 年 5 月 15 日，东方电气与阿尔斯通公司签署了百万千瓦级半转速核电汽轮发电机组技术转让协议，阿尔斯通按计划向东方电气转让了百万千瓦级半转速核电机组的阿拉贝拉 (ARABELLE) 型汽轮机及配套发电机、凝汽器等设计和制造技术文件，提供部分设备供货、技术咨询、现场支持、备品备件等方面的服务。

三　合作共赢，支撑中国核电的快速发展

在岭澳一期良好合作业绩的支撑下，2005 年 3 月 16 日，中广核与由东方电气、核动力院和法马通三家组成的联合体签订了岭澳二期工程核岛主回路包 (PLP) 供货合同。2005 年 5 月 15 日，中广核与东方电气签署了岭澳二期工程汽轮发电机组供货合同。东方电气由岭澳一期的分包方转变成为岭澳二期的核岛主设备牵头方和汽轮发电机组供货合同主承包方。法马通、阿尔斯通分别作为核岛主设备和汽轮机发电机组的技术支持方、性能担保方和部分关键设备分包方参与岭澳二期项目执行。

2010 年 9 月 15 日与 2011 年 8 月 7 日，岭澳核电站二期工程 3 号机组与 4 号机组相继成功投入商业运行，机组性能指标全面优于合同保证值。通过岭澳二期核岛项目执行，东方电气进一步完善了核质保体系，全面掌握了百万千瓦级核岛主设备和常规岛设备制造技术，打造了国内一流的核电项目管理团队。

岭澳二期项目以后，东方电气陆续中标了红沿河、宁德、方家山、福清、防城港、阳江等“二代加”百万千瓦级核电项目的核岛主设备或汽轮发电机组供货合同，法马通和阿尔斯通作为重要设备分包方参与了这些项目的执行。

法马通和阿尔斯通与东方电气在中广核台山核电工程上延续了紧密合作关系。法马通作为核岛主包方向东方电气分包采购了一台反应堆压力容器、两台蒸汽发生器、一台稳压器和重型设备支撑等核岛主设备。东方电气和阿

尔斯通组成的联合体中标中广核台山核电工程 1、2 号机组汽轮发电机组供货合同。经过密切合作和共同努力，2018 年 12 月 13 日，台山项目 1 号机组投入商运，成为世界上首台具备商运条件的 EPR 三代机组，也是目前世界上在运行单机容量最大的核电机组。

通过上述项目的执行，东方电气装备能力逐渐提升完善、工艺和过程质量控制水平稳步提升，打造了一支经验丰富、核安全文化意识强的制造队伍和管理团队。

目前东方电气具备年产 4~6 套核岛主设备和 6~8 台（套）汽轮发电机组设备的能力。截至 2019 年 1 月，东方电气已交付核反应堆压力容器 10 台、蒸汽发生器 50 台、主泵 54 台、控制棒驱动机构 2 套、堆内构件 2 套、稳压器 14 台等核岛主设备。采用阿尔斯通转让的汽轮发电机组 技术方案在岭澳二期、红沿河、宁德、方家山、福清、田湾等东方电气承接的 20 台核电站机组中得到广泛应用，性能指标均优于合同保证值，为用户创造了良好的经济效益。加上台山项目，总共完成了 22 台（套）核电汽轮发电机组供货任务。

四　强强联合，共谱核电合作新篇章

经过 20 来年的发展，东方电气在核电设备设计、制造和项目管理等方面已取得了长足的进步，具备了同国际一流核电企业同台竞技的能力。

2018 年 3 月 20 日，东方电气与法马通签订了英国 HPC 项目蒸汽发生器支撑、主泵支撑、稳压器支撑供货合同。2018 年 8 月 16 日，东方电气与 GE（原阿尔斯通）签订了英国 HPC 项目汽轮机低压外缸供货合同。这是东方电气首次直接参与欧洲发达国家核电工程设备供货工作。

法国电力集团是欧洲能源市场的引领者和全球最大的核电运营商。2017 年 2 月 14 日，东方电气向法国电力集团交付了核电站用低压加热器。它是法国电力集团在中国签订的首个核电设备采购订单，也是东方电气首次按照欧洲压力容器法规和法国压力容器标准，自主设计、制造，在第三方检验机构的全程监督检查下完成的首个出口法国的核电设备。东方电气所属企业东方重机也因此成为法国电力集团在中国确认的首家核电产品合格供应商，对中法双方今后在核电领域的合作铺平了道路。

五　展望未来，合作前景广阔

法国相关企业在核电站运营、维护、改造、退役，以及核废料处理等方面累积了丰富的经验和成果。东方电气作为国内核电重型装备行业领军企业，具有丰富的核电站设备设计、制造、安装、维护经验。双方正在相关领域探索开展更加广泛深入的合作。同时，双方也在积极探讨发挥各自优势，加强合作，共同拓展国际市场新模式和新途径，对未来合作充满信心。

B.11
核岛屏蔽主泵的研制与突破

李梦启 *

摘　要：AP/CAP 为应用非能动技术的第三代核电机组，采用了屏蔽主泵，极大提高了核电机组的安全性能指标。反应堆冷却剂主泵采用带高惯性飞轮的大功率屏蔽泵，在维持反应堆冷却剂系统压力边界完整性方面具有优势。本报告介绍了 AP/CAP 系列屏蔽主泵的产品特征、制造难点、研发历程和研制成果。

关键词：核电　屏蔽主泵　核电机组

一　引言

AP1000 是美国西屋公司在 AP600 的基础上开发设计的双回路百万千瓦等级压水堆核电技术，具有非能动安全特性，是第一个获得美国核管会最终批准的第三代核电设计。CAP1000 是我国通过引进消化吸收 AP1000 后自主开发的第三代先进核电技术，首次采用新型屏蔽电机主泵。哈电动装公司在国家科技重大专项的支持下，自主研制出用于 CAP1400 示范工程的屏蔽主泵电机样机，先后攻克了总体结构设计、大型水润滑推力轴承等 19 项重大关键技术。

* 李梦启，哈电集团哈尔滨电气动力装备有限公司总经理，中国电工技术学会大电机专业委员会副秘书长、中国国家标准化技术委员会委员。

AP/CAP 系列屏蔽主泵是单级、全密封、高转动惯量、屏蔽式电机的离心泵。主泵的水力部件（包括叶轮、导叶、吸入段）直接安装在电机单元上部，未使用连轴器。主泵的整个转子组件（包括水力部件和电机转子）由位于电机两端的径向滑动轴承和下部的双向推力轴承支承，轴承由一回路水润滑和冷却。主泵在其承压壳体内包容了电机和所有转子组件，承压壳体包括泵壳、热屏、定子壳体和定子端盖，承受反应堆冷却剂系统的全部压力。电机定子和转子的内部、外部分别包覆着防腐屏蔽套，避免了定子绕组、转子与反应堆冷却剂接触。由于叶轮和转子轴被包容在压力边界内，因此无须考虑轴密封的泄漏。

屏蔽主泵是核电站最关键的核岛主设备之一，是反应堆冷却剂系统中唯一高速旋转的设备，关键技术的研制和其材料的国产化对我国核电产业发展非常重要。

二　项目概况

AP/CAP 系列屏蔽主泵是非能动第三代核电站的核心设备，能否实现国产化直接关系到第三代核电技术引进的成败。AP1000 屏蔽主泵电机部件的设计、制造、试验技术均采用同类产品中最先进的技术，其研制涉及水力设计、高温高压容器安全分析、应力计算、转子动态特性分析、轴承、电机、仪表、辅助系统配套、材料、工艺等多项基础研究，设计、制造难度极高。

哈电动装是国家指定的技术消化吸收定点承担单位，技术的消化吸收以独立完成两台追加泵的制造为依托，产品制造过程复杂且技术难度高。历时 9 年，哈电动装陆续完成了壳法兰焊接与热处理、定子铁芯精密装压、大尺寸屏蔽套焊接、飞轮超速与动平衡、60 年寿命绝缘系统、高寿命水润滑轴承技术等 20 多项课题的研究与工艺攻关。同时为进一步推进国产化进程，对国外配套采购的热交换器、陶瓷端子、冷却水夹套、陶瓷槽楔等关键零部件开展国产化研究，实现了国内配套。在对设计技术进行消化吸收后，独立设计开发了 CAP1400 屏蔽主泵电机，在功率、体积上都超越了 AP1000 原型设计，填补和丰富了大型屏蔽电机型谱，实现了在消化吸收引进技术基础上的再创新，全面掌握了 AP1000 屏蔽主泵电机技术。

三　关键技术突破

哈电动装承担的 AP1000 屏蔽主泵制造技术共计 15 个子课题，CAP1400 屏蔽主泵研制技术共计 19 个子课题，涉及的领域广、难度高，包括电磁计算、强度计算、动力分析、机械制造、材料制造、焊接技术、检测技术、特种工艺、绝缘技术、表面处理等多个领域。哈电动装通过科研人员的不懈努力，逐步实现了各个关键技术的突破。

（一）AP/CAP系列屏蔽电机定子线圈制造技术研究

AP1000 在技术转让过程中第三方技术不予转让，线圈制造技术即为不转让技术之一。因此，要实现 AP1000 主泵电机制造的国产化，必须对线圈制造技术进行攻关研究。AP/CAP 系列屏蔽电机产品的定子线圈为条式线圈结构，线圈截面尺寸大，同时具有圈式线圈的匝间绝缘特点和条式线棒特点，而通常条式线棒为单匝导体结构。由于上下层线圈需在鼻部进行匝线焊接，因此对线圈端部尺寸、形状及匝引线要求极高，与以往线圈制造技术有着本质差别。哈电动装联合国内厂家共同攻关，2011 年 6 月完成材料应用技术研究和绝缘试验技术研究，确定了绕组浸渍工艺；2012 年 12 月完成线圈制造技术研究，包括线圈结构确定，线圈绝缘工艺制定，线圈制造工艺制定，线圈制造工具预提、制造、验收，电磁线编花换位工艺研究，线圈匝间成型工艺研究，匝间绝缘包绕、压型、合成及成型工艺研究，线圈主绝缘包绕及处理工艺研究，白坯线圈性能测试等；2013 年 5 月完成真机线圈模拟嵌线及试验。哈电动装现已掌握了 CAP1000 和 CAP1400 主泵屏蔽电机定子线圈制造技术，并形成了批量化制造能力。

（二）大尺寸屏蔽套制造技术

AP1000 反应堆冷却剂泵作为一回路的主要部件，其总体结构及冷却方式都是全新的。屏蔽套做为主泵的核心部件，主要承担隔离冷却剂的作用，因此其制造质量尤为重要。作为国内首家承制第三代核电主泵电机的单位，大尺寸屏蔽套制造技术的研究，既是对哈电动装核电产品制造能力的考验，更是我国核电技术能否成功引进的关键。哈电动装通过消化吸收 EMD 公司的技术文件，使用专用设备，为屏蔽套的制造精心建立了一整套技术流程，包括屏蔽套原材料的核实、精密裁剪板材技术、精密滚压成型技术、自动埋弧焊焊接工艺、屏蔽套的无损检测（液体渗透检测和射线探伤检测）、屏蔽套的贮存等。同时，在制造过程中对每一步制造工序进行细化，保证其制造的完整性、精确性以及严谨性。2013 年哈电动装成功完成大尺寸屏蔽套模拟件的制造，2018 年完成全部研究任务。现产品电机定、转子屏蔽套成功率超过 80%，满足 AP/CAP 系列屏蔽电机的需求。

（三）AP1000机座壳法兰焊接热处理及夹套成型技术研究

壳法兰作为主泵的主要压力边界外壳，主要承担着支撑保护及防止冷却剂泄露的作用，因此其连接焊缝质量是制造中尤为重要的一环。哈电动装专门建立了埋弧焊工作站，采用国内外先进的功能部件，满足 AP1000 主泵屏蔽电机壳法兰及夹套等产品的埋弧焊焊接需要，各项操作运动安全可靠，使用寿命长，焊接效率高，是高科技机电一体化的焊接设备。哈电动装 2009 年 12 月完成设备采购，2010 年 12 月完成机座壳法兰焊接热处理及夹套成型技术模拟对比试验件焊接，完全掌握了机座壳法兰焊接热处理及夹套成型技术，相关设备满足大量 AP/CAP 系列机座壳法兰焊接的需求。

（四）重金属钨合金飞轮制造技术研究

重金属钨合金飞轮是 AP1000 反应堆冷却剂泵电机的关键部件之一，安装在反应堆冷却剂泵电机转子上，用于增加转动惯量，与常规飞轮相比，在相同转动惯量的情况下可显著减小直径，从而降低水摩擦损耗。2009~2011 年，哈电动装耗时两年，克服材料、焊接、组装、检漏、探伤、动平衡等全部技术难题，完成了重金属钨合金飞轮模拟件制造技术研究，掌握了 AP1000 重金属钨合金飞轮制造技术。哈电动装已能够批量制造重金属钨合金飞轮，实现了AP/CAP系列重金属钨合金飞轮完全国产化的目标。

四　国产化研究

在掌握AP1000屏蔽主泵关键技术的基础上，哈电动装对材料的国产化和相关技术的国产化展开攻关。哈电动装公司已完成16台AP1000屏蔽主泵零部件合作加工制造任务，实现了2台AP1000屏蔽主泵电机的国产化制造，产品经检测试验，达到美国EMD公司三代核主泵技术性能要求。哈电动装公司已具备了屏蔽主泵电机自主设计、自主制造、自主创新的能力，实现了屏蔽电机100%国产化，并完成了CAP1400屏蔽主泵电机的自主化初步设计。

取得的研制成果如下。

（一）屏蔽电动机高压热交换器制造技术

AP1000屏蔽电动机由于其结构的特殊性，电机效率较低，损耗大，经过设计计算，该电机损耗在2200千瓦左右，占电机总功率的30%左右，故而高压热交换器的设计和制造是满足该电动机稳定运行的关键技术之一。由于AP1000屏蔽电动泵寿命为60年，相匹配的高压热交换器也必须满足相应寿命。EMD公司的高压热交换器制造技术属于第三方技术，不包含在技术转让范围内。为实现AP1000屏蔽电动泵100%国产化的目标，哈电动装展开相关研制工作，并委托哈电重装进行样机制造。2013年12月，哈电动装完成屏蔽电动机高压热交换器设计技术研究，完成制造图纸、技术文件及设计技术报告；2014年12月完成屏蔽电动机高压热交换器材料采购；2016年6月完成屏蔽电动机高压热交换器制造；2016年12月完成高压热交换器热工试验技术研究。哈电动装研制的高压热交换器已同CAP1400样机一同进行了多次试验，所有技术条件满足设计需求。

（二）AP/CAP屏蔽泵推力盘HIPPING技术

在 AP1000 核主泵电机中，推力轴承为水润滑形式，推力轴承中的石墨瓦块与推力盘组成摩擦配对副。从设计角度考虑，推力盘的工作面必须具备耐磨特点，但在 AP1000 核主泵电机技术引进中，推力盘热等静压技术属于第三方不转让技术，哈电动装必须开展国产化研究。考虑到单一材料的性能难以满足推力盘工作面耐磨的要求，类似要求过去通常采用在锻件上堆敷一层耐磨的硬质合金粉末的方法来实现。该方法存在堆焊热影响区大，堆焊层硬度不均匀且易开裂，喷涂法制备的涂层结合力有限、难以满足推力盘长期运转要求等难点。哈电动装联合北京安泰公司，通过试验件、模拟件和推力盘产品件验证拟定工艺并调整优化，最终确定了 HIPPING 工艺参数，解决了推力盘 HIPPING 工艺中包套设计、封焊等技术难题，获得了推力盘材料理化性能和耐腐蚀性能等数据，开发了推力盘 HIPPING 成型工艺及热处理工艺等成套制造技术。

（三）屏蔽主泵电机其他配套材料国产化研究

屏蔽电机部分结构复杂、零部件多，且运行中处于高温、高压、腐蚀、辐射等复杂工况下，因此相对于轴封泵用电机选材种类更多，一些关键部件采用了与以往电机不同的材料。这些材料要求特殊、严苛，国内无制造业绩，缺乏材料的制造经验，无法实现国内采购。在主泵引进、消化吸收及再创新的过程中，前期尚可通过捆绑的制造方采购方式获得相关技术，但后续项目受技术封锁限制，进口渠道不畅，影响了主泵的自主化进程，具有代表性的材料有定子槽楔材料、定转子屏蔽套材料、无磁性高强度支撑筒材料、电机机座承压特殊材料和不锈钢电机轴材料等。哈电动装通过与国内厂家合作，历时两年，于 2010 年 12 月完成陶瓷槽楔、轴锻件、屏蔽套板材、支撑筒等配套材料的研制，实现了支撑筒材料、陶瓷槽楔材料、轴锻件等材料的国产化目标。材料国产化研制成功使产品摆脱了国外材料供应商的封锁及制约，实现了制造成本的降低，为形成具有自主知识产权的核主泵制造技术奠定了基础。

五　AP/CAP 系列屏蔽主泵电机研制

哈电动装共有 30 台主泵电机在制，包括 AP1000 追加主泵电机、CAP1000 屏蔽主泵电机（陆丰一期、三门二期、海阳二期、徐大堡一期、廉江一二期）、CAP1400 屏蔽主泵电机（国核示范）。首台 AP1000 追加主泵电机于 2017 年 12 月完工发货，2018 年 9 月 11 日在沈鼓核电顺利完成全部产品试验和试验后拆检工作，试验数据显示主泵各项性能参数均满足主泵设计规范书的要求，整体拆检各项指标均满足相关要求。CAP1400 屏蔽主泵电机样机于 2016 年 8 月交付沈鼓，2017 年 6 月完成 4 叶片叶轮冷热态负载调试试验，电机输入功率、外置热交器换热能力、一次内部循环冷却水流量、轴承水温已通过试验验证，样机将继续完成后续工程耐久试验。

六　结束语

AP1000 屏蔽主泵顺利完成出厂试验和 CAP1400 屏蔽主泵电机样机成功交付，标志着屏蔽主泵国产化目标的成功实现。在国产化研发过程中，哈电动装提升了设计、制造能力，建立了核质保体系，成为国内唯一具备屏蔽主泵电机设计及制造资质的企业，完全掌握了 AP/CAP 系列屏蔽主泵电机制造、检验和试验的关键技术，具备了产品批量交付能力，为我国三代核电技术的发展注入了新动力。

B.12

核电科技重大专项对提升我国核电能力的作用

王炳华　刘伟*

摘　要：本报告简要回顾了核电科技重大专项（大型先进压水堆部分）的决策背景，概述了专项的主要特点和组织实施体系。总结了专项在我国核电技术研发设计、装备材料国产化、工程建设与管理、核燃料保障、国际交流合作等领域取得的成果和发挥的作用，提出了对专项下一步工作的思考和建议。

关键词：核电科技重大专项　AP1000　CAP1400

国家科技重大专项“大型先进压水堆及高温气冷堆核电站专项”是《国家中长期科学和技术发展规划纲要（2006–2020 年）》所确定的国家十六个科技重大专项之一。其中，大型先进压水堆核电站专项（以下简称“专项”）的总体实施方案于 2008 年 2 月经国务院常务会议审查通过。

十年多来，在党中央、国务院的领导下，在国家有关部门的指导支持下，专项大幅度提升了我国核电的自主创新能力，带动了我国核电产业由二代向三代的跨越式发展。到 2018 年 11 月，AP1000 自主化依托项目 4 台机组已全

* 王炳华（1954~　），男，研究员级高级工程师，国家电力投资集团公司原党组书记、董事长；刘伟（1970~　），男，副研究员，国家电投集团科学技术研究院战略研究总监，主要从事能源战略与产业政策研究。

部建成，国务院已原则同意CAP1400示范项目开工建设。值此，回顾专项的决策背景和组织实施，总结专项对提升我国核电能力的作用，思考和展望下一步行动，对加快促进我国核电产业进入世界先进国家行列，具有重要的意义。

一　专项的决策背景和主要目标

2003年，根据经济社会发展的需要，我国决定积极推进核电发展。当时在役和在建机组共11台、910万千瓦容量。技术路线上采用了30万千瓦、60万千瓦、70万千瓦、90万千瓦级四种机型，技术标准涉及美国、法国、加拿大、俄罗斯四个国家，工程建设以成套设备引进为主。为此，国家做出了“引进世界先进技术，在消化吸收的基础上通过再创新实现我国核电自主化发展”的战略决策。

经过四年多的研究论证、国际招标和民主决策，2006年11月，党中央、国务院决定引进美国西屋公司AP1000三代核电技术，并成立国家核电技术公司，具体负责AP1000技术的引进、消化吸收和再创新工作。2007年7月，中方与外方签署了AP1000技术转让、AP1000自主化依托项目核岛设计及部分主设备采购合同。2008年2月，国务院常务会议审查并原则通过《大型先进压水堆核电站重大专项总体实施方案》，批准由国家核电技术公司牵头实施。

专项的主要目标是：在AP1000技术引进和自主化依托项目建设的基础上，通过国产化AP1000自主设计，实现对AP1000技术的消化吸收，全面掌握第三代核电技术。研究开发具有我国自主知识产权的大型先进压水堆核电技术，建成CAP1400示范工程，形成具有国际先进水平的核电技术研发体系、设备材料制造体系、工程建设管理体系、电站运行服务体系和先进核电标准体系，2020年进入世界核电技术先进国家行列。

二　专项的主要特点和组织体系

十多年来，各相关方面共同努力，艰苦奋斗，专项取得了显著的成效。专项的顺利实施，得益于以下四个方面的有利条件。

（一）产业基础好

在 11 台核电机组中，秦山一期 1 台机组是我国自主设计建造的，大亚湾 2 台机组是从法国成套引进设备建造的，这两个项目是我国商业核电站的首批项目。在此基础上，我国参考大亚湾核电站，翻版建设了岭澳项目 2 台机组，自主设计建造了秦山二期 2 台机组。还分别从加拿大、俄罗斯成套引进设备建设了秦山三期 2 台、田湾 2 台机组。

经过 30 多年的实践，我国在核电技术研发、工程设计、设备制造、工程建设、运营管理等方面打下了较好的基础，初步形成了核电产业体系，培养和锻炼了一批核电专业人才，在国际合作方面积累了丰富的经验。

（二）技术起点高

专项是在引进美国西屋公司 AP1000 技术的基础上高起点推进的。西屋公司是世界压水堆核电的“鼻祖”，其 AP1000 技术是在充分吸收二代技术的基础上，历时 20 年、耗资近 6 亿美元研发的第三代核电技术。AP1000 安全系统采用非能动安全设计理念，电站系统和设备比二代核电厂大幅度简化，安全性比二代技术提高两个数量级。AP1000 系统的简化，已在依托项目建设和调试过程中得到充分体现。

AP1000 技术引进共有 5 项合同，金额约 4 亿美元，涵盖了核岛设计、关键设备制造、工程项目管理、运行维护四大领域。按照中美双方政府间、企业间协议，国家核电技术公司代表中方统一引进技术，并按照约定向中方 13 家企业集团、37 家单位进行技术分许可。通过这次引进，我们实质性突破了美国高技术出口限制，在技术创新理念、工程设计、制造标准、建造工艺等方面，高起点推进了我国核电产业的自主化发展。

（三）重大工程为牵引

2007~2017 年，我国共开工建设 42 台核电机组，年均 4 台左右，保持了较为连续稳定的建设节奏。这批机组以二代改进型压水堆为主，其中三代核电机组共10台，包括AP1000 4台机组、华龙一号4台机组，EPR 2台机组。

专项以AP1000自主化依托项目建设和CAP1400新型号开发为主要驱动，紧紧围绕AP1000建设、CAP1400型号开发以及其他核电机组建设的需要，安排课题，组织攻关，解决工程实际需要。4台AP1000机组核岛设备国产化率（见表1），从1号机组的25%提高到4号机组的70%，2台CAP1400机组的设备国产化率要达到85%。

表1　AP1000自主化依托项目设备国产化情况

设备名称	三门1号	海阳1号	三门2号	海阳2号
屏蔽电机主泵	EMD	EMD	EMD	EDM/沈鼓、哈电
爆破阀	SPX	SPX	SPX	SPX/苏阀
反应堆压力容器	斗山	斗山	一重	上核
蒸汽发生器	斗山	斗山	上核	上核
堆内构件	斗山	Newington	上海一机床	上海一机床
控制棒驱动机构	Newington	Newington	上海一机床	上海一机床
一体化堆顶组件	PCC	PCC	国核设备	国核设备
环吊	PaR	太原重工	大连重工	太原重工
装卸料机	西屋	大起	上海起重	大起
钢制安全壳	西屋/国核设备	国核设备	国核设备	国核设备
主管道	游船重工	二重	二重	游船重工
稳压器	上核	东方	上核	东方
安注箱	上辅	上辅	上辅	上辅
堆芯补水箱	上核	哈电	上核	哈电
RPV/SG/PZR支撑	二重/东方/东方	二重/东方/东方	二重/东方/东方	二重/东方/东方

（四）组织保障有力

在组织体系上，专项建立了以企业为主体、政产学研用相结合的组织体系。领导小组单位依托国家发展改革委设立，国家能源局是牵头组织单位，国家核电技术公司是牵头实施单位。专项建立了以设计院为龙头，专业研究机构、装备制造企业、科研院所、高等院校等单位共同参加的研发创新组织体系。

参研单位有200余家，参研人员超过2万名。其中包括一重、二重、东方电气、哈尔滨电气、中核、宝武、中国钢研、中船重工、中航工业、中广核等中央企业16家，中科院、核安审中心等部委研究机构10家，清华大学、上海交大等高校18所，上海电气、沈鼓集团等省属国有企业17家，宝银、上上电缆等民营企业29家。

三　专项取得的成果和发挥的作用

按照国家确定的专项目标，国家核电技术公司遵循“引进一项技术，实施一个专项，推动一个产业”的总体思路，紧紧围绕我国核电产业链的关键环节、薄弱环节和空白环节，大力推进能力建设和体系建设，为产业发展打基础、筑平台，全面提升我国核电产业的核心竞争力。专项取得的成果和发挥的作用体现为以下几个方面。

（一）健全完善了先进核电技术研发体系，大大提升了核电新型号开发能力

到21世纪初，我国尽管在研发设计领域有了一定的经验，但并没有掌握大型核电站的核心研发设计技术，对核电站的设计只能是在二代技术基础上进行“补丁式改进”。通过对引进三代技术的消化吸收，我们较快掌握了世界先进的技术理念，在核电软件、试验台架等方面填补了国内空白，形成了完整先进的核电技术研发设计体系。

一是自主研发了先进核电设计软件COSINE系统。该系统在核电设计、试验验证、电站仿真模拟、新堆型开发等领域发挥了重要作用，为我国核电自主创新和“走出去”提供了支撑。

二是建成了一批试验台架和试验设施。针对反应堆堆芯及安全分析关键

技术、严重事故机理及现象学、核电关键材料性能分析等需要，建成了一批国际领先的大型试验台架和试验设施，填补了国内空白，为我国新核电机型研发设计和核电创新能力持续提升提供了支撑。

三是健全完善了核电设备鉴定体系。搭建了大型 LOCA 试验装置、高能管道破裂试验装置、大流量蒸汽试验装置等核电设备鉴定设施，建立健全了核级设备鉴定标准体系，使我国成为世界少数几个具备核电设备鉴定能力的国家。

四是建立了核电站标准化设计体系。根据国家能源局 2008 年的部署，在 AP1000 依托项目建设的基础上，面向整个电站完成了 AP1000 电厂标准设计。这有利于提高核电设备批量化制造、工程建设管理、核安全评审和监管的效率，提升核电站运行和维护水平。

五是建立了三代核电技术标准体系。共形成国家、行业及企业标准 762 份，为三代核电自主化发展和“走出去”奠定了坚实的基础。

六是加强了核电安全评审软硬件实力。建成一大批核安全技术研发平台，建成包括非能动安全技术验证在内的新台架 40 项、新装置 417 项，建成核电厂全范围模拟系统与核电厂经验反馈信息专业平台，为我国核安全监管部门提升独立审核、分析计算和试验验证等核安全监管能力提供了支撑。

基于先进的核电研发设计体系，我们更有底气、有能力开展新核电型号研发。2010 年，我国基于前期工作的基础，正式启动自主三代核电技术研发。2013 年，中核、中广核分别完成具有自主知识产权的 ACP1000 和 ACPR1000+ 三代核电技术。两个方案都融合借鉴了 AP1000 的非能动安全设计理念。2015 年，两个方案融合为“华龙一号”。近年来，通过掌握的核电非能动安全和模块化设计理念，我国加快了陆上小堆、海上核动力平台的研发，大大提高了我国在世界核电技术创新领域的地位和影响力。

（二）核电关键设备和材料自主化、国产化取得了重大突破，形成了面向国内外市场的核电装备供应链体系

AP1000 设备与二代核电设备相比，规格、尺寸、重量更大，形状更复

杂，国产化、自主化难度相应增大。基于我国二代核电装备制造的基础和经验，结合 AP1000、CAP1400 的实际需求，专项把装备材料国产化、自主化分为三种情况：一是 AP1000 的特殊重要设备和系统，我国基本上处于空白；二是与二代核电设备总体上类似，可在原有基础上进行改进的装备；三是我国一直处于空白或薄弱环节的部分关键材料和部件。

第一种情况：AP1000 特殊重要设备，包括屏蔽电机主泵、爆破阀、数字化仪控保护系统、主管道、钢制安全壳等。对这类设备系统，专项的安排是与国外先进企业合作，加强技术的消化吸收或自主创新，重在建立设备系统的研发、设计、制造、验证试验的整套体系。

屏蔽电机主泵。AP1000 主泵采用核动力舰船用同类型主泵，与二代核电的轴封式主泵不同。主泵在电站 60 年寿期内免维护，技术难度大，加工精度高。中方全程参与了美国 EMD 公司 AP1000 主泵历时 8 年的研制过程，全面掌握了主泵的设计、工艺、材料、制造和试验方法等全套关键技术。成功实现了 AP1000 主泵的国产化，并成功研制出 CAP1400 主泵。

爆破阀。爆破阀是 AP1000 核电站非能动安全系统的关键和特殊设备，其驱动装置由炸药爆炸单元构成。在完整接收外方转让的爆破阀技术基础上，中方攻克了爆破阀制造的关键设计技术、材料制备工艺和试验验证技术。自主成功研制了 AP1000、CAP1400 系列各种口径的爆破阀。

数字化仪控系统。数字化仪控系统是核电站的控制中枢和神经系统，其中反应堆保护系统是核心与关键，也一直是我国最为薄弱的环节之一。在专项支持下，中方与美国洛克希德·马丁公司联合研发，历时 6 年，成功研制出“Nu 系列”核电站数字化仪控系统产品，其中 NuPAC 平台是全球首个获得中美两国政府核安全监管机构双许可的反应堆保护系统平台，双方均具有完整的知识产权。中方全面掌握了核电站数字化仪控系统的设备研制、工程设计、设备供货、软件组态、系统集成、工厂测试、系统调试和运行维护的关键技术。

主管道。AP1000 主管道采用不锈钢锻造技术，不同于二代核电的铸造不锈钢，是全球第一次在核电站应用，没有引进技术。中方企业通过技术研发和攻关，解决了冶炼、铸锭、锻造、弯制等一系列技术难题，掌握了第三代核电锻造主管道制造关键技术。产品已被成功应用到AP1000依托项目。

钢制安全壳。作为AP1000特有的关键设备，其在核电站设备建造史上尚属首次应用，特点在于外形尺寸大、钢板厚度大、封头分片曲面形状复杂、拼装后的整体精度要求高，且采用新型钢板材料，已成功实现国产化。

第二种情况：AP1000与二代核电设备总体上类似的装备，包括反应堆压力容器、蒸汽发生器、堆内构件、控制棒驱动机构、环吊、燃料装卸料机、大型半速汽轮机组等。这一类虽然总体类似，但在技术标准、结构形式、材料尺寸等方面仍存在较大差异。专项的重点，一是在材料采购、焊接、机加工和装配、热处理、检测试验等方面进行提升和规范；二是填补国内在这类设备的设计制造领域还存在的一些薄弱环节和空白环节。

反应堆压力容器。重点突破了大厚度接管焊接、J形坡口机器人自动堆焊、筒体整体焊接后热处理、接管角焊缝及堆焊层超声波探伤、安全端异种金属超声波探伤等技术难点。

反应堆蒸汽发生器。重点突破了机加工、冷作及装配技术、汽水分离器与干燥器制作技术、支撑板板材制造、群孔高效成型激光检测技术、管束组件关键制造及检测技术、缺陷诊断与评价技术等。

堆内构件。重点突破了吊篮筒体制造、整体式堆芯围筒制造、导向筒制造、焊接、高精定位、热处理等难题。全面掌握了加工制造、装备检测、焊接及验收试验等技术。

控制棒驱动机构。重点突破了钴基合金钩爪制造、驱动杆深孔加工、耐高温工作线圈制造、耐磨性镀层工艺、验证试验台架等。

大型半速汽轮机组。重点突破了汽轮机通流设计技术、1800毫米等级长叶片设计制造、大段件加工制造、大型焊接转子的焊接工艺及制造、主气阀设计制造、汽水分离再热器设计制造等技术。

常规岛循环水泵、给水泵、凝结水泵。国内企业在常规岛三大泵方面有一定的基础，但缺乏水力模型开发经验和相关试验手段。专项支持国内企业在消化吸收国外知名泵类制造商技术的基础上，开展关键技术攻关及验证试验，目前已掌握这三大泵的核心技术。

第三种情况：部分关键材料和关键部件，包括超大型锻件、蒸汽发生器用 690U 形管、核级焊材、核级电缆、双相不锈钢等。专项的重点是消化吸收引进技术或自主创新，解决长期以来受制于人的问题。

大型锻件。全面掌握了核电大型锻件的冶炼、锻造、热处理、机加工技术。不仅打破了国外的技术封锁，还能适应和引领大型锻件大型化、一体化的发展趋势。

蒸汽发生器用镍基合金 U 形管。攻克了蒸汽发生器镍基合金 U 形管高纯净冶炼技术、高精度冷轧控制技术、高效脱脂技术、高精度反变形弯管技术、无损检测技术等，各项性能均达到或超过国外同类产品水平。

核级焊材。掌握了核级焊材关键制备技术，建立了焊材性能评价体系和质量保证体系，形成了核电用低合金钢、不锈钢和镍基合金焊材的供货能力。

通过消化吸收引进技术，大力推进自主创新，我国全面掌握了屏蔽电机主泵等 29 项关键设备研制技术，成功研制出超大型锻件等 40 余项关键材料，突破了长期以来制约我国核电发展的瓶颈，设备国产化率超过 85%。形成了一批具有世界先进水平的设备材料制造基地，带动了一批为核电配套的装备和零部件生产企业，建立了与国际先进水平接轨的核电设备供应链体系，可以满足国内每年开工 6~8 台核电机组建设的需要，还可以覆盖国内研发各种新堆型的需要，并逐步走向国际市场。

（三）掌握了AP1000建造技术，推动了我国核电工程建设水平再上新台阶

与核电发达国家相比，核电工程建设是我国的强项。但 AP1000 采用模块化、开顶法施工工艺，并且依托项目是全球首批建设机组，有不少挑战和困难。通过 AP1000 依托项目工程建设，我国率先掌握了 AP1000 建造技术。

掌握了核岛筏基大体积混凝土一次性整体浇注技术。AP1000 核岛筏基浇注量约 5000 立方米，采用一次性整体浇注，浇注时间仅用 40 多小时，比常规的分区分层浇注缩短工期约 40 天。在三门 1 号机组成功浇注后，此项技术

已经在国内推广使用。

掌握了大型模块设计、制造及安装技术。AP1000 的模块大小不等，其中结构模块 CA01、CA20 体积庞大，自重都超过 700 吨，起吊重量都在 1000 吨左右，设备制造过程复杂，现场运输及吊装难度较高。经过努力，我国已掌握了大型模块的设计、制造和安装技术。

开顶法施工。开顶发施工实际是电站的土建和安装同步进行，可以缩短工期。这不同于二代核电完成土建后再开始主设备的安装。我国开发了世界最大的 3800 吨级履带式大吊车，成功应用于工程施工。开顶法施工已在出口巴基斯坦的华龙一号 K3 项目中得到实际应用。

工程管理信息系统（IMS）。我国建立了一个综合性项目管理信息系统，包括文档管理系统、进度控制系统、采购管理系统、设计管理系统、合同管理系统、调试移交系统、费用控制系统和仿真模拟系统等八大子系统，系统涵盖了从设计、采购、制造到建造整个项目管理流程的完整体系。该系统通过依托项目原始数据积累，建立起了一套完整的工程项目管理数据库，为后续项目管理打下了良好的基础。

通过 AP1000 自主化依托项目工程建设，我国形成了完整的核电建造技术体系和标准体系（核岛土建、安装和施工管理达到世界先进水平），探索出一条符合三代核电自主化发展的“标准化设计、工厂化预制、模块化施工、专业化管理、自主化建设”的新路子。

（四）核燃料组件自主化取得重大进展，为安全高效发展核电提供了重要保障

核燃料组件是反应堆系统的最核心部件，是核电发展的关键。AP1000 核燃料组件自主化目标是，依托项目 1 号机组第一次换料使用国产组件。CAP1400 示范工程使用 AP1000 型核燃料组件，后续项目采用自主知识产权的 CAP1400 型核燃料组件。专项在核燃料组件自主化方面取得了以下成绩。

核级锆材。核级锆材是核燃料元件包壳材料。通过消化吸收引进技术，我国建成了从海绵锆、锆合金到锆管、板材棒材、格架条带等完整的生产线，

全面掌握了核级锆材产业链技术。这是核燃料原件制造技术的重大进步，也为政府采购提供了有利条件。

核燃料组件。2017年1月，国内建设的AP1000核燃料组件的加工生产线，获得美国西屋公司颁发的生产线合格性鉴定证书。自主品牌CAP1400核燃料定型组件顺利下线，并装入俄罗斯MIR反应堆进行辐照考验，为核燃料国产化、自主化发展打下了坚实的基础。

（五）促进了核电领域的国际交流合作，大大提升了国际话语权

一是与美国ASME（机械工程师学会）合作建立了ASME中国工作组，讨论、学习并参与ASME规范标准建设活动，推动国内制造企业掌握了ASME等国际标准。

二是建成中美核安保示范中心。这是迄今为止中美两国政府在核领域直接投资最大的合作项目，是亚太地区乃至全球规模最大、设备最全、设施最先进的核安保交流与培训中心。其主要功能是开展核安保、核材料管制、核进出口管理的国际交流与合作、教育与培训、分析与测试、先进技术展示等。2017年在华召开的中美核安全合作指导委员会会议上，双方续签了AP1000核电厂核安全合作谅解备忘录，积极开展《中美和平利用核技术协定》框架下的各项活动。

三是建成了核电建设国际培训中心。全球首家核电建设国际培训中心2011年在我国正式挂牌，这是国际原子能机构在全球范围设立的唯一核电建设国际化培训机构。为准备建设核电的国家提供核电站设计、选址、设备采购、施工、核安全等环节的理论培训和技术实操培训，分享核电建设经验。

核电专项实施的十年，是取得重大进展的十年，也是砥砺前行的十年。十年中，我们确实遇到了很多技术研发、工程建设、设备研制等方面的技术难题和挑战，同时，我们在工作中还有不少需要改进的地方，还有很多经验教训值得总结。这些问题、不足和教训，使我们加深了对技术本质的理解、对创新规律的把握，也让我们看到了与世界核电强国的差距，更重要的是磨炼了意志，增强了信心。

四　思考与展望

当前，全球处于三代核电发展的关键时期。我国核电产业已实现从“追赶”到“跨越”的转变。美国西屋、法国阿海珐公司已陷入困境，被迫重组，深刻影响着我国核电的发展。我们应保持战略定力，坚持深化三代核电自主化战略，以核电工程建设为牵引，以技术持续创新为驱动，以全面提升装备制造能力为支撑，面向国内国际两个市场，推动我国核电从“并行”向“领跑”转变。

（一）开工建设一批内陆、沿海核电机组，保持相对稳定连续的建设节奏

核电是唯一可大规模替代煤电的绿色低碳的基荷电源。2017 年，全球核电发电量占比为 10.6%，我国占比仅为 3.9%。随着我国电气化水平的提高，电能在终端能源消费中的比重将逐步提升。受碳排放等因素制约，风电、太阳能将成为我国低碳能源的主要力量。从电网安全稳定运行的角度考虑，安全稳定的核电将发挥重要作用。

AP1000、EPR 等三代核电首批机组已投运，技术先进性和安全性已得到验证。据测算，后续 AP1000 机组的造价将比首批机组降低 25% 以上，单位千瓦投资在 1.5 万元左右，度电电价在 0.40 元左右。建议按照每年 6 台左右安排，从电源布局和电网安全需要出发，陆续开工建设一批内陆、沿海核电项目。到 2030 年，核电规模达到 1.2 亿 ~1.5 亿千瓦，发电量占比为 8%~10%。

（二）国家科技重大专项继续给予支持，加快核电技术持续创新发展

福岛核事故后，世界核电技术都在向更安全、更经济的方向发展。专项应安排后续支持，在核电型号创新开发上，坚持系列化，向大型化方向开发单机 170 万千瓦等级的大型机组，提高稀缺核电厂址资源的利用率；向小型

化方向开发多用途、高效能的先进核动力装置，为国家海洋战略、空间战略提供支持。

在核电装备研制上，向高端化发展，对已实现国产化的，继续提高质量稳定性和可靠性；对未实现国产化的少数阀门、仪表等零部件，重点攻关，打通“最后一公里”；继续高安全性先进核燃料元件研发。实现核电装备从中国制造到中国创造转变，从中国速度到中国质量转变，从中国产品到中国品牌转变。

（三）强化核安全文化意识，加强核质保体系建设

核技术有国界，核安全无国界。三哩岛、切尔诺贝利和福岛核事故，大大延缓了全球核电发展的进程。我国目前在役在建核电机组 57 台，强化核安全文化，加强质保体系建设，确保安全，是我国核电发展的头等大事。《核安全法》2018 年正式实施，明确了核安全是国家安全的重要组成部分。

核安全文化的核心，是核质保体系的建设、完善和有效运行，并使之成为一种制度、习惯和常态。全行业要从核电研发设计、设备制造、工程建设、运行维护等各个环节出发，严格遵守核安全法和相关法律法规，建立切实有效的质量保证体系，全覆盖、零容忍，特别是加强对供应商的质量管理，确保核电安全高效发展。

（四）加强知识产权管理，推动核电“走出去”

美国的核技术转让受联邦法律 810 条款及 110 条款管制。西屋公司转让 AP1000 技术，还涉及西屋之外的部分第三方技术。中方研发 CAP1400 技术，要基于双方协议，确保中方具有自主知识产权，可以说知识产权问题错综复杂。专项高标准加强知识产权管理，严格遵守国际规则和中外协议，没有发生知识产权纠纷。

今后 10~15 年，是三代核电国际市场的重要窗口期。应统筹做好国际市场布局和知识产权布局，形成核电全产业链服务能力，带动中国装备、中国标准、中国品牌“走出去”。

参考文献

[1] 张廷克等:《中国核能发展报告(2018)》，社会科学文献出版社，2018。

[2] 范必:《中国能源市场化改革》，中信出版集团，2018。

[3] 汤紫德:《核电在中国》，江苏人民出版社，2012。

[4] 王秀清:《世界核电复兴的里程碑》，科学出版社，2008。

B.13
核安全监管体制改革回顾

郭承站*

摘　要：本报告对核与辐射安全监管30多年的发展历程进行了简要回顾，按照起步探索、整合提高、快速发展、进入新时代四个阶段，从监管组织体系、法规标准体系、监管制度和重要监管活动及成就的沿革和发展状况等方面进行了归纳，对30多年监管历程取得的成绩和形成的主要经验进行了概括性总结。

关键词：核与辐射安全监管　核安全　监管

核安全是国家安全的重要基石，是核事业发展的生命线。历届党和国家领导人高度重视核安全，尤其是党的十八大以来，以习近平同志为核心的党中央提出了总体国家安全观和核安全观，对核安全的重视程度之高、指导力度之大、法规制度之全、标准要求之严、监管措施之实前所未有，核与辐射安全监管取得历史性成就。

国家核安全局作为我国核与辐射安全监管机构，自1984年7月2日成立至今，已经走过了35年的发展历程。经过35年的探索与实践，核与辐射安全监管机构从无到有、逐步发展，建立了一套适合我国国情并与国际接轨的核与辐射安全监管体制和法律法规体系，塑造了一支事业心强、业务精通、

* 郭承站，男，国家核安全局副局长、生态环境部核设施安全监管司司长，主要从事核与辐射安全监督管理工作。

执法严格、拼搏进取的核与辐射安全监管队伍，为确保我国核与辐射安全做出了巨大贡献。

一　核与辐射安全监管探索历程

自我国政府酝酿核电建设之初，核安全就受到了高度重视。国家核安全局作为我国核安全监管机构成立以后，实现了对全国民用核设施安全的统一监督。经过 35 年的探索实践，核与辐射安全监管事业经历了起步、壮大、快速发展，目前正走进新时代。总体来看，监管历程可以分为四个阶段。

（一）起步探索（1984~1998年）

1984~1998 年，国家核安全局作为国家核安全监管机构从“代管局”“归口局”到“内设职能局”，一直由国家科学技术委员会统一管理，监管职能不断扩充，对我国民用核设施统一进行核安全审查、监督和管理，逐步扩展到对核电厂、研究堆和核燃料循环设施的审评、监督和管理以及核材料管制和核安全技术与管理的科学研究等多个领域。为更好地执行监管职能，先后建立了上海、广东、成都以及北方地区监督站作为国家核安全局的派出机构；北京核安全中心作为国家核安全局直属的技术支持单位建立起来，其他包括北京核安全审评中心、苏州核安全中心在内的四家技术后援单位在对核安全监管活动的实施过程中发挥了重要的技术支撑作用；局机关、派出机构和技术支持单位“三位一体”的组织体系雏形开始形成。

核安全局从建局伊始就秉承依靠法制的监管理念。强调“立法先行”，借鉴了国际原子能机构和核能先进国家的经验。从 1986 年发布的《民用核设施安全监督管理条例》开始，相关部门规章、导则和技术文件陆续制定和发布，使核安全监管逐步被纳入了法制轨道。依法施行了对民用核设施的安全许可证制度以及对核承压设备生产制造单位的资质许可。总结切尔诺贝利核事故的经验教训，开始组织建立核事故应急体系。

为适应我国核设施建设的发展情况，国家核安全局开展了对秦山核电厂的追溯性审评和对大亚湾核电厂的全面审评监督；对在运研究堆进行了追溯性审评，对新建研究堆开展了全面安全审评，同时将核燃料循环设施纳入严格的安全监管范围，并通过地区监督站对各核设施安全进行了统一监督管理，通过审评和监督活动改进完善了方法，规范了程序，锻炼了队伍。

在核安全国际合作方面核安全局也开展了大量卓有成效的工作。与法国、美国、日本、俄罗斯等国家签署了核安全合作协议；完成了《核安全公约》的履约工作，并在国际原子能机构组织的同行评议中获得了好评；通过派遣人员到国外培训等活动培养了一批核安全监管人才。

（二）整合提高（1998~2008年）

1998 年，国家核安全局被整建制地并入国家环境保护总局，设立了核安全与辐射环境管理司，作为环保总局的职能司。核与辐射安全监管工作得到加强和提高，被确立为环保工作的三大重点领域之一。监管职能得到扩充，尤其是于 2003 年整合了原由卫生部门承担的核技术利用项目辐射安全监管职能。至此，国家环保总局（国家核安全局）实现了除军工和军事核设施的核安全监管之外的核安全监管、辐射安全监管、辐射环境安全监管职能和对资源的统一管理。安全监管部门在机构设置、人员任用、行政管理、财政支持、技术保障方面完全独立于发展部门，保障了核与辐射安全监管职能的正常和正确履行。全国核与辐射安全监督管理整体能力有了较大幅度增强。国家核与辐射安全监管职能的行使由核安全与辐射环境管理司承担，东北和西北核与辐射安全监督站陆续成立，原有四大地区监督站实现了行政级别的升格。技术后援进一步加强，为全国辐射环境监测提供技术支持，新成立了浙江辐射监测技术中心。监管组织体系逐步完善。

法规标准体系更为完善。一些高层次法律、条例的颁布取得重大进展。《放射性污染防治法》颁布实施，《核动力厂设计安全规定》《民用核安全设备监督管理条例》等一系列法规修订发布，注册核安全工程师执业资格制度制定出台。除法律和国务院条例外，其他核与辐射安全方面的部门规章、国家标准、技术导则等不断建立和完善，并与国际先进水平接轨。

监管对象空前快速增长。核电站、研究堆、核燃料生产厂、乏燃料后处理厂、放射性废物处置场、放射性同位素生产设施、Ⅰ类放射源和射线装置，以及铀矿等重点核设施由中央直接监管，其他则由地方按相同原则实施监管。

按照分类管理、分级管理、“谁审批、谁监督、谁负责”的原则，国家核与辐射安全监管机构严格实行分阶段安全许可证管理制度，并逐步具备了完整、独立、有力的执法权力和手段。通过加大对核电厂、研究堆及核燃料循环设施的安全审评和监督力度，提高核事故应急准备和响应能力，推广核承压设备许可证的管理等重点工作，推动了核与辐射安全监管水平的整体提升。

（三）快速发展（2008~2018年）

两次重大的机构调整为国家核与辐射安全监管机构的发展提供了契机。一是2008年环境保护部加挂国家核安全局牌子，国家核安全局保留行使对民用核设施的安全监管以及对外合作的职能；二是2011年原核安全管理司扩编为核设施安全监管司、核电安全监管司和辐射源安全监管司。这期间，核能与核技术利用事业快速发展，安全业绩持续保持良好，监管体制机制逐步成熟，核与辐射安全监管事业开始迈入快速发展的轨道。

监管职能有所调整，职能划分更为明晰。环境保护部组建后核与辐射安全监管工作进一步加强，吸纳了输变电设施和线路涉及辐射项目的环境影响评价职责。机构得到扩大，同时强化了职能部门之间的综合协调以及对地方环保部门的业务督查职能。监管队伍日益壮大，核与辐射安全监管机构和队伍建设逐步加强，国家和省级两级管理、地市协管的管理体制逐步完善。中央本级“三司、六站、两中心”“三位一体”的监管组织体系不断完善。地方监管机构持续壮大，部分省区市设立了地方核安全局。

对运行和在建、拟建核设施项目的安全监管和审评工作进一步加强，民用核安全设备监督管理进一步规范，核设备现场监督制度建立并逐步健全。核技术利用辐射安全监管力度逐渐加大，放射性同位素和射线装置安全监管基本规范，辐射安全状况明显好转。通过全国核技术利用专项行动，核实了全国现有核技术利用单位数量，并将其全部纳入许可管理，许可证发放率达到 100%，辐射事故发生率明显降低，废物处置场建设继续推动，放射性废物安全监管得到强化。全国城市放射性废物库已全部完成建设，并投入运行，三大中低放废物处置场工程稳妥推进。电磁辐射环境监管出现新起色。

立法工作稳步推进，法规体系更趋完善。核与辐射安全法规标准审查专家委员会制度逐步固化并发挥作用。各省份结合本地实际的地方立法得到加强。2017 年，《核安全法》经第十二届全国人民代表大会常务委员会第二十九次会议审议通过，已正式颁布施行。

应急监测能力提升，监测体系不断健全。民用核设施应急准备与相应工作的监督检查工作不断强化，核事故应急基础能力建设得到加强，核与辐射监测能力建设项目全面推进，覆盖全国的辐射环境监测网络体系初步形成，核与辐射安全监管技术研发基地项目逐步取得进展。

福岛核事故后，我国开展了两次大规模的全国综合性和专项安全检查。对运行和在建核设施提出了安全改进要求，并开展了福岛后安全改进行动。开展了全国核技术利用、铀矿冶及放射性物品运输辐射安全检查专项行动。《核安全与放射性污染防治“十二五”规划及 2020 年远景目标》《核安全与放射性污染防治“十三五”规划及 2025 年远景目标》发布并不断落实。

监管投入和能力建设力度不断加大。中央财政投入逐年增加，重点支持建立全国辐射环境监测网络体系，健全核与辐射事故应急组织体系，提高监测与应急能力。

核与辐射安全监管机构编制取得重大突破。实现了局机关百人、中央本级千人和全国监管队伍万人的监管组织规模，三位一体的监管体系得到进一步巩固和加强。

（四）进入新时代（2018年至今）

2018 年 3 月，我国根据第十三届全国人民代表大会第一次会议批准的国务院机构改革方案，将环境保护部的职责进行整合，组建了中华人民共和国生态环境部。生态环境部（国家核安全局）履行国家核安全监督管理部门职责。其中核设施安全监管司、核电安全监管司、辐射源安全监管司既是生态环境部的内设机构，也是国家核安全局的内设机构。核设施安全监管司增设核安全协调处，核电安全监管司增设核电运行安全与质量保证处，核电安全监管方式从按照核电建造、运行阶段划分转为按照区域划分，进一步优化了监管资源，提升了监管效能。

监管职能有所增加。增加了“承担国家安全有关工作，负责核安全工作协调机制、涉核项目环境社会风险防范化解有关日常管理工作”等职能，监管工作范围进一步扩大，国家核安全局的地位和作用进一步提升。

工作重心转变。由于核电机组陆续由建造转入运行，核安全法的颁布实施使核安全法规标准体系日臻完善，核与辐射安全监管的工作重心有三个转变：一是从建设项目审评监督向保障运行安全转变；二是从经验式监管向标准化规范化监管转变；三是从抓顶层设计向抓全面落实转变。

总部机关、地区监督站、技术支持单位“三位一体”的核安全监管组织体系进一步完善，2018 年 1 月发布实施《关于进一步发挥地区监督站职能作用的通知》，进一步理清总部机关与派出机构的职责，地区监督站承担了更多的职能，压实了责任，优化了监管职能。

2018 年 1 月 1 日，核安全法正式施行。开展了核安全法实施年活动，编制核安全法实施年工作方案，举办媒体座谈、专题讲座和专项培训，编制学习读本，开展知识竞赛，结合日常监管推动核安全法宣贯实施，提升核安全监管法治化能力和水平。完善法规标准体系。编制《核安全法配套法规文件制修订总体方案》，出台“十三五”法规标准制修订规划，核安全法规标准制修订进度大幅加快。

建立并完善核安全监管综合管理体系。综合管理体系是规范开展核安全监管工作的制度保障。核安全监督管理部门参照国际标准、借鉴世界先进监管理念和良好实践，总结经验、建章立制，明确监管责任和质量要求，细化程序制度规范，建立并完善核安全监管机构综合管理体系，编制了核与辐射安全管理制度体系文件，包括《核与辐射安全管理体系总论》、第二层级全部 49 份工作指南和技术大纲以及第三层级的文件。持续推动管理的系统化、科学化、法治化、信息化和精细化，有力保障监管的独立性、权威性和有效性，不断提升监管效能。

监管能力大幅提升。核与辐射安全监管技术研发基地一期工程建成，为全面提升核安全监管技术能力提供了平台。完善全国辐射环境监测、重要核设施监督性监测、核与辐射应急监测三张监测网络，建成国控自动站161个、重要核设施监督性监测自动站158个，全面覆盖了各直辖市、省会城市、重要江河、湖泊和重要核设施，实现了全国辐射环境质量数据实时发布。

二　核与辐射安全监管实践经验总结

核安全是国家安全的重要组成部分。多年来我国核设施建设和营运保持了良好的核安全记录和业绩，受到国际原子能机构和世界核电同行的称赞和认可。30多年来我国核与辐射安全监管工作积极借鉴国际、国内其他工作领域先进监督管理模式、法规标准体系和运作机制，在实践中发展，在创新中进步，取得了世人瞩目的安全业绩，积累了丰富的核与辐射安全监管有益经验。

（一）主要安全业绩

我国核工业经历了60多年的发展探索，已经建成了一套比较完整的核工业体系。我国现有运行核电机组45台、在建核电机组11台，在建机组总数世界第一，机组总数位列世界第三，核技术利用单位7.2万家，在用放射源14.1万枚，射线装置18万台（套）。我国核能和核技术发展快，量大面广，监管任务十分繁重。

30多年来，我国核能与核技术利用事业始终保持良好安全业绩。我国核电厂没有发生过严重的核事故或2级及以上核事件，核电机组0级偏差事件、1级异常事件年发生率和放射源丢失、被盗及安全生产事故年发生率持续下降，重点核设施周围辐射环境质量水平处于本底涨落范围内，核与辐射安全状况良好。据世界核运行者协会（WANO）的统计，我国核电机组的运行指标中80%以上优于世界中值，70%以上指标处于国际先进值区间，在建核电机组质量受控。

总体来看，我国核设施与核技术利用装置安全水平不断提高，辐射环境安全风险不断降低，基本形成了事故防御、污染治理、科技创新、应急响应和安全监管能力，核安全、环境安全和公众健康得到保障，辐射环境质量保持良好。2016 年 9 月，国际原子能机构对我国开展了核与辐射安全监管综合跟踪评估，评估团充分肯定了我国核与辐射安全监管体系建设和监管的有效性，认为国家核安全局是一个有效、可靠的核与辐射安全监管部门。

（二）实践经验总结

确保核与辐射安全，是维护国家安全稳定的重要保障，转变经济发展方式的有力支撑，是保障和改善民生的必然要求，是树立良好国际形象的有效举措。核与辐射安全监管人的开拓进取和不懈努力推动了监管事业的快速发展和持续进步。30 多年的监管实践积淀和凝聚了具有中国特色的核与辐射安全监管实践经验，并反过来指导着核与辐射安全监管之路的探索和实践。

一是树立了“一种理念”，贯彻“独立、公开、法治、理性、有效”的监管理念。要独立监管，保证“裁判员”不受“运动员”的影响；要公开监管，让社会各界了解监管过程和结果，促进全社会理解、关心、支持核安全工作；要依法监管，所有监管工作不受或少受主观因素影响；要理性监管，保证所有监管活动有逻辑性、科学性和合理性；要有效监管，保证所有监管活动可靠，对提高安全水平有积极作用。

二是建立了“一套法规”，始终坚持依法行政，持续强化法制建设，形成了包括 2 部法律、7 部条例、29 部部门规章、93 部导则的核与辐射安全法规体系，这套体系开创性地施行了分阶段审批制度以及全过程监督模式等机制，逐步实行了一系列既与国际接轨，又符合中国国情的制度。

三是制定了“一套制度”，形成了行之有效的监管制度和管理体系。构建并不断完善以核安全、核设备、辐射安全许可证制度、环境影响评价制度和辐射环境监测制度五大体系为核心的核与辐射安全监管制度框架。持续构建我国新时期核安全监督管理体系，包括决策指挥体系、政策法规体系、安全监管体系、技术支持体系、监测应急体系、废物处置体系、综合保障体系。

四是形成了“一支队伍”，构建了行政机关、地区监督站、技术支持单位三位一体的核与辐射安全监管组织体系，汇集了安全素养高、技术能力强的专业监管人员，基本实现了部机关一百人、中央本级一千人、全国一万人的“百、千、万”人员规模，为事业发展提供了组织和人才保障。

五是提升了“一组能力”，持续强化软硬件基础设施建设，建成国家核与辐射安全监管技术研发基地一期工程，不断完善全国辐射环境监测、重要核设施监督性监测、核与辐射应急监测三张监测网络，加强人才队伍建设，培养了审评、监督、执法、监测、应急和公众沟通、技术研发、国际合作等综合能力，为提升核与辐射安全监管水平奠定了坚实基础。

新时代，核与辐射安全监管面临着新形势和新要求。核安全已被纳入国家安全体系，这核安全监管被赋予了愈发重大的历史使命，承载了越发重要的社会责任。这需要我们核与辐射安全监管工作者围绕核与辐射安全监管体系和监管能力现代化建设目标持续扎实工作，形成强力屏障，确保核与辐射安全，保障人民群众根本利益。需要核与辐射安全监管机构高效运作、积极谋划，以更为公正、科学、有序的新面貌，为更加独立、权威、有效和专业的行使监管职能筑牢基础，进而为确保核安全、保持辐射环境质量、推进生态文明建设、实现中国梦提供坚实保障。

B.14
核技术应用产业发展与展望

王传祯*

摘　要：本报告主要介绍民用核技术国内外发展现状和趋势。民用非动力核技术在发达国家已经成为一个独立的工业体系，在工业、农业、医疗、环保和安全等领域得到广泛应用，特别是辐射消毒、辐照食品、辐照制备新材料等方面得到迅速发展。中国核技术正处于从科研开发向产业化快速发展时期，在交联电线电缆、热缩材料等辐射化工领域取得巨大发展，有的已经成为较大的产业；在辐照食品和辐射消毒方面也得到了很大发展。

关键词：核技术应用　民用核技术　辐照食品

民用非动力核技术，指利用放射性同位素和电离辐射与物质相互作用所产生的物理、化学及生物效应，来进行研究及开发的技术，包括以放射性同位素和各类加速器为辐射源的辐射加工技术和以放射性同位素为载体的辐射、示踪技术。民用非动力核技术在工业等领域应用具有不可替代的重要作用，其应用发展水平，不但影响着国家工业竞争力的高低，而且是决定一个国家在世界政治、军事、经济等方面综合实力的重要因素，所以美国、日本等发达国家给予高度重视，投入巨资研究发展和掌握其核心技术。我国正在推动培育新兴产业发展、支持国家经济转型升级，开展民用非动力核技术在工业领域的应用研究更具重要意义。

---

*　王传祯，北京三强核力辐射工程技术有限公司终身荣誉董事长。

一　国际核技术产业发展现状

目前，世界上已有近150个国家和地区开展了核技术在工业领域的应用研究和开发，世界核技术应用产业的产值达近万亿美元。美国、欧洲发达国家在核技术工业应用领域处于领先地位。美国将核技术列为优先支持的22项重大技术发展方向之一（American Science & Engineering Inc.Image Library 2015.9），2010年美国产业规模达6000亿美元（2009年美国核科学顾问委员会专家评估报告《国家同位素未来需求》），占到当年国民生产总值的3%~4%。许多新兴国家正以极大的热情发展本国的辐射加工产业，为推动本国的创新发展提供新的动力。

（一）各类应用型加速器技术成熟、产业化水平高

1. 加速器技术日趋成熟稳定

经过多年的发展，医用电子治疗加速器、同位素生产加速器、辐照加速器、无损检测加速器等应用型加速器技术日趋成熟，产业化水平也在逐步提高。

近几十年来，医用电子治疗加速器逐步向高剂量率和高稳定性的方向发展。目前在国际上大批量生产医用电子加速器的主要厂商有瓦里安、医科达等，2015年的销售额高达40亿美元。

目前全球有1200余台回旋加速器用于医用同位素生产，主要分布在北美、欧洲、中国、日本、印度及东南亚等国家。辐照加速器正逐步取代钴-60成为工业上主要使用的放射源。国际上美国、俄罗斯、日本、比利时和法国等国根据辐照加工产业的需求，研发了不同能量和功率的系列产品。国际上高压型辐照加速器发展的主要特点为：产品质量不断提高，主要体现为操作简便、易于维护维修、长期运行稳定性和可靠性好以及自动化程度高；产品向低能段和高能段扩展，不断研发有特色的新产品，如研发6MeV的地纳米型加速器；不断提高高压型辐照加速器的功率和功率转换效率。

无损检测加速器向能量调节和灵活机动的方向发展，能量从 0.7 MeV 到 15 MeV 不等，并出于成本和环境安全的考虑逐渐代替了放射性同位素，在医疗、安检、工业、科学研究等领域中产生了不可估量的价值。

2. 质子和重离子治疗加速器成为国际放疗领域的发展方向和研究热点

质子和重离子放疗凭借其布拉格峰和生物学效应上的优势，成为国际放疗领域发展的方向和研究的热点。目前世界范围内共有约 50 台质子和重离子治疗装置，主要集中在美国、欧洲和日本等发达国家。美国从 20 世纪 60 年代就开始发展质子治疗，目前有十余台质子加速器装置，安装在大医院用于肿瘤治疗。欧洲各国的不少医院也配备了质子治疗装置，主要是 IBA 生产的回旋加速器装置。日本重点发展重离子治疗装置，在 20 世纪 70 年代建立了重离子治疗中心 HIMAC，完成了数千个肿瘤病例的治疗，并在多个治疗中心装备了重离子治疗装置。在产业方面，IBA、飞利浦和瓦里安等企业能生产基于回旋加速器的质子治疗装置，东芝、三菱和住友等企业能研制基于同步加速器的重离子加速器治疗装置。欧洲的欧洲核子研究组织（CERN）和瑞士保罗谢尔研究所（PSI）等各大科研机构正在投入大量资源进行先进质子和重离子治疗装置的研发。

3. 密封中子管技术及指标已达到较高水平并实现了小批量生产

国际上发达国家的密封中子管技术及指标已达到了较高的水平，并实现了小批量生产。具有代表性的生产厂家有法国的 SODERN 公司、美国的 MF Physics、德国的 NSD Fision 等。以法国的 SODERN 公司为例，开发的 GENIE-16 中子管 D-T 中子产额为 2×10^{8}n/s，使用寿命为 4000 小时；GENIE 35 中子管 D-T 中子产额达到了 10^{10}n/s，使用寿命大于 2000 小时。

4. 离子注入机技术已日趋成熟并高度产业化

近年来，应用于半导体工业的大束流离子注入机向超低能方向发展，即研发注入能量可小于 1keV 的离子注入机以满足半导体器件尺寸愈来愈小、结深越来越浅的要求，为此发展了高分子量等效掺杂离子源技术、低能平行束技术、离子束扩束技术、大口径圆片注入技术以及防能量污染技术等。高能量注入机的发展趋势则是进一步小型化和多电荷注入。此外，离子注入机——电镜联机——等特殊技术也得到发展，在反应堆材料辐照损伤、纳米材料科学以及离子束与固体相互作用等领域的研究中有广泛应用。总之，经过几十年的发展，国际上离子注入机技术已日趋成熟并高度产业化，目前以瓦里安、AXCELIS 等公司为代表，可以批量生产各种类型的高精度和高自动化程度的离子注入机，包括超低注入能量、超大注入剂量和其他个性化产品。

（二）国际放射性同位素技术发展现状

1. 高浓铀生产裂变 ^{99}Mo的替代技术受到广泛关注

裂变 ^{99}Mo 是反应堆生产的最重要医用同位素。国际上用于生产裂变 ^{99}Mo 的反应堆主要有加拿大 NRU、荷兰 HFR、比利时 BR-2、法国 OSIRIS 及南非 Safari-1 等。但由于这些反应堆运行时间基本超过 40 年接近寿期，且国际上对核不扩散的限制越来越重视，国际原子能机构和经合组织都在关注高浓铀生产裂变 ^{99}Mo 的替代技术，包括用低浓铀生产、直接堆照生产和用加速器制造。美国、荷兰、德国、澳大利亚、比利时、韩国、加拿大都在开展相关工作。荷兰 NRG 计划在 2020 年建成 PALLAS 反应堆用于医用放射性同位素的生产。

2. 放射性药物进展喜人

截止到 2016 年，美国食品药品监督管理局（FDA）批准的核素药物有 49 种之多，其中基于锝 -99m 的最多，多达 17 种，基于氟 -18 的有 6 种，基于铟 -111 的有 5 种，基于碘 -123、碘 -125 以及碘 -131 这三种碘同位素的有 7 种。这些药物中，有些用于核素成像如氟 -18 标记的氟化钠和氮 -13 标记的氨水等，有些则用于治疗，如碘 -131 标记的碘化钠可用于甲亢或甲状腺癌的治疗等。除了上述 49 种放射性药物以外，核医学界还一直在进行新型药物的研发与临床试验，如基于肿瘤乏氧显像的硝基咪唑类显像剂 ^{18}F-FMISO、^{18}F-FETNIM 等，基于受体显像的正电子核素（铜 -64，镓 -68，氟 -18）标记的奥曲肽等。其中，有些药物如 FMISO 已经进入临床试验阶段。

国际上核素治疗出现了发射 α 射线的核素，FDA 批准 Ra-223 应用于晚期前列腺癌患者的治疗。正电子放射性药品方面，FDA 批准了三个诊断阿尔茨海默病(AD)的 ^{18}F 药品，其中 ^{18}F-AV45 比较成功，说明中枢神经系统（CNS）退行性疾病是研究的热点。

PET/MR 是现今应用于临床的最高端分子影像设备，因此与其适应的放射性药物是将来的发展方向之一，目前 PET/MR 在肿瘤和 CNS 上应用较多，多模态显像剂的研究正在引起重视。近年来以 ^{18}F 为代表的 PET 显像诊断药物以每年大约 30% 的速度增长，特别在一些新兴国家增长更快。

（三）国际核探测与核电子学技术发展现状

近年来，随着核辐射探测器材料的技术突破，涌现出一大批性能优异的探测器，如 CZT、GaAs、溴化镧、溴化铊探测器等。特别是平面硅工艺探测器技术的重大突破，派生出一系列先进的硅半导体探测器，如硅 PIN 探测器、硅漂移室探测器 SDD、全耗尽场效应管探测器 DEPFET、pn-CCD 探测器、微条带探测器、线性阵列探测器、二维面阵成像探测器等。这些探测器技术在现代高分辨率成像、防爆安检、空间探测、科学研究、武器装备、国民经济等领域发挥了重要作用。可以说，硅平面工艺技术在半导体探测器制备工艺技术中具有划时代的意义。

（四）国际核技术在其他方面的应用现状

1. 辐射交联、辐照灭菌等技术得到广泛应用

辐射交联的首次实际应用始于 1957 年美国的 Raychem 公司，该技术目前已经广泛应用于电线电缆、热缩材料、发泡材料、轮胎、水凝胶等多种产品的工业化生产。

日本每年生产 120 万千米辐射交联电缆、27 万千米的热缩管和 1.5 万吨发泡材料。马来西亚年产辐照天然胶乳 6000 吨以上。美国和日本分别于 1957 年和 1977 年开始轮胎辐照应用，目前日本子午线轮胎辐射预硫化技术的普及率达 90% 以上。

根据 IAEA 报告中的数据，全世界每年有超过 1400 万立方米的医疗卫生用品使用辐照方法进行灭菌处理。

1957 年世界第一座商业用途的食品辐照装置在德国建成投产。目前全球有美国、欧洲、日本等 50 多个国家和地区批准了 8 个大类共计 230 多个辐照食品品种上市。食品辐照的领域主要有辐照灭菌、辐照杀虫、抑制发芽、辐照检疫处理等。根据国际原子能机构报告，2015 年全球约有 70 万吨辐照食品。

从全球来看，欧美发达国家的成熟产业应用将逐步向亚洲、南美洲和非洲等发展中国家转移。近几年，印度、土耳其、泰国等国在辐射材料改性方面的发展越来越快。

国际辐射技术在环境保护中也得到应用。1970 年，日本 Ebara（荏原）公司提出电子束辐照脱除烟气中 SO_2 和 NO_x，1972 年在 JAERI（日本原子力研究所）建立了一个流量为 $60Nm^3/h$ 的示范装置。波兰、中国等国也先后建立了示范装置。

2. PET-MRI产品及其应用成为核医学界的研究热点

自 2010 年第一台商用全身 PET-MRI 设备正式装机运行以来，主要医疗设备生产商纷纷推出各自的 PET-MRI 产品，而医学界也在不断尝试 PET-MRI 的各种应用。目前 PET-MRI 主要应用在肿瘤学、神经学以及心血管方面。MRI 在一些神经系统疾病如帕金森症和阿尔茨海默症上有着独特的优势，PET 也有针对这两种疾病的高特异性分子探针，二者结合将有助于提升对于该类疾病的早期诊断、病变程度分级及药物疗效评估水平；磁共振功能成像与 PET 的功能成像强强联合可以进行交叉验证，如 PET 的氧摄取指数与 MRI 的血氧水平依赖脑功能成像方法可以进行对比和联合。

3. 通用核仪器仪表逐渐实现了系列化、智能化、数字化、网络化以及现场化

随着电子技术和网络技术的发展，通用核仪器仪表逐渐实现了系列化、智能化、数字及网络化以及现场化。

系列化：如 γ 剂量率类仪器，做到了宽量程，既有环境级仪表，也有应急和事故处理级仪表；从使用的探测器来看，既有高灵敏的塑料闪烁探测器，也有价格便宜的 GM 管探测器，既有高分辨率的高纯锗探测器，也有比

碘化钠［NaI（Tl）］探测器能量分辨率好上近一倍的溴化澜（LaBr）和氯化镧（LaCl3）探测器，具有了承担全领域探测的能力。

智能化、数字化：采用嵌入式处理器，如 ARM（Advanced Risc Machines）处理器、数字信号处理器（Digital Signal Processing，DSP）、高速和超高速 ADC(模数转换器）/DAC（数模转换器）芯片，制造出了更高水平的核仪器。以数字信号处理器（DSP）为核心的嵌入式计算机系统在核仪器领域得到广泛应用。

网络化：随着手机、平板电脑等现代无线通信技术的发展，核仪器测量数据的无线传输成为可能。遥测、遥感技术的应用，也可以通过网络控制和核仪器操作，使测量现场无人值守或减少人工操作。多种核测量系统可通过网络进行远程操控、数据传输、区域事故报警等，信息化程度空前提高。

现场化：便携核仪器体积更小、功能更强、携带更加方便，智能化、信息化程度更高；还可根据需要进行无线数据传输，把现场的测量数据直接发到监测中心。

二　中国核技术应用现状

核技术属于中国重点支持的战略性新兴产业，20 世纪 90 年代步入产业化阶段以来，发展速度很快，形成了具有一定规模和水平、较为完整的体系，1999 ~ 2016 年核技术应用产值如图 1 所示。截至 2016 年 12 月底，中国已有 400 多家单位直接从事辐射科学和技术研发与生产，相关应用单位达数千家，辐射科学和技术应用年产值超过 3000 亿元（中国核学会课题组 2017 年统计核算数据），是 2010 年的 3 倍，年增长率保持在 20% 左右，为全社会提供近 10 万个就业岗位，在提高人民生活水平、促进社会经济发展中发挥了不可替代的重要作用。

与工业化发展阶段相适应，中国核技术的应用领域不断拓展，广泛应用于工业、农业、医学、环保等领域，并已在辐照材料改性、辐照加工服务、辐射技术装备、公共安全、公众健康、环境保护等方面形成了一定的产业规模（见图 2）。

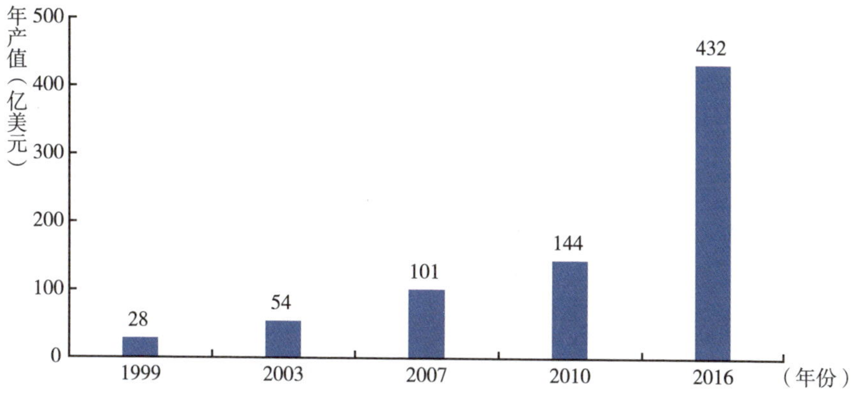

图 1　1999～2016 年核技术应用年产值增长情况

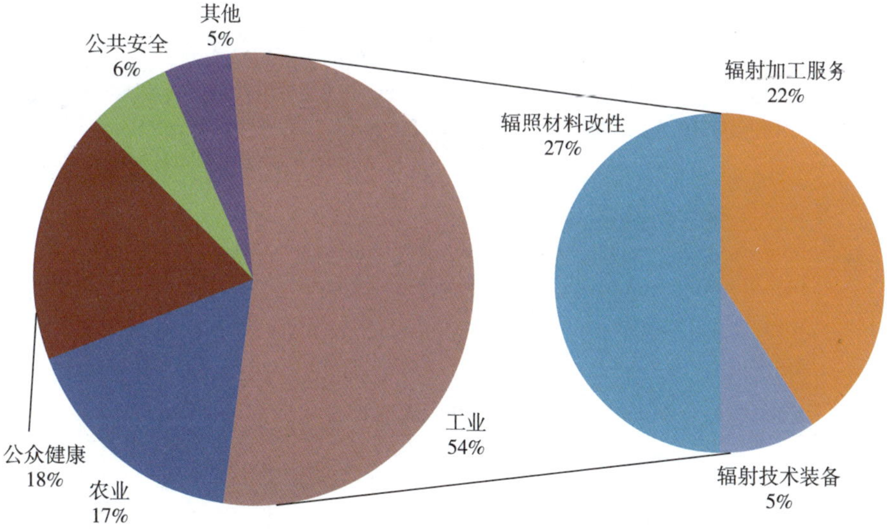

图 2　中国核技术 2016 年各应用领域产值分布情况

随着产业规模不断扩大和国家重视程度的加深，相关产品的性能和技术水平提升很快，得到国际同行越来越广泛的认可，电子辐照加速器、钴-60放射源及其辐照装置、大型集装箱检测系统等许多产品已走出国门，销往东南亚，乃至欧美。

在“走出去”的同时，中国政府也非常注重吸引外国企业在国内的投资与发展，如辐射灭菌两大国际企业 Sterigenics 和 Steris AST 均在中国投资设立了子公司，日本 Nipro 也在中国建设了与其生产线配套的 γ 辐照装置，此外多家著名的跨国医疗设备企业也纷纷在中国设立子公司。外企的入驻为中国辐射科学和技术的发展注入了更多活力，客观上促进了相关领域的发展。

（一）大型科研设施提供强大支撑

在国际上，许多发达国家在完成核武器、核电站发展后多投入了大量资金和人力研究开发和发展民用核技术。在中国，加速器、反应堆、同辐光源等一批科学装置的建成和投运有力支撑了民用核技术的发展（见表1）。

表1　中国核技术科学研究相关的大型科研设施情况

	大型科研设施名称	状态
加速器	兰州重离子加速器（HIRFL）、四兆伏静电加速器、肿瘤治疗用介质壁质子加速器、PET 配套质子回旋加速器、100 兆电子伏强流质子回旋加速器	在运
	强流重离子加速器	在建
反应堆	高通量工程试验堆（125MW）、中国脉冲反应堆（1MW）、岷江试验堆（5MW）、中国实验快堆（20MW）、中国先进研究堆（CARR,60 MW）、中国绵阳研究堆（CMMR,20MW）	在运
光源	北京正负电子对撞机、北京同步辐射装置（BSRF）、合肥同步装置、上海同步辐射光源（SSRF）	在运
	X 射线自由电子激光试验装置、中国散裂中子源（CSNS）	在建
	北京光源（第四代光源）	计划中

100 兆电子伏强流质子回旋加速器和兰州重离子加速器（HIRFL）在批量生产放射性同位素和核医学与放射医学等方面的应用研究中发挥了重要作用。

肿瘤治疗用介质壁质子加速器和 PET 配套质子回旋加速器为辐射科学和技术在医疗方面的应用和研究搭建了非常好的平台。

20MW 中国绵阳研究堆（CMMR）和 60 MW 中国先进研究堆（CARR）促进了中子成像技术及应用的开发，并生产出多种医用和药用放射性同位素。

合肥同步装置、上海同步辐射光源等大型光源为辐射物理、辐射化学、材料科学、核医学、放射性药学等多学科的前沿基础研究，以及医疗诊断等技术的开发应用研究提供了强有力的手段。

（二）辐射化学新成果为辐射技术应用奠定了基础

中国于 20 世纪 60 年代起开展辐射化学及辐射加工技术研究，北京大学、中国科学技术大学、北京师范大学、上海大学、华东化工学院、中国科学院长春应用化学研究所、中国科学院上海应用物理研究所、中国工程物理研究院、中国原子能科学研究院等单位开展了相关研究。在辐射化学基础研究、高分子辐射化学与辐射加工及环境治理中的辐射化学等方面取得了一系列重要研究成果。为辐射交联电线电缆、辐射交联热缩材料、辐射交联发泡材料、聚合物基 PTC 材料、辐射交联橡胶微纳材料、辐射交联水凝胶辅料、辐射接枝电池隔膜、辐射聚合聚丙烯酸酯黏合剂、辐射降解聚四氟乙烯润滑剂、辐射降解天然高分子饲料添加剂等领域的工业应用铺平了道路。

（三）辐射技术与装置发展现状

1. 电子辐照加速器技术与装置发展迅速

（1）电子辐照加速器技术研发取得长足进步

20 世纪 60 年代，中国的电子辐照加速器技术起步。目前，中国电子辐照加速器主要研制单位有 10 多家，成功研发了不同类型、多能量段的加速器数十种，基本满足国内需求。

工业用电子辐照加速器的研发和生产以 1 ~ 5MeV 的中能辐照电子加速器为主。其中，高频高压（地那米）型加速器为主要产品，近期研制成功的 5.0MeV/30mA 电子辐照加速器，能量和束流不稳定度小于 3%；在 3.0~5.0

MeV 能量下扫描不均匀度小于 10%，标志着中国已全面掌握了高频高压型加速器的核心技术。以中科院上海应用物理研究所技术为依托的中广核中科海维科技发展有限公司（简称中广核中科海维）、中广核达胜加速器技术有限公司（简称中广核达胜）、无锡爱邦辐射技术有限公司（简称无锡爱邦）等都有多种类型的加速器提供。绝缘芯变压器型中能电子辐照加速器的主要生产单位为中科院近代物理研究所，它研发的 DG 系列无铁芯高压变压器型加速器，能量范围为 0.3 ~ 2.5MeV，最强束流为 200 毫安，最大输出功率为 120 千瓦，工作稳定，故障率低，电能转换效率高，深受用户好评。

能量大于 5MeV 的高能辐照电子直线加速器技术也取得了突破性进展。“S 波段 10 MeV/20kW 电子直线加速器”和“L 波段 10MeV/40kW 工业辐照电子加速器”分别在 2011 年和 2013 年相继研发成功，为中国辐射材料改性、新材料研发、环境保护等领域的发展提供了更为有效的工具。

（2）电子辐照加速器数量增长迅速

电子辐照加速器生产基地初具规模，装备数量迅速增长。如图 3 所示，中国加速器数量从 2008 年底的 140 台（套）发展到现有的 500 余台（套）（见表 2），占全球电子辐照加速器总量 2000 台的近 1/4，总功率超过 3.5 万千瓦，

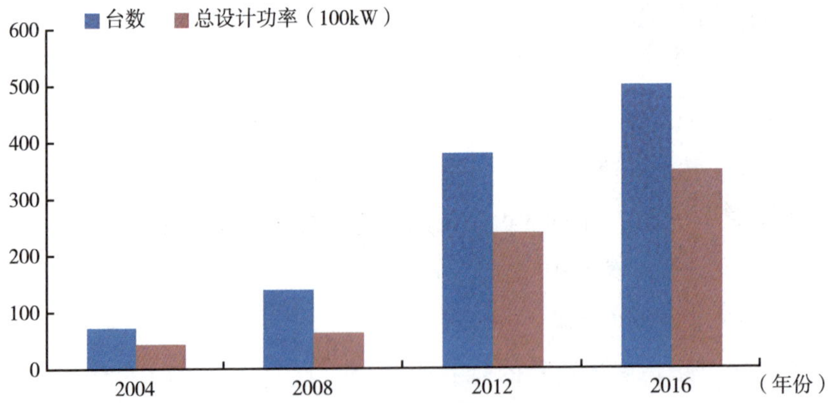

图 3　中国电子加速器的发展历程

占全球总功率（8.0 万千瓦）的 43.8%，年增长率在 20% 以上。国产加速器的国内市场占有率达到 80% 以上。作为中国电子辐照加速器的龙头企业，中广核技和无锡爱邦 2011 ～ 2015 年的年产量之和均在 30 台以上。

表 2　中国现有电子辐照加速器及科研生产单位

加速器类别	数量	加速器类型	主要科研生产单位	用途
高能电子加速器（5.0 ～ 10MeV）	41 台，国产为主	电子直线加速器（Linac）	中国原子能科学研究院、山东蓝孚高能物理技术股份有限公司、中广核中科海维、同方威视、无锡爱邦	食品、药品、医疗器械等的消毒灭菌
	6 台，进口为主	梅花瓣型加速器		
中能电子加速器（1 ～ 5.0MeV）	400 多台，每年有 30 ～ 40 台的增长量	高频高压（地那米）型	中广核中科海维、中广核达胜、无锡爱邦	电线电缆、发泡材料、热缩材料、建筑材料、橡胶、食品和医疗器械等的辐射加工
		绝缘芯变压器型	北京工业自动化研究所、中科院近代物理研究所、兰州科近泰基新技术有限责任公司、中广核达胜	
		谐振变压器型	中科院近代物理研究所、中广核达胜	
低能电子加速器（1MeV 以下）	50 余台	电子帘加速器等	北京工业自动化研究所、无锡爱邦、中广核达胜	橡胶硫化、表面固化、烟气脱硫脱硝

（3）国产电子辐照加速器具备国际供货能力

国产电子辐照加速器得到国际认可，部分产品出口海外，中广核技旗下中科海维和达胜的加速器产品已出口海外 18 台，销往日本、韩国、印度、印度尼西亚、泰国、巴基斯坦等国，并于 2016 年 2 月成功进入美国市场。无锡爱邦的产品也远销俄罗斯、韩国、土耳其、印度、印度尼西亚等国。

2. γ 射线源及其集成装置实现出口

以钴 -60 源国产化为标志，中国放射源生产技术有了实质性提高。与此同时，γ 辐照装置设计建造能力大幅度提升，国产 γ 辐照装置不仅可满足国内需求，还具备国际供货能力，先后出口泰国、越南和马来西亚等国。

（1）钴-60源成功实现国产化

2010年，同辐公司成功掌握了完全自主知识产权的万居里级钴-60源生产技术，形成了年产600万居里 ^{60}Co 辐照源的能力，产品的各项技术指标和质量水平达到甚至超过了国外同类产品水平，可满足中国约75%的市场需求；2016年，国产钴源实现销售收入2000万美元，同辐公司一举跃升为全球第三大工业钴源供应商，不仅占据了中国市场，还出口至巴基斯坦等国。

在医用钴-60源开发方面，重水堆大批量生产医用 ^{60}Co 于2017年3月获批，首批成品预计2019年上市，届时国产伽马刀将拥有“中国心”。

（2）γ 辐照装置设计建造能力大幅度提升

作为中国核技术的主力军、主要技术装备，γ 辐照装置一直是推动中国辐射科学和技术科研开发、进行产业化发展的主要力量。相关科研生产单位，特别是北京三强核力辐射工程技术有限公司以及北京核二院比尼新技术有限公司坚持自主创新，创造出四大类新的 γ 辐照装置，完成了三大国家强制性标准，使中国 γ 辐照装置的设计建造能力大幅度提升，并获得国际认可。为此，北京三强核力辐射工程技术有限公司和北京核二院比尼新技术有限公司辐照所的创始人在2011年获得国际辐射加工最高奖——劳伦斯奖。

国产 γ 辐照装置近10年来数量增长迅猛（见图4），到2016年底，设计装源能力为30万Ci以上的钴源辐照装置达130多台，占全球总量（300台）的40%以上，除了2台是进口装置之外，其余均为国产。国产最大设计装源能力600万Ci。总设计装源能力超过1.7亿Ci，实际装源量约7000万Ci，占全球的23%。与2003年相比，装源量增长5倍多，主要用于食品辐照、中药辐照和医疗器械的辐照消毒灭菌以及部分材料改性等方面。

3. 放射性同位素制备技术取得新进展

2008年以来，我国放射性同位素制备技术取得多项进展，已具备所有医用放射性同位素的制备能力。掌握了百万居里级 ^{60}Co 同位素技术，具备了产业化生产能力；建成了十居里级制备碘-125的间歇循环回路和居里级碘-123气体靶制备系统；建成高浓铀制备裂变同位素 ^{99}Mo 的平台，具备了医用同位素 ^{99}Mo-^{99m}Tc 的规模化生产能力，产品质量与国际接轨，销售额超亿元人民

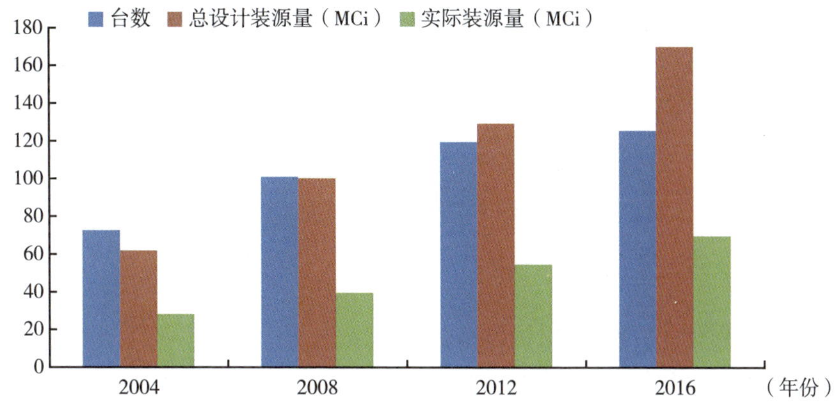

图 4　中国 γ 辐照装置的发展历程

币；形成了 ^{177}Lu、^{64}Cu 和 ^{68}Ge 以及 ^{211}At 的批量生产能力。但由于这些制备技术特别是工业辐照和医用钴源都是近年才完成的，所以目前还不能改变国内需要依赖进口的局面。

中国早在 20 世纪 80 年代末就建立了较完整的同位素科研、生产供应体系。经过近 30 年的发展，技术能力和水平大幅度提升，建立了包括反应堆、加速器、放射性同位素研究生产设施等在内的完备的放射性同位素研制与生产平台，拥有近万人的科研生产队伍，在同位素制备、放射性药物研制领域均取得重大进展，2015 年销售额突破 5.8 亿美元。

（四）核技术应用现状

1. 辐射加工工业应用

中国辐射加工产业经过半个多世纪的发展形成了庞大的辐射加工产业。2005~2015 年，辐照材料改性、辐射加工服务以及辐射技术装备领域发展情况如表 3 所示。

表 3　辐射加工产业分布情况 单位：亿元				
门类	2005 年	2008 年	2010 年	2015 年
辐照材料改性	52	75	110	500
辐射加工服务	90	160	180	400
辐射技术装备	30	35	60	100
合计	172	270	350	1000

（1）辐射化工、材料改性产业化程度最高

中国辐射化工、材料改性产业已经非常成熟，产业化程度最高，已经形成了以辐照交联线缆和热缩材料及制品为主，半导体改性材料、发泡材料、膜材料、涂料、超吸水材料、新型复合材料逐步上规模的产业格局。2015 年，材料改性产值达 500 亿元，其中线缆和热缩材料占 70% 以上的份额。国内用于线缆辐射加工的电子加速器有 200 余台，总功率接近 15000 千瓦。用于热缩材料的辐射加工的电子加速器有 40 余台，总功率约为 3000 千瓦。仅辐射交联电线电缆一项，年产值已超过 280 亿元。最主要的生产商有沃尔核材、中广核达胜、上海长园电子材料有限公司、无锡爱邦等。

（2）医疗保健产品灭菌发展迅速

中国医疗器具辐照灭菌近年来也得到迅速发展，已广泛用于卫生材料、医用乳胶手套、一次性使用医疗器械、药品包装材料、医疗保健产品及药械组合产品、疫苗和组织库的辐照等领域，成为中国辐射加工发展最快的领域。目前中国从事医疗器械灭菌的运营单位都获得了 TUV 或相关第三方认证公司的认证，部分获得了 FDA 的注册号，相关标准日益完善。

据统计，中国目前每年有约 75 万立方米的医疗器械采用辐照灭菌，年产值约为 1500 亿元。即便如此，采用辐照灭菌的医疗器械量仅占总量的 10% 左右。与欧美发达国家医疗器械消毒灭菌中 60% 左右使用辐射法相比，发展潜力巨大。

2. 工业无损检测应用

中国工业无损检测装置的发展成果以工业 CT 为代表，近年来，整体技术水平大幅度提高。

在高能工业 CT 检测方面，中国已自主开发和生产 2 ~ 15MeV 的工业 CT/DR 系统，形成了同方威视、重庆大学工业 CT 无损检测教育部工程研究中心等工业 CT 系统开发和制造企业（机构）。中国工程物理研究院的 6MeV 高能 CT 检测系统，空间分辨率可达 2.0Lp/mm，密度分辨率达 0.8%；同方威视高能工业 CT，主要技术指标：射线能量 2~15MeV, 密度分辨率为 0.3%~1%, 空间分辨率为 1~2.5 Lp/mm。

在低能 X 射线工业 CT 检测方面，中国工程物理研究院 450 千伏双源双探测器工业 CT 系统在常规 CT 模式下，空间分辨率达到 3.0Lp/mm，密度分辨率达到 0.8%。在显微 CT 模式下，最大放大比可达 400 倍，细节分辨力为 1μm；重庆大学 CD 系列低能工业 CT 系统具有检测精度高、检测速度快等特点，射线能量为 20~450 千伏，空间分辨率为 1~3.0Lp/mm，密度分辨率优于 0.2%。

3. 农业应用

经过近 60 年的发展，核科学已被广泛应用于农业中的植物辐射诱变育种、农产品辐射加工、农业核素示踪、昆虫辐射不育等领域，对我国农业生产发展产生了积极的影响。

（1）辐射育种取得显著成绩

在粮食作物辐射诱变育种方面我国取得了显著成绩，在 45 种植物中育成了 800 多个突变品种，占世界辐射诱变育成品种的 26.85%，成为名副其实的核农学大国。辐射诱变育成的品种在全国作物耕种面积中占到两成，育成的突变品种最高年种植面积在 1.3 亿亩以上，每年为国家增产粮食 35 亿 ~ 40 亿千克，辐射诱变育成的油料作物每年产量 10 多亿千克。

（2）农产品、食品辐射加工量占全球一半

在农产品、食品辐照的基础研究、辐照品种、辐照数量、法规体系建设和产业化应用等方面我国取得了一系列新进展，并已将其成功应用在抑制农产品发芽、杀虫、防霉以及保障农产品食用安全性等方面。中国也已经制定和发布辐照食品卫生标准和工艺标准，确保辐照食品的安全。据统计，2015 年我国辐照量超过 40 万吨，占全球总量 70 万吨的一半以上，年产值超 26 亿元。但从总量上而言，我国辐照农产品年加工量仅占农产品总量的万分之一，仍具有很大的加工潜力。

此外，农业核素示踪已被广泛应用于农业生产，包括农产品原产地同位素溯源、农产品污染物溯源等研究领域。

4. 医学领域应用

（1）医用直线加速器数量增幅明显

我国医用直线加速器数量增幅较大，近年来中国医用直线加速器数量增长情况如图 5 所示。我国医用加速器研制与生产发展迅猛，各医用能量档的电子直线加速器制造能力全面，同时在磁控管、新加速器研制方面也取得了明显的进步。

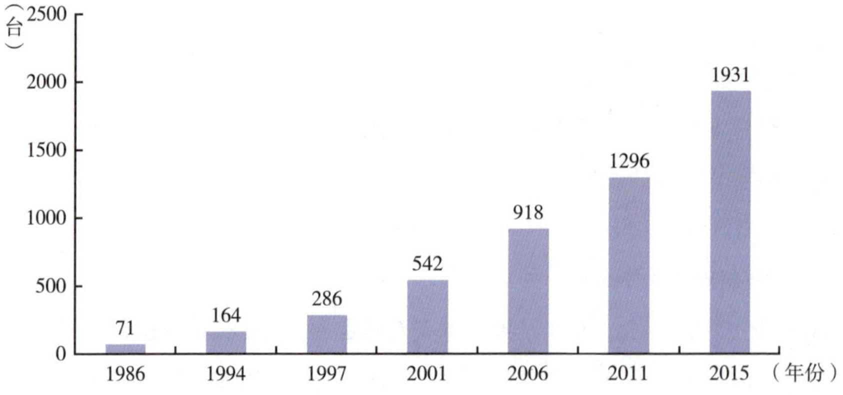

图 5　中国医用直线加速器数量增长情况

（2）质子和重离子治疗加速器取得重要进展

我国质子和重离子治疗技术取得重要进展，已使我国成为少数拥有新一代放射性核束加速器的国家，是我国医疗发展特别是肿瘤治疗水平的重要标志。继 2006 年 12 月重离子束辐射癌症治疗进入临床研究并收到显著疗效后，中国已成为国际上第 4 个有能力进行重离子治癌临床研究的国家。在质子治疗方面，中国掌握了回旋加速器核心技术，研发了具有自主知识产权的 100MeV 回旋加速器，生产了 PET 医用回旋加速器样机，并将实现产业化；230MeV 质子治疗专用加速器已完成关键技术研发，进入整机研制阶段。

（3）国产医学影像诊断设备异军突起

近几年，国产医学影像诊断设备异军突起，112 环数字光导 PET-CT、动态多极 3.0T MR、实时多维全息 mrCT 等设备得到国际同行认可。此外，中美正携手打造世界首台全景扫描 PET-CT，其灵敏度约为传统 PET 设备的 40 倍，可通过实时全身动态扫描技术呈现人体内所有器官的动态代谢过程。

（4）医学应用领域全面拓展

我国核医学显像诊断及治疗技术全面发展，形成了完整的临床应用体系。根据中华医学会核医学分会 2016 年发表的《全国核医学现状普查结果简报》，截至 2015 年 12 月 31 日，全国 SPECT 和符合线路 SPECT 数量超 600 台，PET 和 PET/CT 达 258 台，核医学显像诊断 210 万人次 / 年，诊断费用近 50 亿元。

在核医学治疗技术应用方面，过去的 30 年里我国的放射治疗机构在大幅增长，如图 6 所示。2008~2015 年，中国放疗市场由 8.4 亿元增长至 38.8 亿元，年复合增速 24.42%，且呈现出加速迹象。

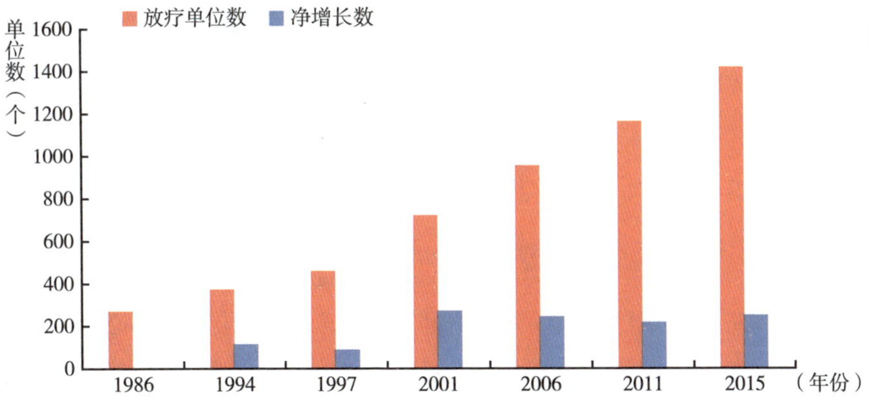

图 6　1986 ~ 2015 年我国放射治疗单位情况

5. 公众安全领域应用

公众安全应用方面，X 射线、γ 射线、中子等探测技术已被广泛应用于航空、铁路、海运、公路等客运和货运安全检查中。

（1）大型集装箱 / 车辆检查系统享誉海外

大型集装箱 / 车辆检查系统是辐射科学和技术在公众安全领域最成功的应用。代表性企业同方威视生产的大型集装箱检测系统，采用先进的 X 射线成像或快中子 / 交替双能 X 射线成像技术，可以近似确定材料的质量吸收系数和有效原子序数，具备强大的物质识别和图像扫描能力，该系统享誉海外，2015 年在国际市场上占有率达到 31.6%。

（2）国产 CT 型行李 / 物品检查系统应用广泛

国产 CT 型行李 / 物品检查系统融合螺旋 CT 扫描技术和双能材料识别技术等，可分别获取彩色透视图像、切片图像以及高清三维图像，可探测液体爆炸物 / 固体爆炸物 / 毒品等多种类型违禁品，应用广泛，检出率高，并可实现自动报警。

6. 其他

除了在工业、农业、医学和公众安全领域的广泛应用，核技术近年来在环保领域的应用也在拓展，已应用到环境污染监测和三废处理中。在四川成都，建设了我国第一个电子束辐射处理烟气废气示范工程；在浙江，最新研制的 5000m^3/d 的印染废水深度处理示范装置已投入试运行。此外，核技术在考古、法证学、雾霾溯源等领域的应用也取得了一些突破。

三　核技术应用领域的发展展望

（一）国际核技术应用领域的发展展望

核技术应用领域已发展成为一个世界性的产业，美国及欧洲发达国家在该领域仍处于领先地位。核技术应用领域的快速发展已成为推进新技术、新材料、新工艺、新方法不断取得创新发展的动力之一。

IAEA 高度关注辐射加工技术 ，国际原子能机构（IAEA）已经把工作重心从核电转移到核辐射科学与技术应用领域的发展上。2014 年 11 月 10~13 日国际原子能机构在维也纳总部召开国际辐照食品大会，这是历史上第一次有 130 多个国家的代表和科学家参加会议。2015 年 9 月 7~11 日国际原子能机构在维也纳总部召开国际加速器应用国际会议，100 多个国家的代表和科技学者参加会议，对加速器的技术发展、应用现状和发展前景进行了研讨。2016 年 11 月 7~11 日，第十八届 IMRP 和 40 周年庆祝大会在温哥华召开。国际原子能机构（IAEA）副总干事 Malavasi. Aldo 在大会主旨报告中说：辐射加工是辐射科学和技术的实际应用，是清洁、安全的民用核技术，在世界上已经得到广泛应用和快速发展，今后定会得到更广泛的应用和更快的发展，IAEA 今后的重点是动员、组织和帮助它的会员国快速发展辐射科学和技术的实际应用。2017 年 4 月 24~28 国际原子能机构在维也纳总部召开辐射科学和技术应用大会，这也是国际原子能机构首次召开这样专门研讨辐射技术的大会，中国政府派国家代表团参加了大会并做了大会报告。

由于核技术发展迅猛，国际资本从 20 世纪 90 年代开始进入核技术产业，目前十分积极活跃。如：Sterigenics 公司 2014 年收购了加拿大 Nordion。Synergy 公司在成功收购 Isotron 公司后，2014 年又先后收购了美国的 Beam One 以及马来西亚的 Sterilgamma 公司，还同 IBA 公司签订了发展 X 射线的合作协议。美国 Steris 公司于 2016 年成功收购 Synergy 公司。

（二）中国核技术应用领域的发展趋势

中国核技术应用的快速发展得益于良好的政策环境和体制机制，依赖于龙头企业的引领，以及他们坚持自主创新的精神，源于严格的计量质量控制和质量标准化管理。以上因素不仅是中国核技术应用的原动力，同时也构成了中国核技术应用领域独有的特点。

中国核技术的发展坚持自主创新，在 γ 辐照装置及钴源生产、电子辐照加速器制造、医学诊疗设备、射线成像检测设备等众多领域均得到了很好的进展，专利年申请量近万件。

（1）需求牵引、前景广阔

核技术的应用十分广泛，中国有1/3的行业与之密切相关。正如IAEA 2009年核技术评价报告指出的："就应用的广度而言，只有现代电子学与信息技术才能与之相提并论。"核技术的高度渗透性、产业关联性及其本身技术优势为其发展提供了广阔空间，美国核技术应用领域的年产值在GDP中的占比达3%～4%，日本和欧洲的占比均为2%～3%，而中国这一占比仅为0.4%。与发达国家相比，中国核技术应用产业发展潜力更大，前景更加广阔。

（2）产业政策持续推进产业发展

中国政府出台了一系列促进核技术应用发展的政策，持续推进我国核技术应用产业健康发展。2015年，国家"十三五"规划将核技术纳入加强前瞻布局的战略性新兴产业。国务院印发的《"十三五"国家战略新兴产业发展规划》提出超前布局战略性产业，在核技术等核心领域取得突破，加快发展非动力核技术，支持发展离子、中子等新型射线源，研究开发高分辨率辐射探测器和多维动态成像装置，发展精准治疗设备、医用放射性同位素、中子探伤、辐射改性等新技术和新产品，持续推动核技术在工业、农业、医疗健康、环境保护、资源勘探、公共安全等领域应用。为贯彻执行国家发展规划，国家国防科技工业局在《2016核工业发展规划》中对核技术应用进行了全面、系统的布局。

（3）核技术应用发展势头强劲

随着我国核工业的发展，一批大科学装置建成，为核技术应用产业化发展奠定了基础。未来，在国家创新驱动战略下，我国将加大对原始创新的支持力度，持续增加对核科学研究的投入，这将进一步推动核技术发展，促进核技术应用产业向标准化、集约化与国际化方向发展。

同时，在国内外旺盛需求的牵引下，随着核技术在医学、环保、辐照固化、消毒灭菌、轮胎预硫化等新领域的产业化条件更加成熟，可以预测，中国核技术应用将继续保持强劲的发展势头，年增长率将保持在20%以上；应用领域也将不断拓展；应用规模还将持续扩大，在未来十几年内或将达到1万亿元规模；伴随着"一带一路"的建设，应用地域也将不断扩大，深入沿线国家，为广大人民谋福祉。

四　结论与建议

经过几十年的发展，中国核技术应用产业已达到年产值3000亿元的规模，涉及20多个行业领域。作为国家战略性新兴产业，核技术仍在不断发展，应用领域也在不断扩大。随着国民对核科技认知的不断提升，核技术应用也将逐步渗透到经济社会更广泛的领域，迎来跨越式发展。为此我们提出如下建议。

（1）加强核技术的基础和应用研究。

（2）发展先进、高效、高功率加速器等辐射加工装备的研究开发。

（3）建立有利于核技术工业应用产业化的体制机制，加强产、学、研、金融等合作，引导国家和民营资本投入辐射科学和技术产业，进一步推动已经成熟技术的产业化应用。

（4）在政策上支持核技术在环保中的应用，推动核技术在当地处理污染物中的产业化应用。

（5）加大国家资金、人才投入，启动一批核技术工业应用研发成果的中试和产业化推进示范工程。

（6）加强核技术工业应用人才培养和建设工作。

（7）加强核技术工业应用标准建设。

参考文献

[1] 中国核学会编著《2016~2017核技术应用学科发展报告》，中国科学技术出版社，2017。

[2] 王传祯编著《γ辐照装置及其应用》，中国原子能出版社，2013。

[3] 赵文彦等主编《辐射加工技术及其应用》，兵器工业出版社，2003。

[4]《IAEA会议文集》，2017年4月24~28，维也纳，IAEA总部，International Conference on Application of Radiation Science and Technology（ICARST）。

附　　录

Appendix

B.15
2018 年我国核能发展大事记

郑玉辉

1月1日

《中华人民共和国核安全法》自 2018 年 1 月 1 日起施行。

1月8日

国家科学技术奖励大会在北京召开。中核集团获国家科技进步一等奖 1 项，中广核集团获国家科技进步二等奖 1 项。

中泰和平利用核能合作联合委员会第一次会议在北京召开。

1月9日

中法两国元首共同为 EPR 全球首堆工程揭牌。

在中法两国元首见证下，中国国家原子能机构与法国原子能与替代能源委员会（CEA）签署《中法后处理合作意向书》；中核集团与法国新阿海珐集团签署相关协议备忘录，与法国法马通公司签署全球战略合作协议；中广核集团与法国原子能与替代能源委员会（CEA）签订核研发技术领域合作协议。

1月15~16日

国家能源局组织专家对大型先进压水堆核电站重大专项“CAP1400 非能动堆芯冷却系统性能试验和验证研究”课题进行正式验收。2018 年共有 18 个重大专项课题通过国家能源局组织的验收。

1月22日

国家能源局发布《国家能源局综合司关于开展核电重大专项科研设施及验证平台开放共享试点工作的通知》。

1月26日

中核集团“癌症治疗 230MeV 超导质子回旋加速器”核心部件——高频腔系统——通过源地验收，标志着我国全面掌握质子治癌加速器全部核心部件研制技术。

1月28日

华龙一号全球首堆示范工程——福建福清核电 5 号机组——反应堆压力容器成功吊入就位，标志着该机组进入关键部件的全面安装阶段。

1月31日

经国务院批准，中国核工业集团有限公司与中国核工业建设集团有限公司实施重组，中国核工业建设集团有限公司整体无偿划转进入中国核工业集团有限公司，不再作为国资委直接监管企业。

广利核公司与斗山核电集团合作协议及韩国古里 3、4 号，韩光 1、2 号核电机组棒控系统改造项目供货合同签约仪式在深圳举行。

1月

中核集团继实现钴 60 放射源国产化后，首次实现国产钴 60 放射源规模化出口。

2月2日

国家核安全局颁发辽宁红沿河核电厂 1、2 号机组运行许可证。2 月 14 日、2 月 21 日、11 月 2 日、11 月 13 日，国家核安全局先后颁发阳江核电厂 1、2 号机组，方家山核电厂 1、2 号机组，防城港核电厂 1、2 号机组，福建福清核电厂 1、2 号机组运行许可证。

2月6日

科技部重点研发计划核电站机器人检修智能作业系统获得科技部高技术研究发展中心的正式批复立项，该项目由中广核研究院牵头，联合哈尔滨工业大学等9家单位共同承担。

2月15日

江苏田湾核电厂3号机组具备商运条件。12月22日，4号机组具备商运条件。中俄最大的核能合作项目——田湾核电二期工程——按期全面投产。

2月

国家能源局组织召开北方地区核能供暖专题会，同意中广核集团联合清华大学开展国内首个核能供暖示范项目的前期工作。

3月1日

东方电气与法马通（Framatome）公司签订英国欣克利角C项目两台机组支撑的供货合同。

3月3日

国家国防科工局发布《核设施退役及放射性废物治理科研项目申报指南（2018–2020年）》（科工二司〔2018〕232号文件）。

3月15日

约旦原子能委员会主席哈立德·图甘率约旦政府代表团赴中国华能集团公司调研高温气冷堆示范工程建设情况。

3月21日

华龙一号示范工程——福建福清6号机组——提前10天实现穹顶吊装。

3月26~27日

经济合作与发展组织在北京召开核电厂多国设计评价计划（MDEP）华龙一号（HPR1000）工作组第一次会议。

3月28日

亚欧会议第五届核能安全研讨会在北京开幕。

3月28~31日

以“创新·合作：核能助力美好生活”为主题的第十五届中国国际核工

业展览会在北京举办。

4月4日

岭澳 1 号机组连续 13 年无非计划停机停堆，实现连续安全运行达 4373 天，创造了国际同类型机组连续安全运行天数的最高纪录。

哈电重装承制的卡拉奇 3 号机组蒸汽发生器顺利发货，完成了“华龙一号”海外首堆的全部蒸发器供货。

4月10日

由中国核动力研究设计院研发设计、上海第一机床厂有限公司承制的华龙一号全球首堆福清核电站 5 号机组堆内构件在临港发运。

4月12日

巴基斯坦原子能委员会电力委员赛义德·优素福·拉扎一行访问国家电投集团总部，双方就巴基斯坦恰希玛核电站 1~4 号机组设计改进及后续合作事宜进行会谈。

4月17日

“中央企业助力东北振兴建设美丽吉林”座谈会在长春召开。中核集团中核新能源有限公司与地方人民政府签署“燕龙”低温供热堆项目合作协议。

4月23日

由中国核能行业协会主办的《中国核能可持续发展论坛——新时代核能发展机遇与挑战》在北京举行。会上首次发布《中国核能发展报告（2018）》蓝皮书，发布《我国三代核电发展政治社会经济生态战略价值研究报告》。

5月3日

中国国家原子能机构与土耳其能源与自然资源部签署《关于民用核工业合作的谅解备忘录》。

5月17日

哈电集团佳电股份、上海鼓风机厂承制的世界首台（套）高温气冷堆核电站示范工程主氦风机设备出厂试验完成。

5月21~23日

中国生态环境部副部长、国家核安全局局长率团赴维也纳出席《乏燃料管理安全与放射性废物管理安全联合公约》缔约方第六次审议会议，向会议报告中国履约情况。

5月22日

国家发展改革委、国家能源局、生态环境部、国防科工局等四部门联合印发《关于进一步加强核电运行安全管理的指导意见》。

中国生态环境部副部长、国家核安全局局长与阿联酋核监管局副主席在维也纳签署《中阿核安全合作谅解备忘录》。

我国自主研发的核电站数字化仪控系统和睦系统百万千瓦级核电工程首台（套）应用揭牌仪式在阳江核电站举行。

5月23日

我国自主三代核电华龙一号示范项目——防城港核电二期工程 3 号机组——穹顶吊装精准就位。

5月30日

核工业第一批厂矿创建 60 周年座谈会在京召开。

6月8日

在两国元首见证下，中国国家原子能机构与俄罗斯国家原子能集团签署《中俄示范快堆合作政府间协议》，国家能源局与俄罗斯国家原子能集团签署《中俄合作建设田湾核电站 7、8 号机组的议定书》《中俄合作系列建设徐大堡核电站机组的议定书》。

在此期间，中核集团与俄罗斯国家原子能集团签署《田湾核电站 7/8 号机组框架合同》《徐大堡核电站框架合同》《中国示范快堆设备供应及服务采购框架合同》，这是迄今为止中俄最大的核能合作项目。

6月15日

深圳市正式批复，我国首个高安全性事故容错燃料研发工程实验室正式落户中广核集团。

6月26日~28日

主题为“开启核能发展新时代”的 2018 年法国世界核工展在巴黎举行。中核集团、中广核集团、国家核电技术公司等 13 家国内企业参展。

6月27日

国家原子能机构、商务部、外交部、海关总署联合发布《核出口管制清单》修订公告，自 2018 年 10 月 1 日起实施。

6月28日

中核集团 12 项文化遗产被认定为首批中央企业工业文化遗产。

7月4日

生态环境部发布《伴生放射性矿开发利用企业环境辐射监测及信息公开办法（试行）》（国环规辐射〔2018〕1 号）。

7月5日

国家电投发起的核能供暖产业联盟启动仪式在哈尔滨举行。

7月6日

《中国国家能源局与保加利亚共和国能源部关于和平利用核能合作的谅解备忘录》在保加利亚首都索菲亚正式签署。

中国同辐股份有限公司在香港成功上市。

7月7日

生态环境部向首台国产重离子加速器治疗装置使用单位甘肃重离子医院股份有限公司颁发辐射安全许可证。

7月11日

中国国家原子能机构主任与法国原子能与替代能源委员会主席共同主持召开中法核燃料循环后端双边高级别委员会第三次会议。

7月12日

广东阳江核电厂 5 号机组具备商运条件。

7月23日

国务院办公厅印发《关于加强核电标准化工作的指导意见》。

8月16日

东方电气集团签订英国欣克利角 C 核电项目常规岛汽轮机低压外缸供货合同。

9月1日

《中华人民共和国政府和加纳共和国政府和平利用核能合作协定》在北京

正式签署。

9月9日

中国国家原子能机构主任与俄罗斯国家原子能集团公司总经理共同主持召开中俄总理定期会晤委员会核问题分委会第22次会议。

9月12日

哈电动装承制的首台国产化AP1000机型核主泵完成全部产品试验，试验数据满足相关要求。

9月17日

国际原子能机构（IAEA）第62届大会在维也纳召开期间，中国国家原子能机构和国际原子能机构（IAEA）签署《关于在应急准备与响应领域开展教育、培训、知识网络构建和管理及人力资源开发合作的实际安排》。中核集团将代表国家原子能机构建设IAEA第四个核与辐射应急准备与响应能力建设中心（CBC-EPR）。

9月21日

浙江三门核电厂1号机组具备商运条件，成为全球首台具备商运条件的AP1000三代核电机组。11月5日，2号机组具备商运条件。

9月27日

“一堆一器”建成60周年座谈会在京召开。

9月29日

华龙一号海外第二台卡拉奇3号核电机组穹顶吊装成功。至此，中核集团在建的华龙一号海内外工程四台核电机组全部进入设备安装阶段。

10月10日~11日

生态环境部在北京召开全国辐射安全监管工作座谈会。

10月15日

在中国国务院总理和比利时首相见证下，中国国家原子能机构与比利时王国联邦公共服务经济、中小企业、个体和能源部指导委员会主席签署《关于加强和平利用核能领域合作的谅解备忘录》。

10月19日

《中华人民共和国原子能法（征求意见稿）》公开向全社会征求意见。

10月22日

山东海阳核电厂 1 号机组具备商运条件，成为全球第二台具备商运条件的 AP1000 三代核电机组。

10月30日

国家发展改革委、国家能源局发布《清洁能源消纳行动计划（2018–2020年）》。

10月31日

哈电重装承制的世界首台高温气冷堆蒸汽发生器通过出厂验收。

11月6日

中国国际进口博览会期间，中核集团有关单位与俄罗斯国家原子能集团有关单位签署多项合作文件。

11月15日

英国核能监管办公室和英国环境署发布联合声明，宣告我国三代核电技术华龙一号在英国的通用设计审查（GDA）第二阶段工作完成，正式进入第三阶段。

11月19日

由中核集团自主研发，具有完全自主知识产权的我国新一代铀浓缩离心机大型商用示范工程通过国家竣工验收。

11月24日

我国首个自主研发的满足三代核电要求的锆合金材料——CF3 核燃料组件 N36 锆合金材料——批量化首批产品成功下线通过验收。

11月26日

全球首次环形燃料零功率物理实验在中国原子能科学研究院顺利完成。

11月28日

在两国元首的见证下，国家电投集团与西班牙泰纳通公司签署战略合作框架协议。

12月5日

生态环境部与中国民用航空局联合印发《关于进一步明确放射性物品航空运输临时存放安全监管有关问题的通知》。

12月6日

中核集团安全级 DCS 平台（龙鳞系统）正式发布。

中核集团完成尼日利亚微堆低浓化改造。

12月9日

中核集团荣获中国工业大奖两奖项。

12月13日

广东台山核电厂 1 号机组具备商业运行条件，成为全球首台具备商运条件的 EPR 三代核电机组。

至此，2018 年我国共有 7 台核电机组投入商业运行，新增核电装机容量 884.5 万千瓦。

12月18日

庆祝改革开放 40 周年大会在北京举行。中国工程物理研究院原副院长、中科院院士、“两弹”功勋奖章获得者于敏，原总装备部科技委顾问、中科院院士、“两弹”功勋奖章获得者程开甲入选改革先锋名单。

12月20日

生态环境部发布《乏燃料后处理设施安全要求（试行）》。

12月17~20日

由国家国防科工局主持召开的核进出口法律法规宣贯会在京举行。

12月24日

生态环境部与海关总署联合印发《关于规范放射性同位素与射线装置豁免备案管理工作的通知》。

Abstract

As one of the greatest scientific and technological achievements of mankind in the 20th century, nuclear energy has made an important contribution to ensuring global energy security.Since 2012, the global nuclear power generation has maintained a sustained growth. In 2017, the total nuclear power generation is 2503 TWh, and the proportion of nuclear power generation in the global power structure is 10.3%. By the end of 2018, there were 454 nuclear power generating units in operation in the world with a total installed capacity of more than 400 million kilowatts; 54 units in construction in the world with a total installed capacity of 55013 MW; and most of the reactors in operation and under construction were pressurized water reactors.In 2018, four units were newly started and one unit was restarted. Despite the small increase of nuclear power units started in the world and the different policies of nuclear power development in various countries, the nuclear power development regions are increasing continuously, and Belarus, the United Arab Emirates, Bangladesh and Turkey have become new nuclear power member states. The world's major nuclear power countries continue to invest in research and development of the third generation nuclear power technology, small modular reactors, advanced nuclear power reactors and fusion reactors.In 2018, the nuclear fuel cycle industry in the world has abundant supply support capacity in all sectors, but the overall market is still relatively depressed. The prediction of the world's major energy/nuclear power institutions shows that nuclear power, as a clean, efficient and low-carbon energy source that can replace fossil energy on a large scale, will play an increasingly prominent role in optimizing the world's primary energy consumption structure and improving the environment in the future. Global nuclear power will continue to grow in the future, but restricted by current policies, funds, economy and other factors,some institutions will lower their expectations for nuclear power growth.

China has become the fastest developing country of nuclear power in the world, and the nuclear energy industry has entered a new period of development. In 2018, breakthroughs have been made in China's third-generation nuclear power construction. The AP1000 and EPR first reactors in the world have been built and put into commercial operation in China. The demonstration project of Hualong One, the independent third-generation nuclear power technology, is progressing smoothly.In 2018, China's nuclear power units continued to operate safely and steadily, and there were no operational incidents of level 1 or above. The annual nuclear power generation capacity was 294.4 billion kilowatt-hours, accounting for 4.22% of China's electricity structure. By the end of 2018, 44 nuclear power generating units with installed capacity of 44645.16 MW were in operation in China, ranking third in the world in the scale of installed nuclear power generating units in operation, while 13 nuclear power generating units under construction with total installed capacity of 14030.58 MW, which remained the first in the world.China has always paid attention to the research and development of nuclear energy science and technology. In 2018, the major projects of large advanced pressurized water reactor and high temperature gas-cooled reactor nuclear power have achieved important results in test verification and equipment manufacturing. Hualong One has made important progress in equipment development and engineering innovation. The research and development and application of small reactors have been actively promoted.The research and development of the fourth generation nuclear energy system and its landing are stepping up, and the research and development of fusion reactors have made some breakthroughs.In 2018, the construction of China's nuclear fuel cycle system was further strengthened, the pace of marketization and internationalization was further strengthened, the capability of autonomy and localization of nuclear power equipment was continuously enhanced, and a number of key equipment with independent intellectual property rights successfully completed manufacturing and acceptance, effectively supporting the sustainable development of nuclear power.In 2018, China's nuclear energy industry management, nuclear safety supervision, nuclear emergency response, nuclear security and other related capabilities have been further promoted and improved. The nuclear policy and regulatory system has been continuously improved. The Nuclear Safety Law has been formally implemented since January 1. The top law of nuclear field development, the Atomic Energy Law, has been publicly soliciting opinions from all units and people from all walks of life throughout the country in September.In terms of international cooperation in nuclear energy, China adheres to openness and mutual benefit. In 2018, China has made new breakthroughs in such fields as cooperation in the nuclear energy industry chain, innovation in nuclear science and technology, trade development of uranium resources and nuclear safety.

The report analyses and prospects the development situation of nuclear energy in China in the future. It holds that the clean energy industry in China is steadily growing and the role of nuclear energy in energy transformation is constantly improving; the demand for electricity in China will continue to grow, and nuclear power still has a lot of room for development; the absorption of nuclear power needs to continue to be guaranteed, and further opening up the competitive electricity market puts forward new requirements for nuclear power.The batch and large-scale construction of three generations of nuclear power will promote the sustained improvement of nuclear power economy; it is more crucial for China to master the core technology independently, and the development of nuclear energy still needs to be vigorously invested and innovated; the whole industrial chain of nuclear energy develops steadily, but some links need to be accelerated urgently; integrationdevelopment of nuclear energy and local economy has become a new normal of nuclear energy development, public communication and popularization of nuclear science is especially important.

2018 is also the fortieth anniversary of China's reform and opening up. The development of nuclear power is an important achievement of China's reform and opening up. This year's report on nuclear energy development is dedicated to the fortieth anniversary of reform and opening-up. Several senior experts were invited to make a comprehensive review and summary from the aspects of nuclear power start-up, nuclear energy policy, nuclear power base construction, international cooperation, independence of manufacturing equipment, major projects of nuclear power science and technology, nuclear safety and so on.

Keywords: nuclear energy industry; clean energy; nuclear power base; nuclear power science and technology; nuclear safety

Contents

I General Report

B.1 China Nuclear Energy Development Report (2019)

Abstract: On a global scale, nuclear energy produces nearly one-third of the world's low-carbon electricity, providing the world with clean, safe, and reliable energy supply. Nuclear energy is also an important part of China's clean, low-carbon, safe and efficient modern energy system, which is an important choice for actively coping with climate change, fulfilling emission reduction commitments and realizing green and low-carbon development, an important kinetic energy driving scientific and technological progress, industrial upgrading and promoting economic development, and also an important starting point for implementing the "Belt and Road Initiative" and expanding international capacity cooperation. The "China Nuclear Energy Development Report 2019" systematically describes the basic situation and trends of international nuclear energy development in 2018; summarizes the main achievements of China's nuclear energy development in 2018 from aspects of nuclear power production and operation, nuclear power engineering construction, nuclear energy technology research and development, nuclear fuel cycle industry, nuclear power equipment manufacturing, nuclear energy industry management and security assurance, internationalnuclear energy cooperation; and makes analysis and prospect of the development situation of nuclear energy in China.

Keywords: nuclear energy development; nuclear power production and operation; nuclear power engineering construction

Ⅱ Expert Reports

B.2 China's Nuclear Power Started from Scratch and Development amid Reform and Opening-up

Zheng Yuhui, Chen Rong

Abstract: Since the reform and opening up, China's nuclear power industry has undergone the stages of starting from scratch, moderate development, positive development and safe and efficient development. From scratch, from small to large, China has become one of the world's largest nuclear power countries. It has realized the technology leapfrogging from the second generation to the third generation, established a complete nuclear power industry chain, actively carried out international cooperation and exchanges, and has adequate conditions to move from a "big nuclear power country" to a "powerful nuclear power country".

Keywords: big nuclear power country; technology leapfrogging; whole industry chain; international cooperation

B.3 The 40th Anniversary of China's Nuclear Energy Development Policy

Bai Yunsheng, Zhou Chaoran

Abstract: This paper reviews the evolution process of nuclear energy development policy in the past 40 years, outlines the historical background of nuclear power development, and divides the development of nuclear energy policy into four stages, the initial development stage, the moderate development stage, the active development stage and the safe and efficient development stage. At the same time, this paper makes recommendations on the future nuclear energy development policy, pay close attention to the economics of nuclear power, coordinate the integration of the nuclear fuel cycle industry, accelerate the innovation of nuclear power technology, adhere to the direction of international development, strengthen public awareness of nuclear science, improve the legal and regulatory system in the nuclear field and promote the development of inland nuclear power.

Keywords: nuclear energy development policy; pressurized water reactor; localization; autonomy; the third generation of nuclear technology

B.4 Qinshan Nuclear Power: from the Glory of Nation to the Model for Nuclear Power Development in the New Era

Wu Gang

Abstract: The development course of Qinshan Nuclear Power Plant from achieving the zero breakthrough of nuclear power in China mainland to being fully established is briefly reviewed in this paper, meanwhile, the big achievements that Qinshan Nuclear Power Plant has scored in promoting the autonomous development of nuclear power in China, the development of integration of enterprises and regions and the " going-out" policy of nuclear power is also summarized here, so as to reveal the successful gene of how Qinshan Nuclear Power Plant has achieved development of high quality and indicate that Qinshan nuclear power development must firmly adhere to the new development concept of innovation, coordination, greentech, open-minded and mutural-share and continue playing an exemplary role to contribute Qinshan intelligence to China's nuclear industry development.

Keywords: the development of nuclear power; the glory of nation; Qinshan nuclear power

B.5 Daya Bay Nuclear Power Continuing to Explore and Develop with Reform and Opening

Pu Jilong

Abstract: The Article reviews the development history of Daya Bay Nuclear Power Station, outlines the construction background, technology path, business and development model, introduces the practice and achievements in Sino-Hong Kong joint venture and modern enterprise system management, explains the practice and experience in the management of international advanced large-scale engineering organizations, affirms the contribution in the cultivation of China's nuclear power industry chain system,summarizes the performance in Guangdong-Hong Kong Cooperation, and in economic development and ecological management of Greater Bay Area, looks forward to the prospect of international cooperation based on "Hualong No.1".

Keywords: Daya Bay nuclear power station; engineering management; nuclear power industry chain

B.6 Composing Glorious Chapter of China' s Nuclear Export with the Pillar of a Great Power

—*How China Zhongyuan Engineering Corporation Leading the Nuclear Projects into World*

Yang Chaodong

Abstract: This paper reviews the overseas nuclear engineering projects undertaken by China Zhongyuan Engineering Corporation (CZEC) since its establishment in 1983, and summarizes the successful experience of nuclear engineering "going out" from the aspect of project management, human resources, equipment localization and international marketing. The successful experience can be summarized as the strong cohesion of CNNC and the spirit of the CZEC formed through years of practice and exploration, which is "being practical, continually innovating, respecting talented people from different backgrounds, taking the initiative and international vision". Besides, it expresses the determination of CZEC to seize opportunities in the new era and make more achivements in overseas nuclear engineering.

Keywords: overseas nuclear engineering; zhongyuan nuclear corporation; nuclear engineering going out

B.7 Continuously Promoting Transformations and Upgradings of China's Industry for Natural Uranium by Reforms and Innovations

Du Yunbin

Abstract: This paper introduces the background of reforms, innovations and developments about China's industry for natural uranium in recent years, and expounds a series of important innovative achievements from five aspects, including scientific innovations, industrial optimizations, structural adjustments of hard rock mines in south of China, developments of industries for mineral extensions and international cooperations. It points out that China's industry for natural uranium has taken important steps in transformations and upgradings, which has established advantages and laid foundations for developments of industries in future.

Keywords: natural uranium; southern hard nuclear; geological and mineral extension industry

B.8 Innovation Development of Nuclear Fuel Industry in China

Chen Baoshan

Abstract: The paper introduces the innovation development of nuclear fuel industry in China, which has achieved great achievements. The nuclear fuel cycle system and the industrial capacity are improved significantly. A major breakthrough is in the key technology of nuclear fuel industry,which promotes the leaping development. The nuclear fuel industry adheres to innovation, civil-military integration, talent-orientation, and green development. In new era, the nuclear fuel industry is in an important period of strategic opportunities. We will firmly grasp the strategic opportunity and give great impetus to innovation development, to realize the change from a big country to a powerful country in nuclear fuel, and achieve theworld-class nuclear fuel industry.

Keywords: nuclear fuel; circular industry; nuclear industry

B.9 Starting, Developing and Promotion—An Independent Development Road of Nuclear Power Equipment Manufacturing from 300MW to 1000MW

Tang Weibao, Zhang Ying

Abstract: Starting from Project 728 in early 1970s, shanghai nuclear power industry, walked through the initiating and expanding stage, and has realized a leaping development after more than 40 years hard way. In this paper, we review the way we walk through, and divide the development history of Shanghai Electric nuclear power industry into three stages: hard starting, speeding development and promotion. Shanghai Electric has realized an independent development road of nuclear power equipment manufacturing from 300MW, 600MW to 1000MW by combination of R&D

and technology introduction.

Keywords: nuclear power; Shanghai nuclear power; atomic energy

B.10 Review of Sino-French Nuclear Power Cooperation

Tang Hongju

Abstract: During its starting-up and development of nuclear power industry since 1996, DEC has conducted in-depth cooperation with French companies, especially with Framatome, Alstom and EDF, in the way of technical transfer, equipment supply subcontracting and the creation of Joint Venture, which enable DEC a quick ramp-up in its localization and manufacturing capability of complete set of main equipment. Our cooperation has gone through Ling Ao Phase Ⅰ, Ling Ao Phase Ⅱ, Hong Yanhe, Ning De, Fang Jiashan, Fu Qing, and Taishan projects, featuring gradual expanding in cooperation depth and scope. DEC has realized the breakthrough of "going abroad" of nuclear power in the cooperation of Hinkley Point project for United Kingdom. By starting as the subcontractor of nuclear power equipment, DEC has grown to be a complete solution provider for independent R&D, engineering, manufacturing and services of nuclear power main equipment. Based on our respective advantages, DEC and French companies will conduct broader and deeper cooperation to jointly explore international nuclear power market.

Keywords: Sino-French cooperation; nuclear power equipment; nuclear power cooperation

B.11 The Breakthrough and Development of Canned RCP for Nuclear Island

Li Mengqi

Abstract: AP/CAP is the third generation of nuclear power unit that applies passive technology, and adopts canned reactor coolant pump(RCP). Therefore, the safety performance of nuclear power unit is enormously enhanced. The high-power canned RCP adopts fly wheel with high inertia, and has advantage in terms of pressure boundary integrity of RCP system. This thesis introduces the product characteristics, manufacture difficulties, development process and research outcomes of AP/CAP canned RCP.

Keywords: nuclear; canned RCP; nuclear power unit

B.12 The Effect of Nuclear Power National Science & Technology Key Projects on Chinese Nuclear Power Industry

Wang Binghua, Liu Wei

Abstract: This paper briefly introduces the decision background of the Nuclear Power National Science & Technology Key Projects, reviews the main characteristics and the organization system of the Projects. Secondly,it summarizes the achievement and effect of the Projects in the field of nuclear power R&D, equipment and key material localization, engineering construction, nuclear fuel and international cooperation. Finally, it represents further thinking and suggestions about the Projects.

Keywords: national science & technology key projects of nucler power; AP1000; CAP1400

B.13 Review of Nuclear Safety Regulation Reform

Guo Chengzhan

Abstract: This paper briefly reviews the development of nuclear and radiation safety regulation in the past 30 years, and divides the development process into four stages: initial exploration, integration and improvement, rapid development and entering a new era. This paper describes the regulatory organization, regulatory standard, regulatory policy, important regulatory activities and achievements of each stage, and summarizes the main achievements and experience of the regulation process in the past 30 years.

Keywords: nuclear and radiation safety regulation; nuclear safety; supervision

B.14 Development and Prospect of Nuclear Technology Application Industry

Wang Chuanzhen

Abstract: This article mainly introduces the development status and trend of civil nuclear technology at home and abroad. It is briefly explained that nuclear technology has become an independent industrial system in developed countries and has been widely used in industry, agriculture, medical care, environmental protection and safety. Rapid development of Radiation sterication , irradiated foods and new materials; This article also emphasizes that Chinese nuclear technology is in the period from scientific research and development into industrialization, and has made great progress in radiation engineering fields such as cross-linked wires and cables, thermal shrinking materials, and some have become larger industries. Great progress has also been made in irradiation food, radiation disinfection and also.

Keywords: application of unclear technology; civil nuclear technology; irradiated food

中国皮书网

（网址：www.pishu.cn）

发布皮书研创资讯，传播皮书精彩内容
引领皮书出版潮流，打造皮书服务平台

栏目设置

关于皮书：何谓皮书、皮书分类、皮书大事记、皮书荣誉、
皮书出版第一人、皮书编辑部

最新资讯：通知公告、新闻动态、媒体聚焦、网站专题、视频直播、下载专区

皮书研创：皮书规范、皮书选题、皮书出版、皮书研究、研创团队

皮书评奖评价：指标体系、皮书评价、皮书评奖

互动专区：皮书说、社科数托邦、皮书微博、留言板

所获荣誉

2008 年、2011 年，中国皮书网均在全国新闻出版业网站荣誉评选中获得“最具商业价值网站”称号；

2012 年，获得“出版业网站百强”称号。

网库合一

2014 年，中国皮书网与皮书数据库端口合一，实现资源共享。

S 基本子库
SUB DATABASE

中国社会发展数据库（下设 12 个子库）

全面整合国内外中国社会发展研究成果，汇聚独家统计数据、深度分析报告，涉及社会、人口、政治、教育、法律等 12 个领域，为了解中国社会发展动态、跟踪社会核心热点、分析社会发展趋势提供一站式资源搜索和数据分析与挖掘服务。

中国经济发展数据库（下设 12 个子库）

基于“皮书系列”中涉及中国经济发展的研究资料构建，内容涵盖宏观经济、农业经济、工业经济、产业经济等 12 个重点经济领域，为实时掌控经济运行态势、把握经济发展规律、洞察经济形势、进行经济决策提供参考和依据。

中国行业发展数据库（下设 17 个子库）

以中国国民经济行业分类为依据，覆盖金融业、旅游、医疗卫生、交通运输、能源矿产等 100 多个行业，跟踪分析国民经济相关行业市场运行状况和政策导向，汇集行业发展前沿资讯，为投资、从业及各种经济决策提供理论基础和实践指导。

中国区域发展数据库（下设 6 个子库）

对中国特定区域内的经济、社会、文化等领域现状与发展情况进行深度分析和预测，研究层级至县及县以下行政区，涉及地区、区域经济体、城市、农村等不同维度。为地方经济社会宏观态势研究、发展经验研究、案例分析提供数据服务。

中国文化传媒数据库（下设 18 个子库）

汇聚文化传媒领域专家观点、热点资讯，梳理国内外中国文化发展相关学术研究成果、一手统计数据，涵盖文化产业、新闻传播、电影娱乐、文学艺术、群众文化等 18 个重点研究领域。为文化传媒研究提供相关数据、研究报告和综合分析服务。

世界经济与国际关系数据库（下设 6 个子库）

立足“皮书系列”世界经济、国际关系相关学术资源，整合世界经济、国际政治、世界文化与科技、全球性问题、国际组织与国际法、区域研究 6 大领域研究成果，为世界经济与国际关系研究提供全方位数据分析，为决策和形势研判提供参考。

法律声明